北大刑法博士文丛（13）
陈兴良　总主编

犯罪参与体系研究

——以单一正犯体系为视角

江　溯　著

中国人民公安大学出版社
·北　京·

图书在版编目（CIP）数据

犯罪参与体系研究：以单一正犯体系为视角/江溯著．—北京：中国人民公安大学出版社，2010.1

（北大刑法博士文丛/陈兴良总主编；13）

“十一五”国家重点图书出版规划项目

中国法律适用文库

ISBN 978-7-81139-885-4

Ⅰ.①犯… Ⅱ.①江… Ⅲ.①刑事犯罪—研究 Ⅳ.①D914.04

中国版本图书馆 CIP 数据核字（2010）第 001485 号

犯罪参与体系研究——以单一正犯体系为视角

FANZUI CANYU TIXI YANJIU——YI DANYI ZHENGFAN TIXI WEISHIJIAO

江 溯 著

出版发行：中国人民公安大学出版社
地　　址：北京市西城区木樨地南里
邮政编码：100038
经　　销：新华书店
印　　刷：北京兴华昌盛印刷有限公司

版　　次：2010 年 1 月第 1 版
印　　次：2010 年 1 月第 1 次
印　　张：11.625
开　　本：880 毫米×1230 毫米 1/32
字　　数：313 千字
印　　数：1~3000 册

书　　号：ISBN 978-7-81139-885-4/D·723
定　　价：28.00 元

网　　址：www.cppsup.com.cn www.porclub.com.cn
电子邮箱：cpep@public.bta.net.cn zbs@cppsu.edu.cn

营销中心电话（批销）：(010) 83903254
警官读者俱乐部电话（邮购）：(010) 83903253
读者服务部电话（书店）：(010) 83903257
教材分社电话：(010) 83903259
公安图书分社电话：(010) 83905672
法律图书分社电话：(010) 83905637
公安文艺分社电话：(010) 83903973
杂志分社电话：(010) 83903239
电子音像分社电话：(010) 83905727

经济学是一种统一的方法，适用于解释全部人类行为。

加里·贝克尔（美国芝加哥大学教授，1992 年度诺贝尔经济学奖获得者）

经济学是一门使人生幸福的艺术。

乔治·萧伯纳（英国戏剧家）

——题记

总 序

“北大刑法博士文丛”即将由中国人民公安大学出版社陆续出版。作为总主编，我感到十分高兴。随着法学教育的发展，每年毕业的博士生人数越来越多，博士论文作为获得博士学位的前提，成为一种学术成果的重要载体，受到学术界的高度重视。博士论文的水平，也成为衡量一个博士点质量高低的重要指数。在这种情况下，从已经答辩通过的博士论文中，择其优者经过修订予以出版，也是对学术界的一种贡献。北京大学刑法学博士点是我国培养刑法学专业博士生的一个重要基地，自 1990 年建点以来，已经培养了数十名博士生，并曾经系统地出版过博士论文集。这次在中国人民公安大学出版社出版的“北大刑法博士文丛”是这一出版活动的延续。我在主编本文丛的时候，择优入选博士论文，主要基于以下三个标准：

一是选题新。刑法学是一门发展较为成熟的部门法学科，到目前为止，博士论文已有数百篇，已经出现一些重复选题的现象。因此，在选题上如何出新，就是一个值得研究的问题。入选本文丛的博士论文，我要求选题一定要新。这里的新，既指没有相同选题的博士论文，更指它能开启新的学术领域。陈旧的选题是很难在内容上出新的。因此，选题新就成为入选的一个基本前提。

二是观点新。博士论文虽然力求通过，但仍然给学术创新留下了一定的空间。如果在观点上都是一些陈词滥调，没有任何独创之处，就不可能成为一篇好的博士论文。因此，观点新是对博士论文的一个基本要求。这里的观点新，就是指论文在内容上具有一定的原创性，而不是资料堆砌或者文献综述。应该说，这是一个较高的要求。当然，观点新也并非是标新立异，而是要在承接前人研究成果基础之上的推陈出新，这就要求作者具有扎实的学术基础。

三是表述新。表述虽然只是一个形式问题，但我认为也是必须引起我们充分重视的。长期以来，我们在刑法理论研究中已经形成了某种固定的程式，按照这种程式写出来的论文在表述方法上是十分陈旧的，给人一种似曾相识之感，缺乏新意。我一直倡导一种新的表述方法，能够给人以别开生面之感。表述是一种文字功夫，虽然只是学术的载体和外表，但好的表述能使观点更引人入胜，更具有吸引力。

达到以上三个标准的博士论文，才是优秀的博士论文，这是我对本文丛入选标准的一点看法。我期待有更多的优秀博士论文能够入选。当然，由于出版资源有限，我们每年只能出版三至五本，这些博士论文应该是北京大学刑法学博士论文中最优秀的。本着宁缺毋滥的原则，我将严格把关，力争使本文丛的博士论文在质量上达到较高的学术水平。尤其是在论文的选题上，我将更侧重于前沿性的理论问题。博士论文的出版，对于培养学术新人来说，是一项功德无量的工作。对于那些立志将来献身学术研究的博士生来说，博士论文将是他/她的第一本个人专著。对于那些投身司法实践工作的博士生来说，博士论文也许是他/她的最后一本甚至是唯一的一本个人专著。因此，饱含个人心血的博士论文能够出版，这是一件幸事，对此，我深有体会。想到十多年前，我出版个人博士论文时的艰难，更为自己能够为学生们的博士论文的出版助一臂之力而感到快慰。

最后，我还要感谢中国人民公安大学出版社对本文丛出版所给予的大力支持。中国人民公安大学出版社在刑事法学术著作出版方面成绩卓著，已经成为刑事法学术著作出版的“重镇”，本文丛的出版就是一个明证。

是为序。

陈兴良
谨识于北京锦秋知春寓所
2004 年 6 月 20 日

序

江溯的博士论文《犯罪参与体系研究——以单一正犯体系为视角》即将出版，作为导师的我，对于本书的出版感到十分高兴，因为它以全新的视角对共犯体系进行了考察，对于我国共犯理论来说，是前沿性的学术成果。

我的博士论文（1988 年）也是关于共同犯罪的，当我着手撰写名为“共同犯罪论”的博士论文的时候，我国刑法学的学术园地可以说是满目疮痍，而共犯论更是一片废墟。当我小心翼翼地在各个大学图书馆的角落翻出尘土掩面的民国刑法学著作，从中发掘出诸如正犯、共犯、片面共犯、间接正犯这样一些当时不见于刑法学教科书的“旧法名词”时，是缺乏一种学术自信的。转眼之间，二十年过去了，我国刑法学恢复重建，学术成果丰硕。在共同犯罪领域，研究的深度与广度不断拓宽，已经从我以一级标题为博士论文题目，发展到以三级甚至四级标题作为博士论文的题目。当 2006 年我的博士论文《共同犯罪论》第二版再版时，我已深感落后。只不过作为一个我国共同犯罪的学术史的标志性作品，仍然具有其历史的价值。当我的博士生江溯在开题之初向我提出以共犯论为题的时候，我还是予以肯定的，因为共同犯罪的理论确实有更新的必要。但当江溯以单一正犯体系为题，并且对单一正犯体系作出肯定性评价的时候，还是吓了我一跳。因为以单一正犯体系为内容的犯罪参与论，是德日最新流行的共犯理论，它几乎颠覆了传统的建立在正犯与共犯相区分基础之上的共犯理论，甚至消解了正犯与共犯的分界，并以犯罪参与取代了共同犯罪，可以说这是一个相当叛逆性的题目。当然，出于对学术自主性的尊重，我还是同意了江溯的博士论文选题。现在，江溯经过辛苦的写作，终于完成了博士论文并顺利通过答辩。

从我的共同犯罪的博士论文到江溯的犯罪参与体系的博士论文，其间学术的变迁是十分巨大的，可以说我国赶上了国际刑法的学术思潮，这与二十年前的封闭隔绝是有天壤之别的。即使从我和江溯的两篇论文的内容来看，其间的差别也是难以道里计。二十年前，当我提出以正犯与共犯的区分为中心线索建构我国的共同犯罪理论的时候，我国刑法学界对于正犯与共犯这些概念都还是陌生的。这些年来，正犯与共犯的概念逐渐被我国的立法与司法所接受，成为处理共同犯罪案件的一种分析工具。而现在江溯的论文则完全否定了正犯与共犯的区分，认为这种区分在理论上是不可能的，在实务上是不必要的。江溯在本文中按照单一正犯体系对我国刑法关于共同犯罪的立法规定进行了全新的塑造，认为我国刑法关于共同犯罪的规定更为接近于单一正犯体系，并对相关问题进行了法理上的探讨。可以说，在共同犯罪的根本问题上，我与江溯是完全对立的。当然，这是一种法教义学上的对立。

在哲学上，古希腊著名哲学家亚里士多德曾经说过一句名言：“吾爱吾师，但吾更爱真理。”因此，哲学上的创新往往是以对师门的一种叛逆的形象出现的。只有这样，才能突破传统的藩篱，开创理论上的新思。但我发现在法教义学上却存在一种十分有趣的现象，这就是师道的传承，因为教义学是“对自身能力未先予批判的纯粹理性的独断过程”（康德语）。因此，在法教义学中，教义或者信条（Dogmatik）是法律逻辑推理的起点，具有某种“先验”的性质，对它是不容置疑的。在这样一种教义学研究基础上形成的刑法知识，本身并没有对错之分，只是提供在不同条件下以及不同案件中可以选择的各种规则。通过法教义学向司法活动提供的规则，不像立法提供的规则那样具有强制性，而是可以在不同的教义学观点之间进行竞争的，如果被广泛地采用就成为通说，但即使是个别说也仍然具有其合理性。因此，通过法教义学向司法活动提供规则，类似于一种市场经济，其间充满了教义规则之间的竞争性。在这种情况下，师承关系及现象就成为这一学术市场中的一个景观。这一师承关系在刑法学中也体现得十分明显，尤其以德国与日本为甚。例如，2008 年 9 月至 12 月，台湾东吴大学法律系的陈子平教授与我共同在北大开设“两岸刑法案例比较研究”课程。因为陈子平教授在日本早稻田大学留学时师从曾根威彦教授，因此在刑法学立场与观点的选择上，陈子平教授无一例外地以曾根威彦教授的观点为自己的观点，充分反映出师承性。虽然我也早有耳闻，但还是第一次亲眼所见。当时我在心里就暗自地想：一切以老师之说为自己之说，万一老师错了呢？老师错了学生也就跟着错了吗？学生个人见解的独立性又何在呢？这个想法是很朴素的，也是十分自然的。这一想法恰恰表明我对法教义学精神的领悟还不够深刻。其实，在法教义学上，学术观点是无所谓对错之分的，而且法教义学本身就是以“先验”的规则作为逻辑推理的起点的。因此，在复杂的学术背景中，选择一个老师作为自己的学术师承对象，以老师的观点作为学术研究的起点。这样，就能够不断地将某一师门的学术观点持之以恒地传承下去，从而极大丰富学术资源。由此看来，这样一种师承关系本身就具有教义学的性质，也使一个学科的学术脉络清晰。当然，这种师承也是有限制的，并非绝对地不允许突破。并且，在某些情况下也会因为对老师观点的不同理解而在同一个师门出现不同的传承路线。凡此种种，都是学术成熟的重要标志。

那么，我国是否可以推行这种师承关系呢？我以为条件尚不成熟，因为我国根本没有建立起法教义学的传统。老师之间尚未形成不同的学派，在这种情况下，专门师承一个老师是不可能的。因此，在我国目前刑法知识转型的过程中，学生不必以老师之是为是。这也正是我对江溯的博士论文的态度：即使师生之间对于某一个问题在学术观点上完全相左，也是十分正常的。我想，只有等到我国形成了法教义学的传统，这种学术上的师承关系才可能出现。

江溯是北大法学院法律硕士毕业的，其硕士论文就是我指导的，后来他又考上了我的博士研究生。在攻读博士学位的四年当中，江溯曾经到美国加州大学伯克利分校法学院访学一年，开阔了理论视野，奠定了厚重的英美法系的刑法知识基础，尤其是对刑罚社会学的造诣颇深。当然，江溯的博士论文的内容还是属于德日刑法教义学的范畴，这也是我所期待的。因为江溯的德语和日语都有相当好的基础，因而大量地吸收了德日关于共犯的有关学说，这从本书的外文书目中也可以看得出来。就外语以及通过外语汲取学术资源的能力而言，江溯这一代人已经远远超过我们这些当老师的人，这就为我国刑法学知识与国际的接轨创造了条件。江溯在博士毕业以后又获得了到德国马普外国刑法与国际刑法研究所从事博士后研究的机会，这为将来的学术发展奠定了基础。在江溯明天即将远行赴德国之际，匆匆写下本序，也作为一种道别，期望江溯在学术之路上越走越远。

是为序。

陈兴良

谨识于北京大学法学院科研楼609工作室

2009年9月15日即笔

目 录

导 论

刑法中作为评价对象的行为事实，通常是由一个人实施的，这是刑法评价关系最基本的原型，几乎所有的构成要件规定都是以这种结构关系为基础的。但是，一个行为事实也可以由数人共同作用而成，这就是犯罪参与论所要研究的问题。换言之，在刑法中，一个行为事实的形成关系有两种：第一，一行为人→一行为（→侵害一客体）→实现一构成要件，这是单一行为构成要件符合与否的问题；第二，数行为人→一行为（→侵害一客体）→实现一构成要件，这是犯罪参与论的问题。由于犯罪参与关系是由数人共同作用于一个行为事实，在刑法评价结构的判断上，除了必须考察行为的可罚性关系之外，更需首先理解数人如何作用于一行为的结构关系，犯罪参与论的任务，主要就在于厘清参与的结构关系，即确认数人在一个行为事实中，到底扮演了何种角色，对于参与的角色，是否个别给予一定的概念定位；进而探讨不同的参与角色的可罚性，以及法律效果形成的判断关系。①

近现代以来，世界各国为了处理犯罪参与现象，在立法和学说中发展出了各种立法形式与犯罪参与体系，归纳起来大致可以为区分正犯与共犯（教唆犯、帮助犯）的二元参与体系（Differenzierungssystem）与不区分上述参与形态的单一制（Einheitssystem）两大类。所谓二元参与体系，是指在法律条文之中，不仅

① 参见柯耀程：《刑法总论释义》（修正法篇）（上），元照出版公司2006年版，第291页。

就犯罪之成立在概念上区分为“正犯”和“共犯”（教唆犯和帮助犯），而且在刑罚评价上对两者也加以区分的体系。采用这一体系的主要有《法国刑法典》（第59条以下）、《德国刑法典》（第25条以下）、《日本刑法典》（第60条以下）等。在这种体系之下，正犯被认为是实施符合基本构成要件行为（实行行为）的人；而共犯则是实施了基本构成要件行为以外的行为、符合所谓修正的构成要件的人。在二元参与体系之下，正犯是犯罪参与的核心，而共犯则是从属于正犯的，因此，在理论上，一旦确定了正犯，共犯也就随之确定。为了区分正犯与共犯，二元参与体系之下的实务和学说发展出了汗牛充栋的各种理论，但其结果并不令人满意。相反，这些理论使得正犯概念越来越脱离其基本内涵，由此出现了正犯概念的主犯化和二元参与体系的二分化。更有甚者，二元参与体系之下纷繁复杂的理论将整个犯罪参与体系变成了刑法上“最混乱和最黑暗”的“绝望之章”。

与二元参与体系相对的是单一正犯体系，又称为包括的正犯概念（umfassender Täterbegriff）或排他的正犯概念（exklusiver Täterbegriff），是指将所有共同参与犯罪实行的人均视为正犯，对于各个参与者，根据其参与的程度和性质来量刑；或者形式上虽承认犯罪参与形态的区别，但其区别作用仅限于量刑的体系。在单一正犯体系内部，存在形式的单一正犯体系和功能的（实质的）单一正犯体系两种类型。一般认为，单一正犯体系具有如下特征：（1）为犯罪成立赋予条件者，皆为正犯；（2）不重视行为形态的区别；（3）对于犯罪的成立，根据各个正犯的行为，个别地探讨不法和罪责；（4）对于各个正犯适用同一法定刑；（5）根据各个正犯的参与程度和性质来量刑。[①] 采用这一立法体例的包括《意大利刑法典》（第110条以下）、《奥地利刑法

① 参见陈子平：《刑法总论》，元照出版公司2008年版，第438页。

典》(第 12－13 条)、《俄罗斯联邦刑法典》(第 32 条以下)等。主张二元参与体系的学者们对单一正犯体系提出了诸多批评，其中包括认为单一正犯体系违背了法治国思想、放弃从属性原则从而导致处罚范围不当扩大、量刑规定的粗糙化、责任判断的后置等，甚至指责单一行为人体系是主观主义的行为人刑法，背离了现代客观主义的行为刑法。这些批判是否合理？单一行为人体系真的如此不堪一击吗？单一行为人体系的理论基础何在？单一行为人体系的可行性如何？

以往我国学界对于犯罪参与立法模式，通常是从“分工分类法”和“作用分类法”这种两分法来理解的。但是，这种分类法并不科学，因为它过分简化了各国犯罪参与立法之间的区别。最近，有学者开始从二元参与体系和一元参与体系这种两分法角度对我国共同犯罪立法体系进行研究。其中，多数学者对于单一正犯体系仍然采取否定和批判态度，主张我国共同犯罪立法应当采用二元参与体系；[①] 只有极少数学者认为二元参与体系存在根本缺陷，而单一正犯体系更具前瞻性和合理性。[②] 到底哪一种犯罪参与立法体系更为合理？从我国关于共同犯罪的立法史和现行规定来看，我国刑法采用的哪一种犯罪参与立法体系呢？无论我国刑法采取了哪一种犯罪参与立法体系，都有一个更加重要的问题，即如何在刑法解释论上贯彻这种体系的基本原理呢？

本书主要分为五个部分：第一部分首先从犯罪参与体系的根

---

① 参见，例如，陈家林：《共同犯罪研究》，武汉大学出版社 2004 年版，第 1 ~ 5 页；张明楷：《刑法学》（第三版），法律出版社 2007 年版，第 315 ~ 316 页；叶良芳：《实行犯研究》，浙江大学出版社 2008 年版，第 29 ~ 35 页。

② 参见陈世伟：《论共犯的二重性》，中国检察出版社 2008 年，第 105 ~ 136 页。

本问题出发阐述了犯罪参与体系的基础理论。笔者认为，从犯罪参与现象本身来看，乃是一种集体现象；而从现代刑法的基本原理来看，则要求贯彻个人责任。犯罪参与体系的根本问题就在于如何适当地将集体现象产生的结果归责给个人。在此基础上，笔者对二元参与体系和一元参与体系进行了全面、深入的比较，并说明一元参与体系才是值得采用的犯罪参与体系。

第二部分批判性地分析以德日刑法为代表的二元参与体系，认为其存在以下主要缺陷：限制行为人概念违背了刑法的目的；正犯与共犯之间的区分在理论上不可能，在实务中不必要；共犯从属性说违背个人责任原则；共犯的处罚根据论则导致了二元参与体系的二分化。正是由于存在这些缺陷，导致二元参与体系本身出现了许多理论上的困惑和逻辑上的混乱。在这个意义上，笔者认为二元参与体系并不值得采用。

第三部分详细分析单一正犯体系的历史（包括立法史和学说史）、单一正犯体系的类型化、单一正犯体系的理论基础，在此基础上反驳了二元参与体系对单一正犯体系的各种批判，最后论证了单一正犯体系的可行性。笔者认为，单一正犯体系（尤其是功能的单一正犯体系）正确地区分了构成要件层面的问题，即在众多的参与者中哪些值得处罚的问题和量刑的问题也即如何处罚这些可罚的参与者的问题，适当地处理了集体行为与个人责任之间的关系，因此是值得我国借鉴的犯罪参与体系。

第四部分探讨我国共同犯罪规定的体系归属问题，首先从立法史上正本清源，说明我国共同犯罪的规定并不是德日的二元参与体系，而是以《唐律》为代表的传统刑事立法和革命根据地时代以来的刑事政策与刑事立法的结合；其次，梳理了我国关于犯罪参与体系的争论，认为以往分工分类法和作用分类法的两分法是不可取的，有必要引入二元参与体系与一元参与体系的分析视角。笔者认为，我国共同犯罪规定显然不属于德日的二元参与体系，而是可以从功能的单一正犯体系角度加以论证，即首先在构成要件的层面上将参与者划分为直接行为人（正犯）和间接行为人（正犯）（可以在间接行为人内部对各正犯进行进一步划分），然后在量刑上对各行为人进行不同的处理。

第五部分运用单一正犯体系对我国共同犯罪的主要争议问题进行分析。以往我国学者没有注意到共同犯罪规定的体系归属问题，因此在解释共同犯罪时盲目地采用德日二元参与体系下的共犯理论。例如，所谓共犯从属性还是共犯独立性、部分实行全部责任、共犯的处罚根据论等，造成了功能的单一正犯体系与二元参与体系下的犯罪参与理论之间“削足适履”的尴尬局面，使得原本混乱的犯罪参与理论更加混乱。在这一部分，笔者尝试从功能的单一正犯体系的原理对这些问题进行重新解释。

本书遵循先破后立、先立法论后解释论的论述顺序，主张以体系性思考为主、以问题性思考为辅的思考方式，全面比较和分析两种犯罪参与立法体系，在此基础上主张功能的单一正犯体系，并且尝试这种体系在我国共同犯罪的解释论上的运用。

第一章　犯罪参与体系的基础理论

第一节　犯罪参与体系与个人责任

在现代社会，犯罪参与现象有不断增加的趋势，而且，由于集团犯罪、有组织犯罪、恐怖主义犯罪等大量出现，犯罪参与的危害性越来越大，如何对之作出回应，乃是世界各国刑法上共同的问题。犯罪参与立法正是为了处理这些现象而设立的法律规范。因此，只有正确地理解了犯罪参与的现象特征，才能适当地、有效地处理犯罪参与问题。① 笔者认为，从犯罪参与本身来看，乃是一种集体现象；而从现代刑法的基本原理来看，则要求贯彻个人责任。犯罪参与体系的根本问题就在于如何理解集体现象中个人责任问题，即如何将集体现象所产生的结果归责给个人。犯罪参与体系的选择，必须以这个根本问题为出发点。

为了解决犯罪参与问题，在刑事立法上发展出了两种犯罪参与的立法体系：一种是区分正犯与共犯的二元参与体系；另一种

① ［日］高桥则夫：《共犯体系与共犯理论》，成文堂 1988 年版，第 3 页。

是不区分上述参与形态的一元参与体系。① 所谓二元参与体系（或称区分制），是指在法律条文之中，不仅就犯罪之成立在概念上区分为“正犯”和“共犯”（教唆犯和帮助犯），而且在刑罚评价上对两者也加以区分的体系。采用这一体系的主要有《法国刑法典》（第59条以下）、《德国刑法典》（第25条以下）、《日本刑法典》（第60条以下）等。在这种体系之下，正犯被认为是实施符合基本构成要件行为（实行行为）的人；而共犯则是实施了基本构成要件行为以外的行为、符合所谓修正的构成要件的人。与二元参与体系相对的是一元参与体系，又称为单一行为人体系（单一正犯体系）、包括的正犯概念（umfassender Täterbegriff）或排他的正犯概念（exklusiver Täterbegriff），是指将所有共同参与犯罪实行的人均视为正犯，对于各参与者，根据其参与的程度和性质来量刑，或者形式上虽承认犯罪参与形态的区别，但其区别作用仅限于量刑的体系。在单一行为人体系内部，存在形式的单一正犯体系和功能的（实质的）单一正犯体系两种类型。一般认为，单一正犯体系具有如下特征：

① 应当注意的是，“正犯”一词是日本人从德语的“Täterschaft”翻译而来。我国学者冯军指出，“Täterschaft”一词事实上包含直接正犯、间接正犯和共同正犯，因此应当翻译为“行为人共同体”（参见《德国刑法典》，冯军译，中国政法大学出版社2000年版，第220~221页）。而在一元参与体系（单一正犯体系）之下，“正犯”一词的原文是“Täter”，在犯罪参与论中的含义是“行为人”，在犯罪参与论之外的领域可以译为“犯罪人”。单一正犯体系所谓的“正犯”，不仅包含二元参与体系之下的“正犯”，还包含该体系之下教唆犯和帮助犯。如果不能正确理解这一翻译上的差异，那么就无法理解两种犯罪参与体系真正的差异。另外，德语中的“Teilnahme”通常翻译为“共犯”（狭义的共犯），在德语中的原意为“参与”；而所谓“Beteiligten”（广义的共犯）在德语中的原意为“参加者”。

（1）为犯罪成立赋予条件者，皆为正犯；（2）不重视行为形态的区别；（3）对于犯罪的成立，根据各个正犯的行为，个别地探讨不法和罪责；（4）对于各正犯适用同一法定刑；（5）根据各正犯的参与程度和性质来量刑。[①] 采用这一立法体例的包括《意大利刑法典》（第 110 条以下）、《奥地利刑法典》（第 12–13 条）、《俄罗斯联邦刑法典》（第 32 条以下）等。

如何评价以上两种犯罪参与立法体系以及与之相应的犯罪参与理论，必须回归到现代刑法的根本原则即个人原则之上。在现代刑法中，无论是对于单独犯罪还是对于犯罪参与，都必须坚持个人责任原则。这是因为，无论犯罪形态如何，刑法最终要解决的仍然是每个犯罪人的刑事责任问题。从哲学的角度看，个人责任的理论根基在于个人自治的原则和侵害原则。刑法的正当化中最根本的概念之一是个人自治的原则（the principle of individual autonomy），即每个人都应当被作为对其自身行为负责的主体来对待。这一原则包含事实要素和规范要素两个方面。[②] 个人自治的事实要素是：个人通常具有作出有意义的抉择的能力和充分的自由意志。[③] 数个世纪以来，“自由意志”的观点一直受到“决定论”主张的反驳，决定论认为所有人类的行为都是由最终每个人无法控制的原因决定的。关于这场争论有大量的文献，在此无法详述。最后的结果是，大多数哲学家达成了妥协的立场并接受一个根本的命题，[④] 即通常情况下行为是自由的，因此刑法责

---

① 参见陈子平：《刑法总论》，元照出版公司 2008 年版，第 438 页。

② See Andrew Ashworth, Principles of Criminal Law, fifth edition, Oxford University Press, 2006, p. 25.

③ See Andrew Ashworth, Principles of Criminal Law, fifth edition, Oxford University Press, 2006, p. 25.

④ See Andrew Ashworth, Principles of Criminal Law, fifth edition, Oxford University Press, 2006, p. 25.

难是公正和适当的；与此同时，在特定情形下，行为受到如此强烈的决定（如受到他人的威胁），以致可以抛弃通常的自由意志假定。[①] 与这个命题类似的是“替代可能性的原则”（the principle of alternative possibilities），即一个人只有在具有其他的行为可能性的情况下才能被适当地认定为对行为负责。支持这些路径的事实是，绝大多数日常生活是以这些对个人责任的信念为基础的，在缺乏决定论的证据的情况下，我们不应当抛弃渗透在我们社会实践的方方面面的自由意志假定。[②]

个人自治原则更为重要的在于其规范要素：个人应当被作为有能力选择作为与不作为的主体来加以尊重和对待，如果不承认个人有能力作为独立的主体，那么他们就不能被视为道德的个人。[③] 这个原理乃是大多数自由政治理论的核心。例如，在德沃金的理论中看到：每个人有权得到平等的关注和尊重。[④] 在关于国家在何种情况下可以动用刑法的探讨中，个人自治的原则赋予自由和个人权利极大的重要性。[⑤] 个人自治原则的规范要素的主要根据在于应当保护个人免受国家刑法的干涉，除非可以证明个人选择了被认定为负有责任的行为。这是尼尔斯·雅尔伯格（Nils Jareborg）和其他学者所主张的犯罪化的“防卫性”路径

① See Andrew Ashworth, Principles of Criminal Law, fifth edition, Oxford University Press, 2006, p. 26.

② See Andrew Ashworth, Principles of Criminal Law, fifth edition, Oxford University Press, 2006, p. 26.

③ See Neil MacCormick, Legal Rights and Social Democracy: Essay in Legal and Political Philosophy, Oxford University Press, 1984, pp. 23 - 24.

④ See Ronald Dworkin, Taking Rights Seriously, Harvard University Press, 1977, p. 180.

⑤ See Andrew Ashworth, Principles of Criminal Law, fifth edition, Oxford University Press, 2006, p. 27.

的核心要素，该路径强调保护个人不受不正当的国家权力侵害的重要性。事实上，哈特的著名原则，即个人不应当被认定为负有刑事责任，除非他具有选择其他行为的能力和公平的机会，[①] 正是以个人自治的重要性为基础的。

但是，个人自治的原则并不是无限制的，而是要受到侵害原理（harm principle）的约束。侵害原理是讨论国家是否可以将某种行为犯罪化时一个明显的出发点，其核心在于：如果某种行为对他人造成了侵害或者对他人造成了无法接受的侵害风险，那么国家将之犯罪化就是正当的。[②] 在这个意义上，约瑟夫·拉兹（Joseph Raz）指出，以自治为基础的自由原理的一个重要特征是：个人不得采用侵犯他人自治的手段来追求任何目标，除非这样的行动可以通过保护或者促进这些人或者其他人的自治得到正当化。[③] 质言之，个人自治必须在不违反侵害原理即在不损害他人自治的情况下才是正当的。在个人侵害他人自治的情况下，就必须作为主体为其侵害后果承担责任。

个人责任被认为是现代刑法的基本原则——责任主义（Schuldprinzip）的一个重要部分。所谓“责任主义”，是指“无责任则无刑罚”（keine Strafe ohne Schuld），“对于任何人科处刑罚时，其范围不得超过该人值得非难的行为所生的结果”的原则。由于责任主义是以限定犯罪成立之意旨而被提倡的原则，因此也被称为消极的责任主义。反之，主张“有责任则有刑罚时”

---

① See H. L. A. Hart, Punishment and Responsibility, Oxford University Press, 1966, chapter 6.

② See Andrew Ashworth, Principles of Criminal Law, fifth edition, Oxford University Press, 2006, p. 30.

③ Joseph Raz, The Morality of Freedom, Oxford University Press, 1986, p. 425.

的，则是积极的责任主义。现代刑法理论一般承认消极的责任主义而否定积极的责任主义。在现代刑法以前，常常发生无非难可能性者因引起结果而受惩罚的情形，即虽然行为人无故意或无过失而仍受处罚，这就是所谓的“结果责任”；也常常发生因一人或数人的犯罪而导致与之相关联的亲属或特别关系者承担连带责任的情形，如连坐，这就是所谓的“团体责任”。现代刑法的责任主义是在否定结果责任（客观责任）与团体责任的前提下所形成的原则。责任主义以“主观责任”与“个人责任”为内容。主观责任的概念，与客观责任相对应，即仅引起法益之侵害或危险的客观结果，行为人的行为尚不得因此而受处罚，必须是行为人同时具有责任能力、故意或过失、违法性意识可能性、期待可能性等，才有追究其责任的可能。因此，对于不可抗力所引起的结果，任何人均无须承担刑事责任。个人责任的观念，与团体责任相对应，即行为人应仅就自己所实施的行为而受非难，不能因为属于某团体的一员而因此为他人所犯之罪受处罚。由于刑法的非难必须是针对行为人自己的行为，因此行为主体与受刑主体必须具有一致性。[①] 以“主观责任”与“个人责任”为内容的责任原则，称为“归责的责任主义”，它与主张刑罚应按照责任的量的比例，即量刑应按照责任之比重作为原则的“量刑的责任主义”合称为“广义的责任主义”。[②]

个人责任的基本思想是个人仅对自己的行为及其结果负责，而不对他人的行为及其结果负责。在单独犯罪的情况下，个人责任的要求是不言自明的。但是，在犯罪参与的情况下，个人责任

---

① 参见陈子平：《刑法总论》（上），元照出版公司2005年版，第60、288页。

② 参见陈子平：《刑法总论》（上），元照出版公司2005年版，第289页。

似乎就有问题了。因为从表面上看，只有直接行为人（正犯）实施了犯罪行为，间接行为人（共犯）似乎只是加功于直接行为人（正犯）的行为之上。因此，间接行为人（共犯）的行为常常被认为是依附于直接行为人（正犯）的行为之上的。与此相应，间接行为人（共犯）的责任常常被认为是从属于（或者派生于）直接行为人（正犯）的责任。这种理解是否符合刑法的个人责任原则？对此，以下笔者将从犯罪参与体系与行为概念、犯罪参与体系与行为人概念、犯罪参与体系与犯罪论以及犯罪参与体系与刑罚论之间的关系四个方面进行论述。

第二节　犯罪参与体系与行为概念

个人责任首先意味着行为责任，“无行为则无犯罪”，这是现代刑法的一个基本信条。但是，如何理解犯罪参与之中的行为特别是间接行为人的行为，乃是一个至关重要的问题。在二元参与体系之下，根据通说即共犯从属性说，正犯是实施了构成要件行为（实行行为）的人，而共犯（教唆犯或帮助犯）只是通过教唆行为或帮助行为加功于实行行为的人，换言之，教唆行为或帮助行为依附于正犯的实行行为才能成立，其自身并不具有独立性。与此不同，一元参与体系认为，任何行为人本来就不必自己亲自实施犯罪，而是完全可以利用（通过）他人来实现自己的犯罪。[①] 在利用（通过）他人来实现自己的犯罪的情况下，被利用者的行为就成为行为人自己的行为的一部分，这个行为的综合体就是间接行为人的实行行为。如何评价这两种行为的观念，有

---

① 参见黄荣坚：《基础刑法学》（第3版）（下），中国人民大学出版社2009年版，第493～494页。

必要从以下两个角度加以分析：

首先，从哲学评价论的可能性上看，将直接行为人（正犯）的实行行为评价为间接行为人的行为的一部分，符合哲学评价论的基本原理。评价是评价主体对客观存在的价值关系系统的反映和建构，它是由评价者、评价对象和评价手段等基本要素构成。[①] 作为评价的对象，其特殊性就在于它是一种主体性事实。“我们通常把事实分为两类，即自在性事实和主体性事实。自在性事实是知识性认识的对象，主体性事实则是评价性认识的对象。自在性事实是客观事物本身所固有的属性、规律或事物之间的关系。这是一种没有渗入主体需要的信息、没有打上主体的烙印、不依主体内在尺度为转移的客观事实。主体性事实是以客体的属性、规律为前提，通过主体本身的存在和变化而表现出来的一种事实。这种属人的、社会的、历史的事实，渗入了主体的需要和能力，因而不同于价值客体本身所固有的属性、规律或事物之间的关系，而是价值客体的属性与人的需要发生关系而形成的新的属性和规律。”[②] 换言之，在评价活动中，作为评价对象的客体并不是事实的本然状态（即自在性事实），而是主体根据评价目的，对客体的本然状态加以整容而使之成为符合评价目的之价值客体（即主体性事实）的过程。经过这样的整容而变为评价客体的主体性事实，已与其本然状态有了明显的差异。[③] 由此可见，主体对客体的评价过程，并非是对客体本然状态的全部接受，而是主体在目的性支配下对客体加以整容的过程。

---

① 秦越存：《价值评价的本质》，载《学术交流》2002年第2期。

② 秦越存：《价值评价是一种特殊的认识活动》，载《唯实》2002年第2期。

③ 王元明：《马克思主义哲学原理》，南开大学出版社1991年版，第142页。

刑法对行为的评价，同样并非是对行为客观本然状态的全盘接受，而是在评价目的的支配下对自然行为加以整容的过程。主体总是通过其实践活动改造客观世界，行为之所以能够成为法律评价的对象，就是因为行为是人对客观世界的实践活动，能够影响法律所保护的利益。犯罪的评价，就是主体（国家）对客体（行为）改造客观世界的一种价值判断。作为犯罪评价对象的行为，当然不能根据该自然行为外观上的本然状态而直接作出判断，而应根据刑法对行为的评价目的对之整容后方可得出结论。尽管某一自然行为从本然状态而言是他人直接实施的，但这只是一种自在性事实，并非总是评价对象的主体性事实，国家还必须从刑法的评价目的出发，对这一本然状态的行为加以整容，使之成为刑法评价对象的行为。对于通过自己的实践活动改造对象世界的情形，人们自然会将此一特定的实践活动评价为特定主体的行为，但在一定的客观条件下，以他人的活动为中介以达到自己实现犯罪之目的的情形，人们也可以根据特定的目的，将被利用者（直接行为人）的行为评价为利用者（间接行为人）的行为。因此，本然状态是直接行为人实施的行为，成为刑法评价的对象之后，就可能被评价为间接行为人实施的行为。① 在这个意义上，二元参与体系对于间接行为人的行为的理解，显然是混淆了自在性事实与主体性事实之间的关系；而一元参与体系对于间接行为人的行为的理解则是正确地认识了二者之间的关系。

其次，从行为规范论的角度上看，“刑法上的行为概念具有规范性的特征，因此不应当从物理的、自然主义的意义上进行解

---

① 参见朱道华：《共犯本质：一个反思性检讨》，载《西北大学学报》（哲学社会科学版）2008 年第 2 期。

释，作为并不仅限于个人的物理性身体运动。"[1]"刑法学正在从自然主义的考察方法向价值的、规范的考察方法发展。"[2] 在二元参与体系看来，只有自己亲手实施构成要件行为（实行行为）的人才是刑法评价的对象，这完全是一种物理的、自然主义的理解，背离了刑法上对实行行为概念的规范性把握。但事实上，即使在二元参与体系之下，也根本无法坚守这种自然主义的行为观念，这一点从二元参与体系之下广泛承认间接正犯的概念就可以得到最好的证明。间接正犯不正是利用他人的行为（无论是构成犯罪的行为还是不构成犯罪的行为）而实施犯罪的情形吗？这种利用行为与间接行为人（共犯）利用直接行为人（正犯）的行为来实施犯罪又有何差别呢？此外，在二元参与体系之下，出于处罚的需要，很多情况下将放风、共谋等行为评价为正犯的实行行为，而坚持所谓自然主义的行为观念根本就不能允许这样的做法。与二元参与体系不同，一元参与体系对于行为的理解则是一种规范主义的理解。在一元参与体系看来，实行行为并不局限于自己亲手所实施的行为，间接行为人完全通过利用直接行为人的行为来实现自己的犯罪，在这种利用行为具有法益侵害的现实危险性之时，也应当评价为实行行为。

从上述两个方面来看，二元参与体系对于行为特别是间接行为人（共犯）的行为的理解是错误的。基于这种错误的理解，二元参与体系否定了间接行为人（共犯）的实行行为性。既然间接行为人的行为不具有实行行为性，那么其刑事责任的根据何在？由于二元参与体系无法回答这个问题，因此在根本上与刑法

① 参见西原春夫：《犯罪实行行为论》，戴波、江溯译，北京大学出版社 2006 年版，第 222 页。

② 参见张明楷：《外国刑法纲要》，清华大学出版社 1999 年版，第 61 页。

的个人责任原则存在抵牾。相反，一元参与体系通过分析间接行为的构造，正确地把握住间接行为人的实行行为，从而为其刑事责任奠定了坚实的基础。笔者认为，在一元参与体系之下，间接行为人的实行行为可以从存在论和规范论两个方面加以论证：一方面，从存在论的角度上看，间接行为人的行为构造与直接行为人的行为构造显然有所不同。间接行为人的行为构造是通过行为媒介者实现犯罪这一行为过程。因此，无视这种间接行为人与直接行为人在存在论的行为构造上的差异，将间接行为人与直接行为人同等对待，体现了共犯独立性说过分重视行为人的主观危险性的倾向；另一方面，由于共犯从属性说过分拘泥于将单独直接正犯作为犯罪参与的原型，因此轻视了作为共犯的方法类型的意义。从规范论的角度上看，由于间接行为人的特征在于利用他人的行为来实现自己的犯罪。因此，在实行行为性这个方面，间接行为人的实行行为必须与直接行为人的实行行为具有相同的内容，即具有法益侵害的现实危险性。在这个意义上，所谓犯罪参与，无非是行为人尤其是间接行为人实现犯罪的一种方法而已。因此，我国学者黎宏指出："共同犯罪，从尽管数人共同实施同一个特定犯罪，但从最终受罚的只是单个参与者的现象来看，其不过是利用了和他人一起行为的契机，实现自己犯罪目的的一种类型而已，和一个人单打独斗的单独犯之间没有什么两样。"①日本学者佐伯千仞也指出："我们既然把共犯理解为一种方法上的类型，那么，成为共犯的各人的行为就分别是一个犯罪，二人以上的共犯者不是共同犯一个罪，而是各自通过事实上的共同进

---

① 黎宏：《刑法总论问题思考》，中国人民大学出版社 2007 年版，第 465 页。应当注意的是，黎宏教授是在主张我国刑法共同犯罪属于二元参与体系的前提下发表这种观点的。虽然其理论前提并不正确，但其对于正犯与共犯之间关系的理解是正确的。

行自己的犯罪。”①

第三节 犯罪参与体系与行为人概念

个人责任其次意味着行为人责任。因为无论采取哪一种犯罪参与体系，都只是一个表象而已，在两种体系背后均存在根本的核心思考，即应当如何理解刑法上的行为人概念，或者也可以改成这样的问题：谁才是刑法所要处罚的对象？② 换言之，当多数人作用于刑法所规定的不法构成要件，或者对于一定的犯罪结果有所作用时，刑法所欲判断的行为人，究竟是以限定于一定条件之下者，方属于所欲规范与判断之行为人？或者只要在行为作用或者结果发生，具有关联性存在之人，均可以纳入行为人的范围？想要理解参与的形态，不得不先从行为人概念的界定着手，只有界定出行为人的概念之后，区分参与的角色与形态，才具有意义。③ 为了界定了刑法上的行为人概念，学说上发展出“限制

① 参见大塚仁：《犯罪论的基本问题》，冯军译，中国政法大学出版社 1993 年版，第 252 页。

② 参见蔡圣伟：《刑法问题研究》（一），元照出版公司 2008 年版，第 139 页。

③ 参见柯耀程：《刑法概论》，元照出版公司 2007 年版，第 360 页。

的行为人概念”与“单一的行为人概念”这一对范畴。[①]

根据限制的行为人概念，可罚行为仅限于法定构成要件所描述的行为，因此刑法上的行为人也仅局限于“自己亲自实现法定不法构成要件的人”。通过他人实施的不法构成要件而实现构成要件的人，则不属于刑法上的行为人。从这个立场出发，那么仅仅实施教唆行为与帮助行为的人原本就不是刑法所要处罚的对象，但因为刑法对之设立了处罚的规定，才得以对这些并未亲自实施不法构成要件行为的人施加刑罚。因此，刑法上关于共犯的规定在本质上就是“刑罚扩张事由”（Strafausdehnungsgründe）。换言之，如果立法者没有在刑法中设立这些共犯的规定，那么这些教唆行为和帮助行为就是不可罚的。

与此相对，单一的行为人概念则是以因果理论（Kausalitätslehre）为基础，认为刑法上的行为人是指所有引起不法构成要件结果的人，即只要是通过因果关系支配不法构成要件的实现，

① 关于刑法上的行为人概念，大多数学者包括许多主张单一行为人概念的学者认为有两种行为人概念，即限制行为人概念（限制正犯概念）和扩张行为人概念（扩张正犯概念），并认为单一行为人概念来自于扩张行为人概念或者在思想基础上与扩张行为人概念相同（参见，例如，我国台湾地区学者黄荣坚、柯耀程）。有些学者则认为有三种行为人概念，即限制行为人概念（限制正犯概念）、扩张行为人概念（扩张正犯概念）和单一正犯概念（单一行为人概念）（参见，例如，我国台湾地区学者林山田、我国学者张明楷）。只有少数学者正确地认识到所谓的扩张行为人概念不过是二元参与体系之下为了解决由于采用限制行为人概念而产生的某些问题（例如，间接正犯），而提出的一种法理上的、体系上的概念，而单一行为人概念和限制行为人概念则是被立法例所采用的概念，是立法政策的概念（例如，我国台湾地区学者许玉秀、陈友锋）。笔者认为这种理解是正确的，刑法上只有两种行为人概念，即限制行为人概念和单一行为人概念。

就是刑法上的行为人，而不限于亲自实行构成要件行为的人。从这个立场出发，教唆行为和帮助行为本来就是引起不法构成要件的行为，因此教唆犯与帮助犯在本质上就是行为人。由此可见，限制的行为人概念与单一的行为人概念的根本分歧在于对于法定构成要件的范围的理解不同：限制的行为人概念认为只有自己亲自实施构成要件行为的行为人才属于法定构成要件的范围，其他行为人则处于法定构成要件的范围之外；与此相对，单一的行为人概念则认为，无论是直接的行为人，还是间接的行为人，只要与法益侵害结果有因果关系，就是行为人，就属于法定构成要件的范围。在单一行为人概念看来，直接的行为人与间接的行为人只是在不法构成要件实现的方式上有所不同，但在本质上并无任何差异，因此，刑法上对于二者的评价标准不应有所不同：任何行为人承担刑事责任的基础均在于其行为具备不法和罪责。而且，对于直接行为人和间接行为人各自的不法和罪责均必须独立评价。

犯罪参与体系正是建立在上述理论基础之上的。一般认为，二元参与立法体系是以限制的行为人概念为基础，而一元参与立法体系则是以单一行为人概念为基础。[①] 如何评价以上述两种行为人概念为基础的两种犯罪参与立法体系，必须回溯到对于刑法目的的思考上去。现代刑法理论认为，刑法的目的在于法益保护。在一个法治国家中，国家只能在一定的条件下，通过国家权力的力量去介入公民个人的基本权利领域。刑罚乃是国家对公民个人所能科处的各种措施中最为严厉的一种，是对于宪法所保障的公民个人基本权利最强烈的侵害。因此，对于其他国家公权力

① 参见蔡圣伟：《刑法问题研究》（一），元照出版公司 2008 年版，第 142 ~ 144 页；黄荣坚：《基础刑法学》（下），元照出版公司 2004 年版，第 280 ~ 281 页。

影响基本权利的情形所提出的正当性条件或限制，对于刑法当然应该更加适用。国家的刑罚只有在“合乎国家目的”的范围内才是被允许的；刑罚的使用必须要能通过国家的任务来目的理性地（zweckrational）正当化，而这个任务就是“保护法益”（Rechtsgüterschutz）。[①] 刑法是以保护法益为目的的，所有刑法规范都以社会对于生活利益积极价值判断为基础。由于这些生活利益是人类社会生活不可或缺的利益，因此国家有义务通过刑罚予以保护。因此，国家刑罚权的正当根据，就在于保护这些生活利益。如果刑法中有条文不以保护法益为目的，那么这样的条文就是无效的或者是恣意的。

但是，如果想要让刑法能够起到保护法益的效果，就只能让刑法针对未来的、尚未发生的事件发挥作用；只有通过刑罚对未来产生预防的效果，才能达到保护法益的目的。正如拉丁法谚所云：“一个理性的人，不会只为了过去的罪恶惩罚他人，而是要通过处罚让未来不会再发生罪恶。”简单地说，无论是针对既遂犯还是未遂犯的惩罚，科处刑罚的正当性都必须建立在一个刑事政策上可理性证成的观点之上，这个观点就是“以积极的一般预防为导向的法益保护”或者“通过规范的预防性法益保护”。根据积极的一般预防的观点，犯罪行为就是对于规范效用的质疑（eine Infragestellung der Normgeltung），是一种精神上对规范效用的攻击。而对于犯罪行为所科处的制裁，则是在精神上对于犯罪行为作出否定的评价，目的在于重建被干扰的法秩序（Wiederherstellung der Rechtsordnung）。换言之，刑罚的功能就在于通过对已经发生的规范破坏现象施加非难，由此重建被干扰的法和平（Rechtsfrieden），这就是刑罚的沟通功能（die kommunikative

---

① 参见蔡圣伟：《刑法问题研究》（一），元照出版公司2008年版，第77页。

Funktion)。详言之，立法者通过法秩序，把社会共同生活所必要的应然状态规定出来（行为规范的设定），作为法秩序的一环，刑法就是要在犯罪行为发生（即行为规范遭行为人违反）后，通过对行为人的制裁来重建遭到破坏的法秩序。因此，刑罚的任务可以说就在于证实那些被不法行为所质疑的规范，通过刑罚来宣示这些规范是一如既往地有效并且应该被维持，由此来稳固一般人对法秩序的信赖、保障对于交互遵守行为规范的期待。只有当法规范成为社会生活中相互影响的行为动机时，法规范才会成为实际，才会变成一般社会成员的行事准则，才能防止行为规范在未来受到侵害。而这个目标也只有当法秩序会自行排除规范破坏时，也就是立法者在行为规范之外另外设定制裁规范时，才有可能会实现。然而，法秩序的存在并非自我目的，维持、稳固法秩序最终是为了预防未来发生法益侵害的事件，即以保护法益为目的。在这个意义上，制裁规范的正当性基础在于“技术层面的法益保护”。①

（1）法益保护与行为人概念。从刑法的法益保护目的来看，上述哪一种行为人概念更符合这一目的呢？从刑法的目的来看，对于不法之利益侵害的实现，只要有因果关系，那么不管用什么手段来使这一不法利益侵害实现都不重要。② 刑法上的“归责”，就是要从众多的自然因果流程中，找出能够看做是行为主体之“作品”(Werk）的事物，并且把账算到该主体的头上。而在判断利益侵害事实能否评价成行为人的“作品”时，核心的观念便是因果关系。这个因果关系不只是在犯罪参与的问题上具有意

① 参见蔡圣伟：《刑法问题研究》（一），元照出版公司2008年版，第80~82页。

② 参见黄荣坚：《共犯与身份》，载《刑法思潮之奔腾：韩忠谟教授纪念论文集》，财团法人韩忠谟教授法学基金会2000年，第209页。

义，而是每一个现代法治国刑法归责的基本指导原则。根据现代的刑法学理，我们可以说，整个犯罪的判断都是建立在因果关系的基础上。详言之，在一个理性的法社会中，每个人在刑法上都只需对与其有因果关联的事物负责。只有这样，国家施予被告的刑罚才会是理性的，才能被正当化。如果我们为了与行为人没有因果关系的利益侵害事件而处罚行为人，那么这样的处罚对于刑法的预防性法益保护目的的达成而言，便没有任何意义，也就是一个非理性的惩罚。因为即便我们这一次处罚了行为人，在下一次面临相同的状况时，行为人依旧无法通过其行为去影响利益侵害事实的发生与否，因为上次的处罚根本不会产生任何的预防效果；相反，如果我们不处罚与法益侵害之间有因果关系的人，那么刑法的预防性法益保护目的也无从实现。因此，刑法上所有的犯罪成立要件，都要受到这个指导原则的支配。[①]

无论是何种行为人，只要是国家刑罚制裁的对象，就必须以他们是法益的侵害者为理由，才能施加刑罚制裁。所有行为人，都是因为自己的责任而受惩罚，而责任的基础当然是建立在自己行为的不法和罪责基础之上的，不可能建立在刑法对他人行为的评价之上。[②] 如前所述，限制的行为人概念认为只有自己亲自实施构成要件行为的行为人才是刑法真正的处罚对象，而其他人由于并未实施构成要件行为，因此其处罚资格必须由法律予以特别规定，否则不能处罚；与此相对，单一的行为人概念则认为，无论是直接的行为人，还是间接的行为人，只要与法益侵害结果有

① 参见蔡圣伟：《刑法问题研究》（一），元照出版公司2008年版，第151~152页。

② 参见许泽天：《共犯之处罚基础与从属性》，载《罪与罚：林山田教授六十岁生日祝贺论文集》，五南图书出版有限公司1998年版，第73页。

因果关系，就是行为人，就属于法定构成要件的范围。在单一行为人概念看来，直接的行为人与间接的行为人只是在不法构成要件实现的方式上有所不同，但在本质上并无任何差异。由此可见，如果按照限制的行为人概念，法益保护就会处于极为不周延的状态。试问，如果刑法不处罚对法益造成侵害或威胁，并且其行为具备不法和罪责的行为人，那么刑法到底处罚什么、保护什么？从根本上说，限制的行为人概念是一个违背刑法目的的概念，正是在这种背离刑法目的的概念引导下，二元参与体系陷入了诸多难以克服的逻辑困境。以单一的行为人概念为基础的单一正犯体系，即一元参与体系才是正当的、合乎刑法目的的犯罪参与体系。此外，单一正犯体系即一元参与体系通过刑法表明一种立场，任何对法益造成侵害或威胁，并且其行为具备不法和罪责的行为人，都在刑法的处罚范围之列，这样才能产生预防犯罪参与的效果。

（2）刑法规范与行为人概念。刑法法益保护的目的是通过刑法规范来实现的。一般认为，刑法规范由行为规范和制裁规范组成。在刑法分则中，每一个规定犯罪类型的条文都可分成两个部分，即构成要件与法律效果（刑罚）。前者是要将犯罪类型的轮廓勾画出来，让法律适用者在认定是否发生了该条所要制裁的犯罪行为时，有可以用来判断的标准。一旦构成要件被实现，就表示了这个构成要件所要保护的行为规范（Verhaltensnorm）被违反了。举例而言，当行为人故意杀害了被害人时，他除了实现刑法上故意杀人罪的构成要件以外，也同时违反了这个条文背后

“不可杀害他人”[①] 的行为规范。而在行为规范被违反时（即构成要件被实现时），法官就必须适用故意杀人罪的刑法条文的第二部分，对行为人科处该条所预定的法律效果（刑罚）。这些处罚特定行为的条文（包括构成要件以及刑罚的法律效果），就是制裁规范（Sanktionsnorm）。在探讨刑法的正当性基础时，也应该分成行为规范的正当性和制裁规范的正当性这两个层次来论证。行为规范是用来禁止或要求（命令）人类的某个特定行止（作为或不作为），而制裁规范则是在保障行为规范的效力（Geltungskraft）；前者的正当性基础在于“合比例的法益保护”，后者的正当化基础则在于“刑罚的意义”。在设定行为规范（也就是刑事立法）的层次，当立法者要制定任何一个归责标准（法定构成要件）时，除了要考虑到通过这个规范所要保护的利益是否正当（即是否可以被承认是刑法上的法益）外，还必须考虑到法治国原则（尤其是合比例原则和过度禁止原则）的限制，这样才能划出一条在法治国中具有正当性的可罚性界限。简单地说，立法者必须在法益保护与人权保障之间，找出一个大家能够接受的平衡点。在设定行为规范之时，根本的原则是刑法不能处罚没有造成法益侵害或危险的行为类型，即刑事立法者不得将没有造成任何法益侵害或危险的行为恣意地犯罪化。[②]

在二元参与体系之下，正犯是亲自实施构成要件行为的人，共犯则是实施构成要件以外行为的人，因此刑法分则的行为规范

① 一般都是以“不可杀害他人”这个陈述来表明故意杀人罪所要维护的行为规范，必须要注意的是，这只是一个简化的说法。如果表述得更精确些，那么故意杀人罪的行为规范就应该是“不可以透过‘可归责’的方式引起他人的死亡”。参见蔡圣伟：《刑法问题研究》（一），元照出版公司2008年版，第75页，注1。

② 参见蔡圣伟：《刑法问题研究》（一），元照出版公司2008年版，第75~76页。

仅针对正犯，而不针对共犯。因此，根据二元参与体系，在杀人罪的情况下，正犯违反的是“不得杀人”的行为规范，而共犯违反的则是“不得教唆或者帮助他人杀人”的行为规范。在一元参与体系之下，无论参与者的形态如何，都违反了刑法分则的“不得杀人”的行为规范。对此，二元参与体系经常以违反罪刑法定原则为由对一元参与体系进行批判，因为在二元参与体系看来，“不得杀人”的行为规范是指不得自己亲自实施杀人的行为，只有这样的行为才符合杀人罪的不法构成要件，而且，在没有共犯规定的情况下，教唆或者帮助杀人的行为就不应受到处罚。但是，在罪刑法定原则之下，各种犯罪类型的成立要件当然必须要由立法者尽可能明确地规定在法典中，这是在一个民主法治国家中不容置疑的命题。因此，“造成犯罪结果即等于实现法定构成要件”的说法是正确的。但要特别注意的是，从这句话应该也只能推导出，所谓真正的犯罪人，应该是“实现法定犯罪构成要件的人”，而不是仅限于“亲自”实施法定构成要件行为的人。① 换言之，“不得杀人”的行为规范不能只包含不得“亲自”杀人的内容，还应当包含不得“以任何归责的方式”杀人的内容，否则“不得杀人”的行为规范就无法得到周延的保护。既然刑法所确立的行为规范，均在于保护刑法分则各本条的法益，那么无论是所谓正犯还是共犯，都违反了“不得杀人”的行为规范。而且，从国民的眼光来看，刑法的行为规范本来就在于禁止侵害法益，“正犯”与“共犯”只是两个法律概念而已。如果因为刑法对行为人所扮演的角色地位评价不同，就说他

① 参见蔡圣伟:《刑法问题研究》(一)，元照出版公司 2008 年版，第 156 页。

们抵触了不同的行为规范，岂不是一件怪事？①

第四节　犯罪参与体系与犯罪论

无论是二元参与体系还是一元参与体系，均承认犯罪是行为人的行为，但这个界定还不能为犯罪的认定提供任何具体的标准。在二元参与体系之下，由于只承认直接行为人（正犯）实现了构成要件，因此只有正犯才可以根据行为具备不法和罪责的标准来认定；间接行为人则只能通过所谓“修正的构成要件”来加以认定。应当指出的是，二元参与体系的这种观点与其对刑法上的行为和行为人的理解是一脉相承的。既然只有直接行为人（正犯）的行为才是实行行为，而且只有直接行为人才是刑法本来的处罚对象，那么犯罪的认定标准当然只能适用于这样的行为人。至于其他的行为人，则只能根据刑法总则规定的“修正”才能获得可罚性，即这些行为人的犯罪认定不但不能适用于通行的犯罪构成标准，而且如果没有总则的规定，那么根据罪刑法定原则，他们就不应当受到处罚。

在二元参与体系之下，这种修正的构成要件理论备受推崇，但实际上，这种理论存在诸多逻辑上的问题，是一个完全经不起推敲的学说。首先，自德日刑法学者创立构成要件理论以来，学者们普遍认为，以实行行为为中心是因为它最能适应使犯罪明确化和个别化以及限制刑法处罚范围的需要。但是，在这些国家的刑法总则明确规定以处罚故意犯罪为原则，过失行为只有在刑法

① 参见许泽天：《共犯之处罚基础与从属性》，载《罪与罚：林山田教授六十岁生日祝贺论文集》，五南图书出版有限公司 1998 年版，第 83 页。

分则有特别规定（如刑法分则条文规定的“过失犯前款罪的”）的时候才负刑事责任，那么，能否认为基本犯罪构成是以故意犯罪为模式，而处罚过失犯是因为刑法总则对基本犯罪构成的主观方面进行了修正呢？在刑法上，各具体犯罪的构成主体原则上只能是自然人，只有刑法分则有特别规定的才能成立单位犯罪。对此，又能否说基本犯罪构成规定的是自然人犯罪形态，而单位之所以能成立犯罪是因为刑法总则对基本犯罪构成的主体进行了修正呢？如果说故意犯罪与过失犯罪、单位犯罪与自然人犯罪本来都是犯罪构成中相并列的概念，不存在谁修正谁的问题，那么同样处于犯罪成立框架内的不同形态——帮助行为和教唆行为等形态就没有理由在犯罪构成上必须依附于实行行为。①

其次，从司法实践看，无法证明实行犯就必然多于教唆犯、组织犯及帮助犯。事实上，由只处罚实行犯扩展到追究教唆犯、帮助犯等的刑事责任，其中的确存在着一个不断“修正”的演变过程。但值得注意的是，这些“修正”不是对犯罪构成的修正，而是对人们的刑法观念和刑事立法上的处罚范围的修正。然而，一旦被刑法规定为犯罪，那么它们都不论条件、与生俱来地拥有构成要件符合性，平等地属于符合犯罪构成要件的行为，在犯罪论上不存在谁是标本、谁是变体、谁是正统、谁是附属的问题。②

再次，修正的犯罪构成理论在一些重大问题上不能自圆其说。既然认为某些所谓的基本犯罪构成要件可以被“修正”的

① 参见陈璇：《修正的犯罪构成理论之否定》，载《法商研究》2007年第4期。

② 参见陈璇：《修正的犯罪构成理论之否定》，载《法商研究》2007年第4期。

话，那么它们又怎么能够成为犯罪的构成要件呢?[①] 而且，既然刑法已经确定了犯罪构成的标准，那么对于同样是犯罪人的正犯与共犯，为什么采用完全不同的认定标准呢？对此，二元参与体系无法给出正当化的理由。

最后，修正的犯罪构成理论歪曲了刑法总则与刑法分则之间的关系。主张修正的犯罪构成理论的学者认为，基本的犯罪构成，实际上是指刑法分则或其他刑事法律所规定的既遂犯与单独犯的犯罪构成；而修正的犯罪构成规定在刑法总则中，在确定这一类行为的修正的犯罪构成时，要以刑法分则具体条文规定的基本的犯罪构成为基础，结合刑法总则中关于该修正的犯罪构成综合加以认定。这样看来，似乎只有在认定共犯的犯罪构成时才需要对刑法总则与刑法分则进行结合，而对正犯的犯罪构成的认定则只需单独依靠刑法分则的条文就够了。实际上，刑法总则是对犯罪的共同要件和一般原理所作的集中规定，而刑法分则则主要规定具体犯罪带有个性的条件。刑法总则与刑法分则是相互配合、密不可分的，构成一个有机统一的整体，共同地对各种具体的犯罪及其刑罚标准作出完整的说明。对任何犯罪行为和一切犯罪形态的判定，都需要将刑法总则与刑法分则结合起来考虑。而且，所谓修正的犯罪构成也不一定就规定在刑法总则当中。例如，我国有学者认为无身份者可以构成身份犯罪的共犯，这是在犯罪参与之下对身份这一主体要件进行修正的结果。但是，这种“修正”恰恰不是源自刑法总则的规定，而是源自刑法分则第382条第3款的提示性规定。[②]

---

① 参见陈璇:《修正的犯罪构成理论之否定》，载《法商研究》2007年第4期。

② 参见陈璇:《修正的犯罪构成理论之否定》，载《法商研究》2007年第4期。

正如我国学者陈璇博士所指出的那样，从总体上看，修正的构成要件理论集中体现的就是一种形式的客观主义立场。其特点在于，它总是“严格以构成要件对行为的描述为准，不考虑行为人在整个犯罪过程中发挥作用的重要性如何”。[①] 如将之严格地贯彻到二元参与体系之中，就会认为正犯与共犯的区别在于前者是符合基本构成要件的实行行为，后者是符合修正构成要件的教唆、帮助行为。形式的客观主义极力贯彻构成要件理论，似乎是想彰显其对罪刑法定主义的严格遵守，但是，其仅仅满足于对“构成要件”这一概念进行空洞、机械的套用，却从不去探求构成要件背后的犯罪实质和立法目的。刑法规定的一切犯罪行为和所有犯罪形态都是符合犯罪构成的，这本来是一个公理性的命题，而无论形式的客观主义怎样变换和修正，最终也只是对这一命题的简单重复。究竟什么样的行为才是构成要件的行为？什么样的要件才是基本的构成要件，什么样的要件又是修正的构成要件？对于这些与司法应用密切相关的实质性问题，形式的客观主义往往束手无策。[②] 正如有的学者所指出的：“修正的犯罪构成似乎只是告诉我们共犯形态和未完成形态犯罪的犯罪构成的‘出处’和‘来源’，而究竟为什么要处罚这两种形态的犯罪或令这两种形态的犯罪的行为人承担刑事责任，修正的犯罪构成论把我们罩在云里雾里。”[③]

与二元参与体系不同，一元参与体系认为，在刑法上，任何

---

① ［德］汉斯·海因里希·耶赛克、托马斯·魏根特：《德国刑法教科书》（总论），徐久生译，中国法制出版社 2001 年版，第 782 页。

② 参见陈璇：《修正的犯罪构成理论之否定》，载《法商研究》2007 年第 4 期。

③ 参见吴君霞、朱凤翔：《解读修正的犯罪构成》，载《四川警官高等专科学校学报》2005 年第 4 期。

犯罪的成立都必须依赖于一个相同的犯罪构成标准，即行为符合不法和罪责（或者行为符合构成要件，并且具有违法性和罪责）。那么刑法如何评价犯罪参与中每个参与者的行为责任呢？对此，刑法已经建立了一套固定、统一的标准，这就是行为人的行为符合完整的犯罪构成要件，即行为符合刑法规定的某一种犯罪的不法和罪责。虽然在犯罪参与的情况下，有的行为人是通过直接实施构成要件行为的方式来实现犯罪，有的行为人则通过他人来实现犯罪，但是，在犯罪成立的意义上，各参与者只能对自己的不法和罪责承担责任，换言之，在检验各参与者的行为是否构成犯罪之时，各参与者的不法和罪责均独立于其他参与者的不法和罪责。换言之，即使在犯罪参与的情况下，对于各参与者刑事责任的认定，仍然要回到犯罪的基本判断标准之上，在犯罪构成的判断上，没有所谓的共同，也没有所谓的从属。① 一旦犯罪构成要件被确定下来，那么原则上无论犯罪形态发生何种变化，一个人的行为符合全部的不法要件以及罪责要件，就是构成犯罪；而只要欠缺不法与罪责当中的任何一个要件，就不构成犯罪。② 很显然，与二元参与体系所推崇的漏洞百出的“修正的构成要件理论”相比，一元参与体系主张各参与者适用同样的犯罪构成标准，这就保持了理论上的一致性和连贯性，而不会产生逻辑上的困境。

---

① 参见黄荣坚：《基础刑法学》（下），元照出版公司 2004 年版，第 291～292 页。

② 参见黄荣坚：《论共犯》，载《刑事法学之理想与探索》（一），学林文化事业有限公司 2002 年版，第 329 页。

第五节 犯罪参与体系与刑罚论

在二元参与体系之下，由于正犯是犯罪的核心，而共犯只是犯罪的边缘，而且刑法对二者规定了不同的刑罚，因此对二者的区分就成为至关重要的问题。正犯与共犯之间的区分问题特别是如何确定正犯的问题，主要是在犯罪论层面展开的。因此，二元参与体系被称为犯罪论的“试金石”。① 换言之，犯罪论的基础理论都会直接反映到犯罪参与论中。在这个意义上，二元参与体系可谓犯罪论的试验场。反过来说，从犯罪参与论也可以看到犯罪论之中的诸多争议。这一点从二元参与理论与犯罪论的基础理论之间的关联中可以清楚地看到。

（1）因果关系论与犯罪参与论。在二元参与体系之下，一直以来，犯罪参与论被认为是因果关系的一种适用。② 根据这种观点，因果关系论中的条件说和原因说之间的对立直接反映到犯罪参与论中：条件说被认为是主观的共犯论，而原因说则被认为是客观的共犯论。在德国刑法学上，这种争论是围绕正犯与共犯的区分展开的：主观的共犯论根据行为人的主观方面来区分正犯与共犯；而客观的共犯论则通过区分原因与条件来区分正犯与共犯。在日本刑法学上，这种争论则是以新派的共犯独立性说与旧派的共犯从属性说的对立为中心的，但这种对立并没有超出因果关系论的范围。

---

① 参见［日］高桥则夫：《规范论与刑法解释论》，成文堂2007年版，第164页。

② 参见［日］牧野英一：《重订日本刑法》（上卷），有斐阁1937年版，第412页以下。

（2）构成要件论与犯罪参与论。在二元参与体系之下，犯罪参与论也被认为是构成要件论的一种适用，[①] 而且这种观点依然是德日刑法学的主流。在德国刑法学上，构成要件论在共犯论中的争议主要是以限制的正犯概念与扩张的正犯概念之间的对立为中心的。例如，对于如何理解间接正犯的正犯性，就是围绕这两个正犯概念来展开的。与德国刑法学有所不同的是，在日本刑法学上，以实行行为概念为中心的共犯论即限制的正犯概念已经确立了稳固的地位，争议只不过是在于是采取形式的实行行为概念（形式客观说）还是实质的实行行为概念（实质客观说），但并没有脱离构成要件论的范围。构成要件论在共犯论中的另一个投影是犯罪共同说与行为共同说之间的对立：前者主张构成要件的共同，后者则主张前构成要件的共同。由于这种对立成为新派与旧派之争的一个重要方面，因此不仅涉及共同正犯，而且最终牵扯到整个共犯论。但是，这种对立最后被证明是虚幻的。随着正犯概念与实行概念的分离、危险概念的展开以及行为无价值与结果无价值之间对立的展开，二元犯罪参与理论已从新派与旧派之争中完全脱离出来，整个犯罪参与论开始转向违法论，即共犯为什么受处罚的“共犯处罚根据论”。

（3）违法论与犯罪参与论。在目前德日的二元参与理论之中，争议的最大焦点是共犯处罚根据论，即为什么要处罚没有实施实行行为的共犯。围绕这个问题，德日刑法学上提出了形形色色的学说。[②] 这些学说直接地反映了违法论中行为无价值论与结果无价值论之间的对立。在德国刑法学上，共犯处罚根据论主要

---

① 参见［日］小野清一郎：《犯罪构成要件的理论》，有斐阁 1953 年版，第 99 页以下。

② 详细内容请参见本书第二章“二元参与体系的批判性考察”中的“共犯处罚根据论”部分。

是从行为无价值论为前提的；在日本刑法学上，共犯处罚根据论则分别从行为无价值论与结果无价值论两方面展开。无论采取哪一种违法本质论，二元参与体系仍然是犯罪论的“试金石”。

（4）罪责论与犯罪参与论。在法国，虽然区分正犯与共犯，但对正犯与共犯同等处罚，因此，共犯论在某种程度上是罪责论的一部分。[①] 与此不同，由于《德国刑法典》明文规定了罪责的个别化，因此罪责论与共犯论不具有直接的关联。在日本司法实务上，由于共谋的共同正犯占据着支配性地位，因此罪责和量刑的问题发挥着巨大的功能。而且，就共犯从属性的程度而论，极端从属性说不仅是以往的通说，而且在日本司法实务上仍然非常有影响力。此外，对于间接正犯，日本学说上一般采取规范障碍说，而这可以说是规范罪责论在共犯论中的一种体现。当然，规范障碍论是判断正犯危险性的一种工具，因此也可以向违法论转化。

由上可知，对于二元参与体系而言，犯罪论中的各种争论都直接反映到犯罪参与论中。因此，在某种程度上，二元参与体系的犯罪参与论之所以极其复杂以致演变成“绝望之章”，其根源就在于与犯罪论本身千丝万缕的联系。不可否认的是，犯罪参与论的问题，首先是犯罪论层面的问题。但是，是否有必要在犯罪论层面泾渭分明地区分正犯与共犯之间，则是值得思考的问题。应当指出的是，二元参与体系之下这种犯罪论的优位对于司法实务并没有太大的价值。以日本的司法实务为例，就共犯（广义的共犯）而言，由于绝大多数被告人被认定为共同正犯，被认

① 参见［法］G. Stefani，G. Levasseur，B. Bouloc 著，泽登俊雄、泽登佳人、新仓修译：《法国刑事法》（刑法总论），成文堂 1981 年版，第 213 页以下。

定为教唆犯或帮助犯的比例极其低下而且犯罪类型比较固定，[①]因此有学者指出，严格地说，日本的司法实务采用了单一正犯体系。之所以产生这种现象，其根本原因在于，在犯罪参与问题的处理上，日本的司法实务对于学说上的各种争议并不关心，相反，司法实务上的核心问题在于确定哪些参与者应当受到重处、哪些参与者应当受到轻处这个量刑的或者制裁的判断基准。[②] 因此，在日本的司法实务上，共谋共同正犯占据支配性的地位就是情理之中的事情。[③] 事实上，犯罪参与形态的区分，其本来目的不正在于根据各参与者的不法和罪责来实现刑罚的个别化吗？由于没有认识到这一点，二元参与体系的立法对于正犯与共犯分别设置了机械的、轻重有别的刑罚，这就给在立法上对各参与者实行刑罚个别化造成了巨大障碍。二元参与体系的犯罪参与理论更是将自身定位在犯罪论而不是刑罚论，这难道不是本末倒置了吗？

面对纷繁复杂的犯罪参与现象，一元参与理论提出了犯罪参与“共同合作的二重性”理论，即犯罪参与的所有问题都可以划分为两个层面：构成要件层面的问题即外部界限问题（如何区分可罚的参与者与不可罚的非参与者）与量刑层面的问题即内部界限问题（如何对具有可罚性的参与者进行适当地量刑）。在此，一元参与体系明确了犯罪论与刑罚论对于犯罪参与体系的不同意义：犯罪论的意义在于确立行为的可罚性（或应罚性），

---

① 参见［日］亀井源太郎：《如何区分正犯与共犯》，弘文堂2005年版，第6~8页。

② 参见［日］高桥则夫：《规范论与刑法解释论》，成文堂2007年版，第164页。

③ 参见［日］高桥则夫：《规范论与刑法解释论》，成文堂2007年版，第164页。

因此，在犯罪参与论中，犯罪论主要解决可罚性的外部界限问题即在多个行为人中哪些是可罚的参与者；而刑罚论的意义则在于确定行为人的需罚性（或刑罚施用必要性），并按照特定的刑罚目的观进行适当地量刑，因此，在犯罪参与论中，刑罚论主要解决可罚性的内部界限问题，即如何对具有可罚性的参与者进行适当地量刑，以便实现刑罚的个别化。由于一元参与体系认为所有行为人（无论是直接行为人还是间接行为人）的可罚性来源均在于其行为具备不法和罪责，因此，犯罪参与者的可罚性与单独犯罪的可罚性相比，并没有什么不同之处。毋宁说，犯罪参与论的重点应当在于如何对具有可罚性的参与者，根据其自身的不法和罪责进行适当地量刑。在这个意义上，一元参与体系又被称为“量刑的犯罪参与体系”，即一元参与体系定位于刑罚论而不是犯罪论。

应当承认的是，二元参与体系试图在构成要件层面就对各参与者进行区分，这种初衷是值得肯定的。因为，毕竟各参与者参与犯罪的方式并不相同，这就需要根据其各自的参与方式来区分其在犯罪参与中的角色和形态。但是，参与形态与参与者的不法是应当予以区分的，参与形态只是表明参与者不法的一个外观，换言之，参与形态虽然可以在一定程度上体现参与者的不法，但并不能决定参与者的不法程度。举例而言，“正犯”这种参与形态可以在一定程度上说明参与者具有较高程度的不法，但这并不说明正犯在犯罪参与中的具体作用必定高于其他参与者，也并不说明对正犯的处罚必须重于其他参与者。法官可以通过参与者形态来识别可罚的参与者，至于各参与者的不法程度，则必须通过对具体案件中各参与者的性质和程度来加以认定。毋宁说，区分犯罪参与形态的真正意义在于通过参与形态来实现对各参与者的刑罚个别化。由于二元参与体系混淆了二者，将参与形态与参与者的不法直接挂钩，因此在构成要件的层面严格地区分正犯与共犯，就在所难免。这样一来，二元参与体系就必须定位于犯罪论而不是刑罚论，因此造成了诸多困惑和混乱。与二元参与体系不同，一元参与体系通过明确地区分了犯罪参与的外部界限与内部界限，理顺了犯罪论与刑罚论的关系：任何参与者要构成犯罪，不正是因为其行为具备不法和罪责吗？对于具有可罚性的参与者，犯罪参与体系的任务不正在于根据其不法和罪责进行适当地量刑吗？

第六节　小结

为了处理集体现象中的个人责任这一犯罪参与体系的根本问题，在刑事立法上发展出了两种迥然不同的立法体系，即二元参与体系与一元参与体系。那么，哪一种立法体系更为合理、更值得采用呢？笔者认为，这一问题应当从犯罪参与体系与行为概念、犯罪参与体系与行为人概念、犯罪参与体系与犯罪论以及犯罪参与体系与刑罚论四个方面加以理解。首先，从犯罪参与体系与行为概念的关系来看，二元参与体系对于行为的理解是自然主义的，而这种自然主义的行为观念等于否认了间接行为人（共犯）的实行行为，因此与个人责任的原则存在冲突的；相反，一元参与体系对于行为的理解则是规范主义的，这种行为观念与“犯罪是行为”的刑法基本原理非常吻合，因此符合个人责任的原则。其次，从犯罪参与体系与行为人概念的关系来看，在二元参与体系和一元参与体系背后还潜藏着两种不同的行为人概念，即限制的行为人概念和单一的行为人概念。对于这两种行为人概念的评价，必须回到对刑法目的的思考上去。既然刑法的目的在于通过规范的预防性法益保护，那么只有单一行为人概念才是符合这一目的的。因此，以单一行为人概念为基础的一元参与体系

（单一行为人体系）才是更加值得采用的犯罪参与体系。再次，从犯罪参与体系与犯罪论的关系来看，二元参与体系无法说明为什么对直接行为人（正犯）和间接行为人（共犯）采用不同的犯罪构成，其所谓的“修正的构成要件”理论存在诸多难以克服的问题。相反，一元参与体系则主张任何行为人（无论是直接行为人还是间接行为人）是否构成犯罪，均必须根据同一规格和标准，即行为符合某种犯罪的不法和罪责来加以认定，这就在理论上保证了“犯罪是具有不法和罪责的行为”这一犯罪构成标准在适用上的一致性和连贯性。最后，在二元参与体系之下，相对于刑罚论而言，犯罪论处于优位，几乎所有的争议都与犯罪论体系的各个阶层息息相关。至于如何具体确定各参与者的刑罚轻重，二元参与体系几乎没有太多关注。有鉴于此，一元参与体系提出了二元参与体系没有意识到的“共同合作的二重性”问题，即犯罪参与的所有问题在于首先确认某个行为人是否为可罚的犯罪参与者即区别参与者与非参与者，其次考虑如何对可罚的参与者进行适当的处罚。前者是犯罪参与的外部界限问题即构成要件层面的问题，后者是犯罪参与的内部界限问题即量刑层面的问题。由于一元参与体系对于直接行为人和间接行为人均采用相同的犯罪构成标准，因此其重点放在如何对各参与者进行适当的量刑，以便实现刑罚的个别化，更好地贯彻个人责任的原则。而二元参与体系的一个根本缺陷在于过分纠缠于犯罪论而忽视刑罚论，因此无法真正贯彻个人责任的原则。

第二章 二元参与体系的批判性考察

所谓二元参与体系，是指在法律条文之中，不仅就犯罪之成立在概念上区分为“正犯”和“共犯”（教唆犯和帮助犯），而且在刑罚评价上对两者也加以区分的体系。采用这一体系的主要有《法国刑法典》（第59条以下）、《德国刑法典》（第25条以下）、《日本刑法典》（第60条以下）等。在这种体系之下，正犯被认为是实施符合基本构成要件行为（实行行为）的人；而共犯则是实施了基本构成要件行为以外的行为、符合所谓修正的构成要件的人。由此可见，二元参与体系是以限制行为人概念作为出发点的，在这个基础上建构了整个正犯与共犯的二元参与体系。既然采取了限制行为人概念，那么接下来就必须回答以下三个问题：（1）如何区分正犯与共犯；（2）正犯与共犯之间的关系如何（共犯从属性还是共犯独立性）；（3）处罚共犯的理由何在。首先，针对第一个问题，即应如何区分正犯与共犯，刑法学界先后提出了许多不同的理论，包括客观说（包括形式客观说与实质客观说）、主观说、综合说以及目前在德日犯罪参与理论上处于通说地位的犯罪支配理论。其次，德日共犯理论通说认为共犯的成立是依附于正犯行为之上的，这就是学说上所称的“共犯之从属本质”（akzessorische Natur der Teilnahme）。根据这种观点，就必须说明，正犯究竟应该具备怎样的性质，教唆者与帮助者才能成立共犯。对此，在德日的犯罪参与理论上曾经提出过四种学说：最小限度从属性说、限制从属性说、严格从属性说与极端从属性说。最后，如果贯彻限制的行为人概念，那么共犯就会像早期德国学界所主张的那样，“在本质上即相异于正犯”，并且要将刑法上对于共犯所设立的规定理解成“刑罚扩张事由”。这样一来，自然就必须说明，为什么立法者可以将刑罚“扩张地”施加到共犯身上，即刑法处罚共犯的正当性基础何在这一问题。关于共犯的处罚根据，德日犯罪参与理论上先后提出过三种学说：责任共犯论、违法共犯论与因果共犯论（引起说），目前的通说是因果共犯论（引起说）。由此可见，二元参与体系之下诸多纷繁复杂的理论学说表面上看起来似乎是相互独立的，但实质上彼此之间却有着一定的逻辑关联性，只是这种逻辑上的关联性几乎被各种形式概念、专有名词所掩盖了。① 下面笔者将沿着这种逻辑关联的脉络对之进行全面梳理，以便理解二元参与体系的根本缺陷。

第一节　限制的行为人概念

在二元参与体系之下，所谓正犯是自己亲自实施构成要件行为的人。只有正犯才是刑法处罚的对象，在罪刑法定主义的要求之下，如果要处罚共犯，就必须有特别的法律规定，这就是刑法总则中关于共犯的规定。换言之，刑法上的共犯制度是为了解决正犯以外的参与者的可罚性而设立的。在二元参与体系之下，正犯是犯罪的核心，相对于共犯而言，正犯具有优位性，而共犯仅处于犯罪的边缘位置。

二元参与体系正是以这种限制的行为人概念为基础的，即整个二元参与体系的逻辑起点就是以原则上仅承认正犯的可罚性而

① 参见蔡圣伟：《刑法问题研究》（一），元照出版公司 2008 年版，第 141 页。

否定共犯的可罚性为内容的限制行为人概念。从历史的角度上看，限制行为人概念与构成要件理论之间具有极其密切的关系。在德国，刑法学者贝林提出构成要件这个概念的当时，也就是19世纪末期、20世纪初期，整个德国法学界都在自然主义（Naturalismus）的强势支配下，弥漫着法律实证主义的思潮。当时方法论上的主流，便是从概念法学（Begriffsjurisprudenz）的角度去看待法学上的问题，并且循此途径去寻找问题的解答。概念法学的特色之一，即在于通过概念与逻辑规则去建构一个“封闭”（geschlossen）的体系。这种思维方式在德国刑法学者李斯特的著作中表现无遗：其在方法论上除了主张法学体系的封闭性外，也大力鼓吹自然科学的研究方法，进而认为形而上学的思索（如康德的绝对理论）根本与学术（包括刑法学）无关。这样的时代思潮，反映在公法上，就产生了实定法国家（Gesetzesstaat）等概念；在刑法上则是相应地激起了诸如绝对（机械式）的罪刑法定、毫无例外的禁止类推、无价值色彩的构成要件概念、法秩序一体性、法概念一致性以及形式违法性等涟漪。其中，影响范围最为广大、最深远的，应该要算是“构成要件”这个概念。① 对于共犯理论的研究，也被纳入到“构成要件”这一概念之下。正如德国刑法学者贝林所言，整个正犯、共犯理论在方法上的出发点就是刑法典中的构成要件。②

以构成要件理论为基础，在正犯与共犯的区分学说上，最符合逻辑的当然是所谓的形式客观说。形式客观说是基于限制行为人概念的学说，可以说最为忠实地体现了限制行为人概念。按照

---

① 参见蔡圣伟：《刑法问题研究》（一），元照出版公司2008年版，第145～146页。

② 参见蔡圣伟：《刑法问题研究》（一），元照出版公司2008年版，第142页。

形式客观说，正犯与共犯区分的具体标准，乃是刑法的不法构成要件，即以刑法规范对于犯罪行为的描述为基础，而其判断的关键点在于行为与结果发生的客观因果关系。正犯是以自己的行为实现构成要件所描述之行为要件的人；而共犯则是正犯以外其他参与整体犯罪构成要件事实实现的人。至于各行为人主观上究竟是为自己犯罪之意思，还是为他人犯罪之意思，对于判断正犯与共犯没有影响。

然而，虽然以限制行为人概念为基础的形式客观说可以在某种程度上区分正犯与共犯，但却无法进一步将正犯形态的所有类型加以妥善定位：第一，根据限制行为人概念，自己没有实施实行行为的间接正犯与背后操纵犯罪集团的人，就无法构成正犯；第二，根据限制行为人概念，只有亲自实现全部构成要件行为的人才是正犯，其他人均为共犯。那么共同正犯如何理解？即使将共同正犯理解为亲自实现了一部分构成要件行为的人，然而，是否所有亲自实现构成要件行为的全部或者一部分的多数人，都应当被认定为共同正犯吗？反之，对于虽然有意思联络，基于分工关系的多数人，因为其中部分人所实施的行为并非构成要件行为的全部或一部分，就不能认定成立共同正犯吗？下面笔者从间接正犯和共同正犯与限制行为人概念之间的纠葛来探讨限制行为人概念的内在矛盾。

一、间接正犯与限制行为人概念

在限制行为人概念之下，由于正犯是自己亲自实施全部构成要件的人，因此所谓“间接”正犯的概念本身在逻辑上就是自相矛盾的。[①] 间接正犯的起源与限制的行为人概念以及严格从属

① 参见陈友锋：《刑法上行为概念与行为之探索》，台湾辅仁大学法律系博士论文，2002 年，第 267 页。

性说之间有着密切的关联。1943 年之前的《德意志帝国刑法典》第 48 条第 1 项规定，唆使他人为一个“可罚行为”（die strafbare Handlung）者，为教唆犯。所谓的“可罚行为”，便是指一个符合构成要件、具备违法性并且有罪责（schuldhaft）的行为。这就意味着在正犯与共犯的关系上该刑法典采取了严格从属性原则。这样的严格从属性说与限制的行为人概念结合在一起，就会造成极大的处罚漏洞。例如，一位母亲叫 10 岁的儿子（无责任能力之人）替自己从超市偷偷夹带货品出来，便会导致刑法上没有任何人要为这个盗窃事件负责的结果。这是因为，一方面，根据严格从属性原则的要求，主行为必须是不法且有责的行为，因此这位母亲便不可能成立共犯，因为并不存在一个“有罪责”的主行为，这位母亲的行为没有从属的对象。然而，另一方面，根据限制的行为人概念以及形式客观理论，这个幕后的指使者也不能成立正犯，因为她并没有亲自实施法定构成要件所描述的行为。然而，如果对于这种情形不加以处罚，就等于在刑法上开了一个后门，所有想要犯罪的人都可以利用一个无责任能力之人为自己去实现犯罪构成要件，而且不必承担刑法上的责任。为了填补这个漏洞而让刑法能够制裁幕后的黑手，学界便创造了间接正犯这个概念。由此可知，对于间接正犯最原始的理解，就是这种利用无责任能力者实现构成要件的类型。在这个意义上，间接正犯与教唆犯的区别只是纯形式化的，即只看主行为人是否具备罪责：倘若主行为人不具责任能力，幕后指使者就一概成立间接正犯。从上述可知，这个时期的间接正犯只是为了填补严格从属性原则要求所造成的处罚漏洞，即只是一个空洞的应急概念，当时甚至有学者直接明白地将之称为“被虚构出来的正犯”（fingierte

Täterschaft)。[1]

然而，这样的应急补救措施并不能从根本上解决问题。首先，从技术层面上看，间接正犯只能处罚“教唆”欠缺无责任能力者实现构成要件的情形，但如果“帮助”一个无责任能力者实施不法行为，依然无法处罚帮助者。之所以帮助者不成立帮助犯，是因为欠缺一个有罪责的主行为；不能成立间接正犯，则是因为欠缺了利用、支配的关系。因此，德国刑法学界早有放弃严格从属形式的建议。有鉴于此，德国的立法者在1943年的刑法修订中，将刑法第48条（教唆犯）及第49条（帮助犯）对于主行为的描述，由“可罚行为”改成“受刑罚制裁之行为”(die mit Strafe bedrohte Handlung)。尽管用语还不能算是十分清楚，但德国学者均认为立法者已经采用了限制从属形式（die limitierte Akzessorietät)。至于德国现行刑法即从1975年1月1日生效迄今的条文，其中第26条（教唆犯）与第27条（帮助犯）则是将主行为规定为“故意违犯之违法行为”(die vorsätzlich begangene rechtswidrige Tat)，比旧法更加清楚地宣示了采用限制从属形式的立场。[2]

但是，即使在采用了限制从属形式之后，仍然面临的一个问题是如何区分间接正犯与教唆犯。在采取限制从属形式之后，唆使无责任能力之人实现构成要件的行为，便同时有成立间接正犯以及教唆犯的可能。根据犯罪支配理论，对于唆使者到底成立教唆犯还是间接正犯，就不能只是从形式上看正犯是否构成犯罪或者有无罪责，而是必须实质地去考察幕后指使者对于整个犯罪过

① 参见蔡圣伟:《刑法问题研究》（一），元照出版公司2008年版，第142页。

② 参见蔡圣伟:《刑法问题研究》（一），元照出版公司2008年版，第158页。

程的参与、支配程度有多高。如果该无责任能力之人对于自己所实施之行为已有相当程度的决定能力，则幕后指使者对于整个犯罪行为不具有完全支配的地位，从而不能成立间接正犯，而应该成立教唆犯。反之，如果具体个案中的无责任能力人对于所为之行为欠缺认知能力与控制能力，则幕后指使者便对其行为具有优越之意思支配，成立间接正犯。①

早期对于间接正犯的探讨，主要集中在如何解决利用无责任能力之人的行为人的刑事责任问题。随着限制从属形式的提出，间接正犯的范围开始不断扩大。从现在来看，一般被认为属于间接正犯的情形包括：第一，利用无责任能力者的身体活动。第二，利用他人不属于行为的身体活动。例如，利用他人的反射举动或者睡梦中的动作实现犯罪的，属于间接正犯。第三，利用者对被利用者进行强制，使之实施一定的犯罪活动（受强制的行为的介入）。利用者对他人进行强制（包括物理的强制与心理的强制），压制他人意志，使他人丧失自由意志时，不能将结果归责于受强制者，只能归责于强制者。第四，利用缺乏故意的行为。这就是所谓利用不知情者的间接正犯。例如，医生指使不知情的护士给患者注射毒药，构成故意杀人罪的间接正犯。第五，利用有故意的工具。有的犯罪的成立除了要求有故意之外，还要求有特定目的，或者要求行为人具有一定的身份。所谓有故意的工具，就是指被利用者虽然有责任能力并且有故意，但缺乏目的犯中的目的，或者不具有身份犯中的身份。一般认为，利用有故意的工具的情况，也属于间接正犯。因为当目的与身份是构成要件的要素时，缺乏该构成要件要素的行为，就是不符合构成要件的行为；利用不符合构成要件的行为，成立间接正犯。第六，利

① 参见蔡圣伟：《刑法问题研究》（一），元照出版公司 2008 年版，第 161 页。

用他人的合法行为。利用他人的合法行为实现犯罪的，成立间接正犯。第七，利用被害人的行为。当利用者使被害人丧失自由意志，或者使被害人对结果缺乏认识或产生其他法益关系的错误，导致被害人实施了损害自己法益的行为时，利用者成立间接正犯。例如，行为人强迫被害人自杀的，成立杀人罪的间接正犯。①

如果说上述间接正犯的各种类型大体上属于利用他人不构成犯罪成立的情形，那么“正犯背后的正犯”的出现则进一步将间接正犯的范围扩展到利用他人构成犯罪的行为。所谓“正犯背后的正犯”，是指被利用人的行为符合所有犯罪的成立要件而成立正犯，但幕后的利用人却仍因其优越的支配地位而成立间接正犯。正犯背后的正犯除了包括利用他人“可避免”之禁止错误外，也包括了强制他人犯罪的“强制紧急避难”（Nötigungsnotstand）之情形。首先，在正犯背后的正犯的讨论中，经常提到的是“幕后者对于被害人同一性的欺瞒”（die Täuschung über die Identität des Opfers）这种类型。对此，德国学者多纳（Dohna）曾举出了下面的著名案例：甲知悉乙计划于某日黄昏时埋伏在其返家途中刺杀自己，便打算借刀杀人，遂诱丙于该时间前往该地点，乙因而误丙为甲而杀之。乙在本例中处于“等价的客体错误”，学说上一致认为此种错误只是无关紧要的动机错误，不影响其故意杀人既遂的责任。② 尽管对于被害人的死亡已经找到一个（直接）正犯，但承认正犯背后正犯概念的学者还是认为甲也应负故意杀人既遂的责任。按照此种立场的说法，

① 参见陈友锋：《刑法上行为概念与行为之探索》，台湾辅仁大学法律系博士论文，2002 年，第 263 ~264 页。

② 参见黄荣坚：《基础刑法学》（第 3 版）（下），中国人民大学出版社 2009 年版，第 518 页。

甲之所以成立（间接）正犯，是因为其制造了一个“新的”被害人，对于“丙”的死亡而言，乙（直接正犯）可说是一个盲目的工具，甲才是居于支配地位之人。倘若行为工具就涉及其犯行的事实被欺瞒，而其行为与否又正是取决于此等事实，那么便会形成所谓的“错误支配”（Irrtumsherrschaft），幕后利用者基于其优越的认知（überlegenes Wissen）成立间接正犯。至于直接行为人的错误究竟是由幕后利用者所引起，抑或幕后利用者只是单纯地利用一个既存的错误，则非所问。除此之外，这种利用错误所形成的支配地位，还包括了幕后利用者对于不法侵害程度所为之欺瞒。除了错误支配外，学说上所承认的正犯后之正犯还包括了另一个重要类型，也就是“组织支配”（Organisationsherrschaft）。例如，史塔辛斯基案，在这个案件中，苏联克格勃通过其组织化权力机构（organisierte Machtapparate）操控整个犯罪过程，实际实施的直接行为人只不过是权力机器运作下随时可替换的部分零件，因此应该认定幕后者构成杀人罪的间接正犯。这种组织支配的特色在于，权力组织提供了大量可替换的直接行为人，由此确保了犯罪任务的达成。正犯背后的正犯的各种类型之间共同点在于，那些藏身于幕后的利用人，通过他人的错误或者组织强制所形成的优势地位（die überlegene Stellung）控制了行为工具（直接行为人），因此必须对整体事件负担关键的策动责任。

间接正犯的概念发展到正犯背后的正犯，已经完全地脱胎换骨，不再是最初那个填补处罚漏洞的空洞概念。应当说，这样的发展是合于刑法归责的基本原则的，从实质层面来看，其实趋向于单一的行为人概念。这是因为，既然学说上承认了正犯后的（间接）正犯，其结果便是：利用他人不构成犯罪的行为来实现犯罪，是间接正犯；利用他人构成犯罪的行为来实现犯罪，也是间接正犯。因此，被利用人的行为是否构成犯罪（是否犯罪、是否违法、是否有故意，均在所不问)，对于间接正犯的概念(定义)而言，其实已经没有任何的意义，结果是只要透过他人之手实现犯罪，就是间接正犯。[①] 这样一来，他人行为构成犯罪与他人行为不构成犯罪，就间接正犯的概念而言，已经没有任何意义了，因为就正犯的构成而言，自己有没有亲自实施法定构成要件之行为已经不再是重点，重点只在于有没有对于构成要件的实现具有支配关系。这不正是单一行为人概念所主张的内容吗?如果从单一行为人概念的角度来看，在前述的这些类型中，因为幕后者所从事的就是一个会实现不法构成要件的行为，已经自行抵触了禁止杀人的行为规范、制造了不受容许的风险，因此可以(并且应该)独自评价成一个构成要件该当的行为。[②] 进而言之，这说明任何犯罪的不法构成要件都可以利用他人的行为事实来实现，但是所利用的是他人的行为事实，而不是他人行为的不法性(法律评价)。他人行为的不法性和自己行为的不法性没有关系，也没有办法从属。所谓教唆犯或帮助犯从属于正犯的说法，从判断不法的基本概念来看，是完全不可能的。因此，间接正犯概念的提出，事实上也打破了正犯与共犯区分的概念基础。[③]

二、共同正犯与限制行为人概念

如前所述，根据限制行为人概念，正犯是自己亲自实施全部构成要件的人。因此，仅仅实施了构成要件的一部分的正犯，根

① 参见黄荣坚:《基础刑法学》(第3版)(下)，中国人民大学出版社2009年版，第519页。

② 参见蔡圣伟:《刑法问题研究》(一)，元照出版公司2008年版，第175页。

③ 参见黄荣坚:《基础刑法学》(第3版)(下)，中国人民大学出版社2009年版，第521页。

本就不可能是正犯，因此，与“间接”正犯一样，“共同”正犯本身就是自相矛盾的用语。但是，在二元参与体系立法之下，通常都会规定所谓的共同正犯，即通过犯意联络共同分担实行行为的各正犯“皆为正犯”。那么，如何说明本来不是正犯的各正犯的正犯性呢？学说上大致采用的是以共同性来补充正犯性的论证策略，即因为各正犯之间存在犯意联络并分担了实行行为，这种共同性补充了各正犯不充分的正犯性。[①] 首先，这种策略是以承认各正犯不具备正犯性为前提的，在这一点上可以说与限制行为人概念的原理是相吻合的；其次，这种策略对于共同性如何可以补充正犯性则语焉不详。无论如何，各正犯所实施的一部分实行行为是不可能由他人实施的一部分实行行为来补充的，毕竟他人的行为不可能是本人的行为。因此，如果一定要说共同正犯是正犯，那么至多只能是相对于“本来的正犯形态”即单独正犯的所谓“扩张的正犯形态”[②] 或“拟制的共同正犯”。[③] 换言之，这些正犯本身并非真正的限制行为人概念意义上的正犯，而是因为要作为正犯来处理、要适用正犯的刑罚而被扩张或者拟制规定为“正犯”。但是，这样一来，限制行为人概念之下的正犯概念就已经被打破了。

姑且承认共同正犯存在的正当性，但必须明确的是，共同正犯的成立应当以正犯分担实行行为的一部分为必要。但是，从二元参与体系的司法实践和理论上来看，这种实行行为分担的要求在某些情况下被否定了。一般认为，共同正犯与帮助犯的区别基

---

① 参见陈友锋：《刑法上行为概念与行为之探索》，台湾辅仁大学法律系博士论文，2002 年，第 271 ~ 272 页。

② 参见［日］山口厚：《刑法总论》，有斐阁 2001 年版，第 235 页。

③ 参见陈友锋：《刑法上行为概念与行为之探索》，台湾辅仁大学法律系博士论文，2002 年，第 271 ~ 280 页。

准在于：前者是以共同实行的意思，共同实施符合基本构成要件的实行行为；后者是以帮助的意思，实施符合修正的构成要件的行为。这一标准在表面上是清楚的，但在具体认定上却几乎不具有操作性。根据实质的客观说，共同正犯与帮助犯的区别取决于参与者对犯罪行为整体所起作用的实质重要性。根据犯罪事实支配理论，共同正犯与有形帮助犯的区别在于，参与人是否支配了犯罪事实。不过，即使采取相同学说的人，也会对具体事例得出不同结论。二元参与体系的司法实践和理论上讨论比较多的是放风行为的性质问题。例如，甲与乙通谋盗窃丙家财物，甲在门外放风，乙在室内盗窃，甲是共同正犯，还是帮助犯？对此，形成了以下学说：（1）共同正犯说认为，从整体上观察各正犯的行为，即使没有直接下手，但由于共谋犯罪，而且分担了放风行为，可以认为是共同正犯。（2）共谋共同正犯说认为，放风人没有实施构成要件的行为，但由于与正犯共谋，因而是共谋共同正犯。（3）帮助犯说认为，放风行为并不符合基本构成要件，只能以帮助犯论处。但是，非法拘禁中为了防止被害人逃走的放风行为、在现场进行指挥形式的放风行为，则具有实行行为性，是共同正犯。（4）实质的客观说认为，倘若放风行为对犯罪的完成起到了重要作用，就是共同正犯；如果仅起从属作用，则是帮助犯。放风行为所起作用如何，取决于正犯对犯罪行为的意识、在共犯者内部的地位、对实行行为加功的有无、样态及程度。（5）犯罪事实支配理论认为，应当结合犯罪计划判断放风行为是否对犯罪实施起到重要作用。如果得出肯定结论，则放风行为是共同正犯，否则为帮助犯。前三种学说提出了明确的区分标准与结论，但过于形式化；后两种观点注重放风行为的实质重要性，但缺乏明确的判断标准，只能根据具体案件的情形得出具体结论。[①] 从日本的司法实践来看，一般是将这种放风人作为共同正犯来处理的。但是，这样一来，限制行为人概念之下的正犯概念与某些共犯行为之间的界限就模糊了。

共同正犯中各正犯分担实行行为的要求在共谋共同正犯的出现之后就可以说被完全放弃了。共谋共同正犯所指的现象是，二人以上共谋实行某犯罪行为，但只有一部分人基于共同的意思实行了犯罪，没有直接实行犯罪的共谋人与实行了犯罪的人，一起构成所共谋之犯罪的共同正犯。例如，甲与乙共谋杀丙，事后，只有甲一人实施杀人行为导致丙死亡，在这种情况下，甲与乙构成杀人罪的共谋共同正犯，乙也对杀人行为及其结果承担责任。但究竟应否承认共谋共同正犯的概念，则存在诸多争议，即只有共谋，而客观上没有共同实行行为时，能否成立共同正犯？日本以前的刑法理论通说否认共谋共同正犯。因为既然是共同正犯，就至少要求各正犯实施了一部分实行行为；承认共谋共同正犯，就是承认没有分担实行行为的人也是共同正犯。否定说是基于三个前提：（1）共同正犯是正犯；（2）正犯是分担了实行行为的人；（3）单纯的共谋（者）不是实行行为（者）。但是，由于共谋的共同正犯在日本的判例上确立了稳固的地位，现在日本较多的学者肯定共谋共同正犯，但是肯定的理由不完全相同。间接正犯类似说认为：一方面，在共谋共同正犯的场合，直接实行犯罪的人就是作为全体共谋者的手足而实行犯罪；没有分担实行行为的人，实际上是将其他人作为犯罪的工具进行利用。另一方面，直接实行犯罪的人，由于认识到自己背后有共谋者存在，就得到了精神上的支援。因此，共谋者之间由于存在相互利用、相互补充的关系，因而应视为有共同实行的事实。实质的正犯论从

---

① 参见张明楷：《刑法学》（第三版），法律出版社 2007 年版，第 347～348 页。

实质上理解实行行为，进而肯定共谋共同正犯。①

三、小结

从上面的分析可以看出，限制行为人概念在间接正犯和共同正犯的出现和发展中，已经变得面目全非。笔者认为，限制行为人概念就意味着单独直接正犯，但是间接正犯和共同正犯分别从两个方向否定了这个二元参与体系的前提性和体系性概念：首先，间接正犯否定了限制行为人概念的直接正犯内涵，并且在内部和外部扩张，最后连间接正犯概念也无法界定其自身的内涵了；其次，共同正犯则否定了限制行为人概念的单独正犯内涵。从以上的分析可以看出，共同正犯的发展历程是：全部实行行为（单独正犯）→一部分实行行为（分担实行行为的共同正犯）→疑似实行行为（帮助犯的共同正犯化，如放风等）→无实行行为（共谋共同正犯）。这个发展历程的最终结果是正犯概念与实行行为完全分离了。在遭受间接正犯和共同正犯的两面夹攻之后，虽然学说上还可以“坚持”所谓的限制行为人概念，但是，毫无疑问的是，这样的限制行为人概念已经完全不是本来意义上的限制行为人概念了。应当说，限制行为人概念的这种命运是有其必然性的。限制行为人概念本身就是以形式化的构成要件理论为出发点，背离了刑法保护法益的目的，其结果是终于付出了代价，一方面动辄形成处罚漏洞，以致在理论逻辑上难以为继，另一方面，限制行为人概念在事实上倒向了单一行为人概念。应当说，限制行为人概念为基础的正犯概念的根据在于以罪刑法定主义为基础的构成要件，在罪刑法定主义与形式客观说的正犯概念之间存在以下的逻辑关系：罪刑法定主义→构成要件→限制行为

① 参见张明楷：《刑法学》（第三版），法律出版社 2007 年版，第 329～330 页。

人概念→正犯。在罪刑法定主义的前提下，“造成犯罪结果”即等于“实现法定构成要件”，因此所谓“真正的正犯”当然就只能理解为“实施法定犯罪构成要件行为的人”。但是，必须明确的是，即便是主张单一正犯概念，也不可能抹杀“构成要件”的重要性。在罪刑法定原则之下，各种犯罪类型的成立要件当然必须由立法者尽可能明确地规定在法典中，这是在一个民主法治国家中不容置疑的命题。因此，前述“造成犯罪结果即等于实现法定构成要件”的说法是正确的。但是，应当特别注意的是，从这句话应该也只能推导出，所谓真正的正犯，应该是“实现法定犯罪构成要件的人”，而不是仅限于“亲自”实施法定构成要件行为的人。① 正如日本学者平野龙一教授所指出那样：“限制的行为人概念不只是传统的思考方式，在慎重地明确处罚范围这一点上，是有优势的。它之所以是现在通说的见解，正是因为这个原因。但是，从实质上看，这种正犯、教唆犯和帮助犯的划分方法，是否是把握了现代犯罪参与现象的适当的划分方法，并非不存在问题。”② 平野龙一教授同时指出，单一的行为人概念正是从限制的行为人概念所具有的问题性中产生的。③

---

① 参见蔡圣伟：《刑法问题研究》（一），元照出版公司 2008 年版，第 156 页。

② 参见［日］平野龙一：《刑法总论 I》，有斐阁 1975 年版，第 342 页。

③ 参见［日］平野龙一：《刑法总论 I》，有斐阁 1975 年版，第 342 页。

第二节　正犯与共犯的区分

在二元参与体系之下，由于正犯乃是犯罪参与的核心，而共犯只不过是犯罪参与的边缘角色。与此相应，二元参与体系的刑法对正犯与共犯规定了不同的刑罚：一般而言，较之正犯而言，对共犯要从轻或减轻处罚。① 因此，从罪刑法定主义的角度上看，如何区分正犯与共犯就成为至关重要的问题。为此，二元参与体系下的学者们付出了巨大的努力，先后提出了各种各样的学说，但是，这些学说是否真正解决了正犯与共犯的区分问题？更为重要的是，从实务的角度看，这些区分学说的意义如何？以下就这些问题进行探讨。

一、理论上区分的不可能

（一）客观说及其不足

区分正犯与共犯的客观说，基本上可以划分为形式客观说与实质客观说。从整个共犯论的发展来看，最早被学理所接受的区分正犯与共犯的学说是形式客观说（die formal - objektive Theorie）。形式客观说主要是以构成要件所描述的行为作为区分正犯与共犯的标准，即实施符合构成要件行为（实行行为）的人是正犯，其他的参与者则为共犯。② 在学说史上，形式客观说由于受到德国学者毕克迈尔的推动以及贝林、M. E. 迈尔和李斯特的

---

① 虽然二元参与体系的刑法一般规定对教唆犯按照正犯的刑罚予以处罚，但通常认为教唆犯的可罚性低于正犯。

② 参见，例如，［日］团藤重光：《刑法纲要总论》（第三版），创文社 1990 年版，第 373 页。

发展，在1913年至1933年间成为德国学说和实务上判断正犯与共犯的通说。[①] 很显然，形式客观说是基于限制行为人概念的学说，可以说最为忠实地体现了限制行为人概念。按照形式客观说，正犯与共犯区分的具体标准乃是刑法的不法构成要件，即以刑法规范对于犯罪行为的描述为基础，而其判断的关键点在于行为与结果发生的客观因果关系。正犯是以自己的行为实现构成要件说描述之行为要件的全部的人；而共犯则是正犯以外其他参与整体犯罪构成要件事实实现的人。至于各行为人主观上究竟是为自己犯罪之意思，还是为他人犯罪之意思，对于判断正犯与共犯没有影响。根据形式客观说，甲、乙两人欲杀害丙，乙抓住丙而甲用刀刺丙的胸部致丙死亡时，甲构成正犯而乙构成共犯（帮助犯）。形式客观说似乎可以为区分正犯与共犯确立一个明确且合理的标准，毕竟将实现刑法构成要件行为的人，不论其主观意思为何，均视为正犯，正合乎刑法作为人类行为客观评价标准的要求。[②] 然而，如前所述，虽然形式客观说可以在某种程度上明确地区分正犯与共犯，但却无法进一步将正犯形态的所有类型加以妥善定位：第一，根据形式客观说，自己没有实施实行行为的间接正犯[③]与背后操纵犯罪集团的人，就无法构成正犯；第二，根据形式客观说，只有亲自实现全部构成要件行为的人才是正

---

① 参见柯耀程：《刑法总论释义》（修正法篇）（上），元照出版公司2006年版，第333页。

② 参见柯耀程：《刑法总论释义》（修正法篇）（上），元照出版公司2006年版，第347页。

③ 有学者指出，对于形式客观说无法说明间接正犯的批判并不正确，因为在形式客观说之下根本就否定了间接正犯存在的可能性，即在形式客观说之下是没有间接正犯概念的。因此，以形式客观说所否定的形态作为对之进行批判的基础，可能并不正确。参见柯耀程：《刑法总论释义》（修正法篇）（上），元照出版公司2006年版，第347页，注74。

犯，其他人均为共犯，那么，共同正犯如何理解？即使将共同正犯理解为亲自实现了一部分构成要件行为的人，然而，是否所有亲自实现构成要件行为的全部或者一部分的多数人，都应当被认定为共同正犯呢？反之，对于虽然有意思联络，基于分工关系的多数人，因为其中部分人所实施的行为并非构成要件行为的全部或一部分，就不能认定成立共同正犯呢？对于这些问题，形式客观说都无法提供令人满意的答案。正是因为这些不足，形式客观说在 1933 年以后逐渐从德国的学说上消失了。

由于形式客观说在共同正犯的认定及其与帮助犯的区别上存在严重不足，因此在学说上出现了各种不同见解，试图填补形式客观说的这种缺陷，这些见解被称为实质客观说（die materiell－objektive Theorie）。严格地说，只有形式客观说才能称为客观说，实质客观说并不是以区分正犯与共犯为目的的完整学说，而只是各种为了填补形式客观说的不足而发展出来的个别观点，因此它并不是独立的客观说。更为准确地说，实质客观说仅仅是为了填补形式客观说无法说明共同正犯与帮助犯的区别，通过不同的诠释所组合而成的补充理论而已。① 在实质客观说中，主要存在三种观点：第一，必然说（Notwendigkeitstheorie），认为凡是对于犯罪事实具有不可或缺的参与者，均为正犯；其余的参与者，则为共犯。这里所谓的不可或缺是指如果没有其参与，则犯罪事实就无法发生。必然说虽然可以解决部分共同正犯在形式客观说之下认定的困难，并且提供一个界定共同正犯及帮助犯的判断标准，但对于界定正犯、间接正犯及教唆犯则没有任何帮助。② 第

① 参见柯耀程：《刑法总论释义》（修正法篇）（上），元照出版公司 2006 年版，第 346～347 页、第 348 页。

② 参见柯耀程：《刑法总论释义》（修正法篇）（上），元照出版公司 2006 年版，第 335 页。

二，同时说（Gleichzeitlichkeitstheorie），认为在犯罪行为时参与的人均为共同正犯，而在犯罪行为前后参与的人则为帮助犯。与必然说相比，同时说对于认定共同正犯的确提供了一个较为明确的标准，即将犯罪行为实行之时作为认定基准。但是，同时说与必然说一样存在重大的缺陷：首先，同时说无法区分同时犯与共同正犯；其次，它无法明确地界定共同实行的范围；最后，它混淆了共同正犯与间接正犯之间的区分界限。[①] 第三，优势说（Überordnungstheorie），认为共同正犯与帮助犯之间的区分不能根据固定的标准，而应当根据具体的不同情况加以认定。共同正犯与帮助犯最大的区分标准应当在于，对于犯罪事实谁具有优势关系，共犯所参与的犯罪事实部分应当仅限于附属部分。具体而言，如果犯罪行为的参与者之间具有对等的优势关系（Überordnungsverhältnis），则为共同正犯；如果行为人的行为与其他参与者相比只属于局部或者次要的依附关系（Unterordnungsverhältnis），则为帮助犯。虽然优势说提供了一个区分共同正犯与帮助犯的标准，但是如何判断参与程度属于对等的优势关系或者不对等的依附关系，仍然存在相当大的问题，甚至有陷入倒因为果的诠释之嫌：共同正犯到底是因为等价而共同还是因为共同而等价？对此，优势说并未加以详细说明。由于优势说欠缺理论依据的明确标准，因此仍然难以说明认定共同正犯的基础。[②]

（二）主观说及其难题

由于客观说在诠释正犯与共犯的差异性方面存在诸多不足，

---

① 参见柯耀程：《刑法总论释义》（修正法篇）（上），元照出版公司2006年版，第349页。

② 参见柯耀程：《刑法总论释义》（修正法篇）（上），元照出版公司2006年版，第349～350页。

因此学说上开始将区分的注意力转向行为人的主观层面，认为区分正犯与共犯不应当从客观方面而应当从行为人的内在心理因素着手，这就是主观说（subjektive Theorien）产生的契机。主观说认为，从客观方面并不能为犯罪行为参与的类型提供一个判断的标准，只有从参与者的主观层面，如动机、意思、意图等才能确立个别犯罪行为参与的类型。在主观说中，主要有两种观点，即故意说（Dolustheorie）与利益说（Interessentheorie）。第一，故意说认为区分正犯与共犯的主要标准在于"意思"的特别形式，即参与者到底是以正犯意思（animus auctoris）还是以共犯意思（animus socii）参与犯罪行为。故意说是由德国学者瓦希特（Wächter）和哈希纳（Hälschner）提出、由宾丁、那格纳和布黎发展出来的学说，并且得到了德意志帝国法院（Reichsgericht）判例和德意志联邦最高法院（Bundesgerichtshof）判例的支持。德意志帝国法院的判例中采用意思说的代表性判例是"澡盆案"（Badewannenfall），其大致案情是：一位未婚生子的母亲，因恐社会舆论与经济压力，乃决意将刚出生的婴儿溺死。但是，由于她自己产后虚弱，加上自己下不了手，于是请她妹妹来代为行事，并告诉其妹，可以利用其为婴儿洗澡时将婴儿溺死在澡盆中，佯称婴儿系出生后自然死亡。其妹因不忍心其姐为一个非婚生婴儿如此痛苦，于是答应其要求而将婴儿溺死。之后东窗事发，但是，对于该未婚母亲及其妹妹各自究竟成立何种参与类型，却产生了争议。对此，德意志帝国法院判决认为，该未婚母亲的妹妹以共犯的意思实施行为，因而构成从犯，而该未婚母亲则构成正犯。[①] 德意志联邦最高法院采用意思说的代表性判例是"史塔辛斯基案"（Staschinskyfall），其大致案情是：被告人

① 关于"澡盆案"，参见柯耀程：《刑法总论释义》（修正法篇）（上），元照出版公司2006年版，第338页，注57。

史塔辛斯基受前苏联克格勃的秘密命令，用毒枪将从前苏联逃亡他国的两名政治人士杀害。但是，对于史塔辛斯基应当成立何种参与类型，却产生了争议。对此，德意志联邦最高法院判决认为，克格勃计划杀人并提供毒枪，从整体行为状况来看，应当将其视为克格勃的主管人员与领导的行为，因此即使史塔辛斯基自己实施了杀害行为，也不能构成正犯，只能构成从犯。[①] 这两个判例在学说上引起了极大的争议。第二，利益说认为区分正犯与共犯的主要标准在于结果利益究竟归属于谁，如果将实施犯罪行为视为自己的利益，则为正犯；反之，如果视为他人的利益，则为共犯。由此可见，利益说在实质内容上并没有超出故意说的范围，向来被视为故意理论的补充理论。

但是，主观说在区分正犯与共犯方面仍然存在缺陷。根据主观说，正犯与共犯的区分主要在于参与者主观意思的不同。然而，首先，主观要素的认定，是一个相当困难的问题，特别是在边缘的问题上，即如果行为对于结果的直接关系，虽然是为他人而实施犯罪行为，但间接却是为自己的利益，那么是否仍然应当认定其构成共犯呢？其次，按照主观说，对于亲自实施构成要件行为的人，如果出于为他人犯罪的意思，则只能认定为共犯，这样的结果必然与构成要件设置的本意相违背。最后，主观的判断究竟是将重点置于何处？到底是从行为人主观上加以判定还是以法官的主观认定为基准？对于这些问题都存在很多疑问。[②] 因此，主观说并不能为区分正犯与共犯提供一个妥当的标准，其理论内容仍存在大可质疑之处。

---

① 关于“史塔辛斯基案”，参见［韩］李在祥：《韩国刑法总论》，［韩］韩相敦译，中国人民大学出版社2005年版，第374页。

② 参见柯耀程：《刑法总论释义》（修正法篇）（上），元照出版公司2006年版，第337页。

（三）综合说及其谬误

由于主观说与客观说采用不同的标准区分正犯与共犯，因此对于同一个案件必然产生完全不同的结论。客观说将区分的重点放在构成要件实现的客观方面，对于行为的主观方面却全然置之不理；相反，主观说则将区分的基准置于参与者的主观方面，无视客观构成要件的实现关系。应当指出，无论是客观说还是主观说，在解决正犯与共犯的区分问题上，均有其不充分之处，且各有所偏，并不能真正提供一个完整而正确的判断标准。为了进一步调和主观说、客观说对于判断正犯与共犯结果的差异，学说上进一步将主观说与客观说加以整合，提出了所谓折中式的学说即综合说（Vereinigungstheorie）。综合说仍然以确定正犯为其理论的出发点，然而，持综合说的学者们之间也存在严重的分歧。最主要的争议在于究竟应当以主观说为主、客观说为辅，还是以客观说为主、主观说为辅呢？在德国的学说上，早期以斯求贝尔（Stübel）、冯·巴尔（v. Bar）等为核心的见解认为应当以客观说为主、主观说为辅。但是，在德国司法实务上，则是以主观说为主、客观说为辅。

虽然综合说有避免形成认定偏差的优点，但在实用上和方法上仍不免存在疑点：首先，在认定标准上没有一个确定的认定基准，其认定基准始终游移在主观说与客观说之间，究竟何时以主观说为基准、何时以客观说为基准，并不明确，这样就容易产生恣意的判断；其次，综合说在方法上也存在极大的问题。从根本上说，整合必须建立在一致性的基础上，然而，在主观说与客观说之间，根本就不存在这样的基础，两者可谓“水火不容”。这样的整合，不禁令人生疑。因此，综合说不仅无助于区分正犯与共犯，反而制造出更多逻辑思维上的疑惑。①

（四）支配说及其缺陷

由于以上这些理论在正犯与共犯的区分上存在诸多问题，促使学说上更加深入地思考犯罪参与的问题，其结果是出现了所谓犯罪支配理论（Tatherrschaftslehre）。② 但是，应当指出的是，“犯罪支配”（Tatherrschaft）的概念，并非一开始即用于诠释参与形态之问题，而是用于作为犯罪行为可罚性之判断方法上。从学说史上看，最早使用“犯罪支配”这一用语的是德国学者黑格勒（Hegler）。他在1915年一篇名为《犯罪的要素》（Die Merkmale des Verbrechens）的论文中首次将“犯罪支配”（Tatherrschaft）或“对犯罪的支配”（Herrschaft über die Tat）作为刑法法理上的基础概念提出。按照黑格勒的理解，“犯罪支配”是“行为人的人格特质”（Markmale der Täterpersonlichkeit），即“犯罪主体的特征”，他认为有完全的犯罪支配的人，才是有责任能力、不是被强制的行为人。人对犯罪的支配是刑事责任的前提要件，其地位如同责任能力、故意与过失。换言之，有责任能力人、出于故意或过失的行为人，才是犯罪的主宰。黑格勒对

---

① 参见柯耀程：《刑法总论释义》（修正法篇）（上），元照出版公司2006年版，第340页。此外，柯耀程教授指出，或许整合关系仅是一种理想化的思维而已，殊不知对于理论的整合，往往是优点相加但缺点却是相乘的效果，所制造出来的问题反而会比所得以解决的问题更多［参见柯耀程：《刑法总论释义》（修正法篇）（上），元照出版公司2006年版，第352页］。这对于我国刑法学界动辄主张所谓折中说的人士，或许有一定的警醒作用吧！

② 关于犯罪支配说的学说史，参见许玉秀：《当代刑法思潮》，中国民主法制出版社2005年版，第573～597页；柯耀程：《刑法总论释义》（修正法篇）（上），元照出版公司2006年版，第340页以下；［日］桥本正博：《行为支配说与正犯理论》，有斐阁2000年版，第1页以下。

“犯罪支配”的理解，被认为是将“犯罪支配”当作罪责要素，而没有用作区分正犯、教唆犯与帮助犯的标准。然而，既然“犯罪支配”有确定行为人是有责的行为主体的功能，即有确定正犯的功能，即使黑格勒尚未掌握“犯罪支配”能确定正犯的特质，仍可以认为已隐含有类似的意思。而且，黑格勒的概念内涵也足以说明间接正犯的正犯特质，因为间接正犯的行为工具要么是无责任能力人，要么是出于被强迫，依照黑格勒的说法，这些行为工具应该是欠缺“犯罪支配”的，幕后的行为人才是行为的主宰。虽然黑格勒在提出犯罪支配概念时，并未意识到这一点，但在14年后一篇讨论间接正犯本质的论文中，他指出间接正犯的本质乃在于幕后的行为人具有优势（Übergewicht）。以“优势”的地位解释间接正犯的正犯特质，与目前对“犯罪支配”的理解相比，应当说是暗合的。

首先以犯罪支配概念说明正犯概念的学者是德国学者布伦斯（Bruns）。他认为黑格勒的“对犯罪的实际支配程度”（der Maβ der tatsächlich ausgeubten Tatherrschaft）只能作为区分故意和有认识过失的标准，这对于罪责的确定是有意义的，但对于故意和过失，还需要有一个用来确定实行行为和正犯的统一且客观的标准。上述主观面的现实支配，相当于客观面的犯罪支配可能性（die Möglichkeit der Tatherrschaft），正犯就是建立在存在于行为本身的犯罪支配可能性之上的。布伦斯提出客观的“犯罪支配可能性”，是为了解决著名的“雷雨案”，认为闪电通常是不至于杀死人的。行为人的行为如果足以导致结果，才能对结果负责。根据对客观现象普遍的观察，即按照相当规则，可以确定犯罪支配的可能性，才能认为行为人支配了结果，即为正犯。不过，这个支配可能性不能完全从因果关系去理解，因为不作为也有犯罪支配可能性。依布伦斯之见，构成要件中所包含的犯罪支配可能性，是正犯行为的客观归责标准；相对地，促使他人犯罪或支援他人犯罪的行为对最终结果都欠缺犯罪支配，因此只能归属为共犯。与直接的犯罪支配相比较，共犯具有较低的不法内涵。布伦斯的犯罪支配可能性，很显然是按照相当理论发展出来的，它主要用来说明正犯的客观可归责性，至于其区分正犯与共犯的作用，乃是附带产生的。真正以犯罪支配中的支配概念，来解决正犯与共犯的区分问题，是在此之后才开始提出来的“意思支配理论”。

继布伦斯之后，提出犯罪支配概念区分正犯与共犯的两位学者罗伯（Lobe）和韦伯（v. Weber），则从主观面阐明犯罪支配的概念。罗伯针对德意志帝国法院的正犯意思说进一步指出，所谓正犯，重要的不只是出于正犯自己犯罪的意思，而是意思的实现必须在正犯的支配之下完成，亦即意思实现的过程受意思的支配和操纵。反之，共犯则对企图引起犯罪结果的实施行为无所支配，该实施行为系由第三者（即正犯）的意思所引起或操纵的。韦伯同样强调主观的支配意思。他运用犯罪支配的概念，补强了主观说区分正犯与从犯的合理性。所谓正犯者，是指出于犯罪支配的意思而实施者；间接正犯，则指利用无犯罪支配意思之人而实施者。

真正使犯罪事实支配理论在共犯论中发挥区分正犯与共犯之作用者，应归功于韦尔策尔（Welzel）。韦尔策尔在其 1939 年所著《刑法体系之研究》一文中，首次将犯罪支配的概念与行为理论相结合，提出所谓“目的正犯”（finale Taterschaft）概念。韦尔策尔的目的行为论是以行为的“存在构造”为出发点，表明行为的本质要素在于目的性之中（即在于结果之预见），以这种能预见之结果为目标，为实现该结果而支配、控制并指导因果关系，以期实现该结果的行为，才是行为。但这是就故意行为而言，至于过失行为，他认为不受目的行为的意思指导，只是由于意思活动而被赋予原动力，以引起有因果的结果而已，它的因果流程是盲目的，因此必须对故意与过失的正犯概念加以严格区分。过失正犯，由于只是引起所发生的犯罪结果，而所有引起结果的条件都是等价的，因此与过失行为的共犯是无从区分的。但是，在故意犯罪中，则可得出前述的“目的正犯”，即有目的的犯罪支配之人。韦尔策尔认为，正犯与共犯的区别在于：前者是有目的意识地（zweckbewuβt）制造犯罪现象；后者虽然对于自己的参与行为有犯罪支配，但对于构成要件行为本身则没有犯罪支配。至于所谓“目的的犯罪支配”，是指“根据目的贯彻其意思决定”。共同正犯是指数人有目的地、以互相交错的行为分担方式共同形成行为决意，共同正犯只能是共同形成犯罪决意，并且因而都有犯罪支配的人。假如数人曾共同形成犯罪决意，在实现犯罪时，如果其中一人的行为只是支援性的行为，那么只要实行行为同时是为了实现他参与形成的共同犯罪决意，即足以成立共同正犯。就此而言，韦尔策尔的看法仍然具有德意志帝国法院所采主观说的色彩，而且，他自己也承认其理论是主观说的进一步发展。但与主观说不同之处在于，他特别强调“共同的犯罪决意”，即认为犯罪支配的标准不是“笼统的正犯意思”（ein vager Täterwille），而是“实际的目的支配”（wirk1iche finale Tatherrschaft）。至于在间接正犯的问题上，韦尔策尔采取客观的观点，他否认“正犯后的正犯”（Täter hinter dem Täter）也可成立间接正犯。他认为，利用正犯来实现其犯罪目的也可成立间接正犯，这在概念上是说不通的。促使他人为犯罪行为的人，始终只能成立教唆犯，不会有可以使他成为正犯的正犯意思存在。

在韦尔策尔之后，毛拉赫（Maurach）和加拉斯（Gallas）是主张犯罪支配理论的重要人物。但是毛拉赫和加拉斯基本上都依附韦尔策尔的目的犯罪支配理论。其中，毛拉赫也强调犯罪支配的客观面，认为所有故意犯罪的客观正犯要素在于行为人对构成要件事实有目的操纵，在于因为有故意而将构成要件事实流程掌握在手中（In-den-Hänclen-Halten），反之，共犯即欠缺这种犯罪支配，但不同于韦尔策尔，毛拉赫承认正犯后正犯的概念。加拉斯则以犯罪支配理论解释形式客观说，一方面强调目的的犯罪支配，另一方面凭借相当理论，将客理上不相当的因果流程，排除在正犯行为之外。他称这种主张为“目的客观理论”（die final objective Theorie），共同正犯是实施客观的犯罪支配的人。就犯罪支配理论的发展而言，毛拉赫和加拉斯的见解并不具有划时代的重要性，只是在细节问题的解决上有些具体的贡献。

彻底整理并检讨犯罪支配理论的发展和内涵，为犯罪支配理论作出巨大贡献的是德国学者罗克辛。自1963年罗克辛的《正犯与犯罪支配》（Täterschaft und Tatherrschaft）一书出版以来，犯罪支配理论已经成为德国共犯理论的通说，并在日本等采取二元犯罪参与体系的国家获得了广泛的支持。① 下面对罗克辛的犯罪支配理论进行评述：

1. 多元的正犯概念

根据存在论和目的论的综合观察方式，罗克辛认为正犯是“行为事实的核心人物”（Zentralgestalt des handlungsmaβigen Geschehens）、“犯罪过程的关键人物”（Schlüsselfigur des Deliktsvorganges）。这个定义是界定正犯的指导概念，可以作为先于法律（在法律之前而不是法律上）的区分标准（vorrechtliche Differenzierungsmaβstab），也可以作为区分正犯与共犯的法定评价依据。从这个正犯概念出发，只有具体行为过程中的核心人物才能被称为“犯罪的主宰”（Tatherr），而犯罪支配这个概念，

---

① 参见，例如，［日］井田良：《刑法总论的理论构造》，成文堂2005年版，第295～299页；［日］成濑幸典：《正犯与共犯》，载《法学教室》2004年280号，第81页以下；［韩］李在祥：《韩国刑法总论》，［韩］韩相敦译，中国人民大学出版社2005年版，第375～378页。

就是一个被用来满足这个条件的概念。换言之，犯罪支配理论要提出一个定义或标准，用以说明或决定什么情况下某人是一个犯罪过程中的核心人物、是一个正犯。[①]

根据罗克辛的看法，从法理的、法律史的以及犯罪学的观点，基本上可以将各个构成要件分成两大类：支配犯（Herrschaftsdelikte）和义务犯（Pflichtdelikte）。在罗克辛看来，大部分的构成要件类型，都是可以依“犯罪支配”（Tatherrschaft）区分出正犯与共犯的支配犯，只要能对构成要件实现有犯罪支配，不必行为人亲自为之，即利用第三人为工具或与他人分工共同为之皆可。但是，从施密特（Eb. Schmidt）和韦尔策尔的学说中，罗克辛发现并非所有的犯罪构成要件都具备相同的正犯类型。“犯罪支配”也不能解释一切的正犯类型，因此将义务犯看做一种独立的正犯类型，义务犯可以算是罗克辛提出来的概念，是指违反构成要件所规定的刑法以外特别义务的行为人，义务犯不需对构成要件有实际的支配，只要违反特别拥有的义务，即可满足构成要件，而被论以正犯。被罗克辛归类为义务犯的有：真正及不真正的渎职罪、业务身份犯（Standesdelikte）、背信及侵占罪等。总之，义务犯和亲手犯被他认为属于不适用“犯罪支配理论”的

① 参见许玉秀：《当代刑法思潮》，中国民主法制出版社 2005 年版，第 579 页。

另类正犯。①

必须由行为人通过身体举动亲自实施构成要件行为才能实现的，为亲手犯。罗克辛区分亲手犯为真正的亲手犯和非真正的亲手犯，所谓真正的亲手犯（echte eigenhändige Delikte）包括两种：一种称之为行为人刑法的犯罪（täterstrafrechtliche Delikte）。例如，《德国刑法典》第 181 条规定的剥削卖淫所得及媒介卖淫罪。这种犯罪类型，不是通过特定的行为支配实现构成要件，而是通过许多细节所构成的个人性格表现来实现构成要件。另一种是无法益受侵害的定式犯罪（verhaltensgebundene Delikte ohne Rechtsgäterverletzung），是针对败风害俗的行为，而不是针对结果而处罚的犯罪类型。例如，《德国刑法典》第 181 条规定的血亲相奸罪，如果刑罚的目的不在于防止遗传损害或家庭的崩解，而是基于禁忌而认为这是特别龌龊的行为，则是亲手犯；又如，

① “义务”作为另一个实质的正犯要素，究竟是独立的正犯要素，还是补充的要素？从学说史上看，依照施密特的看法，“义务”是“犯罪支配”的下位要素，但是，由于“义务”是唯一说明身份犯具有“犯罪支配”的要素，因此“犯罪支配”变成了一个空泛的概念，事实上确定一般犯和身份犯的要素其实不一样。这样的正犯概念看起来是一元的概念，但其实是多元的，只不过施密特当时尚未如此深入地整理所有正犯的类型。到了韦尔策尔，他认为“目的支配”是一切正犯的共通要素，至于某些主观的（如特殊意图）和客观的（如特别身份所产生的特殊义务地位）行为人个人特征则是补充要素，必须同时具备“目的支配”和这些身份要素，才能成立正犯。由此可见，韦尔策尔试图贯彻一元的正犯概念，但是，由于特殊的行为人特征作为补充要素，因此韦尔策尔的正犯概念并不是纯粹的一元论。总之，“义务”这个正犯特质被发现之后，虽然正犯概念有诸多变化，但“义务”始终屈居于“支配”之下，直到罗克辛的《正犯与犯罪事实支配》出版之后，“义务”这个正犯要素才开始从“支配”这个正犯要素的阴影之下走出来，义务犯才有机会取得独立的正犯地位。参见许玉秀：《当代刑法思潮》，中国民主法制出版社 2005 年版，第 584 页。

《德国刑法典》第 336 条规定的枉法裁判罪，因为是卑劣地违背法官的任务，而不在于维护司法的公正，因此是亲手犯。这两种犯罪都在解释成亲手犯之后，才不能成立间接正犯，如果对他们的制裁目的作另一种解释，亦即赋予保护法益的目的，皆可能成立间接正犯，而不是亲手犯。所谓非真正的亲手犯（unechte eigenhändige Delikte），是以行为人具有个人一身专属的义务为要件的一身专属义务犯（höchstpersönliche Pflichtdelikte）。根据罗克辛的看法，德国刑法上大部分被认为是亲手犯的构成要件，其实是一身专属的义务犯，并不是真正的亲手犯，因为有义务的人，即能违反构成要件所规定的义务。属于个人一身专属义务犯，如《德国刑法典》第 153 条、第 154 条规定的伪证罪、第 142 条规定的逃离车祸现场罪以及第 323 条 a 规定的自醉罪。①

2. 故意犯的犯罪支配

在罗克辛看来，对于故意犯而言，可以依“犯罪支配”（Tatherrschaft）区分出正犯与共犯的支配犯，只要能对构成要件实现有犯罪支配，不必行为人亲自为之，即利用第三人为工具或与他人分工共同为之皆可。犯罪事实支配主要由三大主要支柱建构而成：第一，行为支配（Handlungsherrschaft），主要是针对亲手且具目的性之构成要件实现而言，详言之，任何犯罪行为的实现，必然存在行为支配，特别是在判断参与者只有一人时，更为明显；如有数人时，则对于实现构成要件之人，必定具备有行为支配存在。第二，意思支配（Willensherrschaft），主要是作为认定间接正犯之标准，即如果参与者具有纵向的前后关系，对于幕后者的参与形态必须通过意思支配基准来认定，这里的意思支配包括因强制（Nötigung）、被利用人的错误（Irrtums）以及通过

① 参见许玉秀：《当代刑法思潮》，中国民主法制出版社 2005 年版，第 583 ~ 587 页。

有组织的权力机器（organisatoriche Machtapparate）所产生的思想支配。第三，功能性支配（funktionale Herrschaft），主要是为了认定共同正犯的犯罪事实支配的共同性，即多数参与者间具有对等的横向参与关系，如功能性支配确立，则所有参与者皆为共同正犯。在功能性支配的基础下，判断多数人均为共同正犯的情形，必须满足四个条件：第一，各正犯间具有行为形成的共同性，即在犯罪决意的共同形成上，必须存在彼此间的意思形成共同性关系；第二，具有行为承担的共同性关系，即构成要件行为的实现必须具备共同性存在，即使正犯彼此间具有行为的分工关系，个别分工行为共同组成构成要件行为实现的全体，其中如果有所欠缺，则原行为共同性关系就会遭受破坏，因此，分工关系仅仅是行为共同性之下的行为分配形式而已；第三，正犯间地位对等，即各正犯间的结构形成关系都是平等的，并不存在相互间支配的问题；第四，归责关系对等，即所有的参与者，对于所实现的构成要件行为，具有同等承担责任的关系，不论个别所为之行为是否属于构成要件的行为部分，其所实现之行为，共同归责于所有人。①

3．犯罪支配说的缺陷

应当承认的是，罗克辛的犯罪支配说对于区分正犯与共犯，甚至对于各种不同参与形态的定位，可以提供一个更为细致的标准。② 但是，虽然存在这样的优势，犯罪支配说仍然存在诸多缺陷：首先，作为犯罪支配说的核心概念，“犯罪支配”这一概念本身非常模糊，无法准确地加以界定，是一个“开放性概念”。

---

① 参见柯耀程：《刑法总论释义》（修正法篇）（上），元照出版公司2006年版，第342～344页。

② 参见柯耀程：《刑法总论释义》（修正法篇）（上），元照出版公司2006年版，第355页。

所谓“开放性概念”(offener Begriff),就是无法定义、只能描述的概念,因为把这种概念的必要要素完全说出来是不可能的,只能就各种可能的情况作相当的描述。而开放性概念既然只能描述,无法定义,在不确定的概念领域,就不可能产生一个普遍适用的原则,只可能有弹性的规则,依各种情况而适用,这些弹性规则只是一些方向。“犯罪支配”这个指导原则,需要依靠各种实现犯罪构成要件的形态,进一步具体确定它的概念内涵。[①]

其次,罗克辛的犯罪支配理论虽然可以较好地区分故意犯的正犯与共犯,但对于义务犯与特别犯的参与问题,特别是对于涉及构成要件成立关系的正犯与共犯之区分的问题,并不能提供完善的解决方案。[②] 然而,在犯罪参与理论中,得以成为主导性的理论应该具有普遍的适用性,而不应仅适用于一般无行为主体资格要求的犯罪类型,对于特殊行为主体资格的犯罪类型,也应得到普遍适用。[③] 从这个角度上看,罗克辛的犯罪支配理论并不彻底,毕竟各种正犯形态之所以都是正犯,应当有其共通的基础。

再次,罗克辛的犯罪支配理论不能说明所谓的“附加的共同正犯”与“择一的共同正犯”,所谓附加的共同正犯,即不同的共同正犯者各自努力充足构成要件的情况。例如,20人共谋计划实施暗杀,为了提高成功率,20人决定同时发射,结果被害人中弹死亡。调查结果表明,被害人身中多弹,但仍有未射中的子弹。因此,每一个暗杀者,都有可能没有打中目标。附加的

① 参见许玉秀:《当代刑法思潮》,中国民主法制出版社2005年版,第580页。

② 参见柯耀程:《刑法总论释义》(修正法篇)(上),元照出版公司2006年版,第356页。

③ 参见柯耀程:《刑法总论释义》(修正法篇)(上),元照出版公司2006年版,第356页。

共同正犯是德国学者赫尔佐格（Herzberg）所提出的共同正犯类型。他提出这种共同正犯分类就是为了批判罗克辛的行为支配论。他认为，根据罗克辛的理论，机能的行为支配就像齿轮一样互相咬合。为了不致失败，不能缺少任何一人，但在附加的共同正犯的场合，即使某人不参加，结果也极有可能还是一样。罗克辛则对此反驳说，从事前来看，各人的行为具有相互依存关系，因而也存在功能性行为支配，但这种反驳意见并未为多数学者所接受。所谓择一的共同正犯，是指从最初开始行为人中就只有一人的行为能引起构成要件结果的情况。例如，甲乙两人共同计划杀丙，分别埋伏在不同的小道的情况。丙如果经过甲所埋伏的道路，那么甲就可以杀害丙，反之，如果丙从乙埋伏的道路走，则甲对乙的杀害行为没有发挥共同作用，一般认为甲也成为杀人罪的共同正犯。择一的共同正犯则是德国学者鲁道菲（Rudolphi）提出的共同正犯分类类型，他提出这种分类也主要是为了批判罗克辛的行为支配论。在鲁道菲看来，前者存在功能性行为支配，而后者不存在。因此，功能性行为支配无法说明后者的正犯性。罗克辛则反驳说，没有必要对功能性行为支配作狭义的理解。根据事前判断，各人对犯罪计划的成功都发挥了本质的作用。当然，如果埋伏行为被评价为预备的话，那么就欠缺"实行阶段"这一要件，可以否定其共同正犯性。罗克辛的反驳意见也被学者们认为不太充分。①

最后，根据罗克辛的观点，在实现构成要件时，是否发挥不可缺少的本质的机能是决定机能的行为支配的标准，因此，放风行为通常被视为共同正犯。罗克辛认为，所谓放风，通常对犯罪的完成具有不可或缺的作用，因此，应视为共同正犯。但事实

---

① 参见［日］桥本正博：《行为支配说与正犯理论》，有斐阁2000年版，第123~124页以下。

上，放风行为并非都起到重要的作用。放风行为所起作用如何，要考虑行为人对犯罪行为的意识、在共犯者中的地位、对实行行为加功的有无、形态及程度来决定。因此，罗克辛将放风行为一律认定为共同正犯，有失偏颇。此外，有批判者认为，行为支配论是用来区分正犯与共犯的，然而，教唆犯中也有行为支配，由于行为支配无法区分正犯与教唆犯，就丧失了行为支配论的存在价值。①

二、实务上区分的不必要

如前所述，在理论上，区分正犯与共犯的各种学说可谓层出不穷，但是，迄今为止，我们还很难说这些学说为区分正犯与共犯提供了一个明晰的标准。与理论上的激烈争议相比，二元参与体系之下司法实务中的情形又如何呢？下面仅以日本的司法实务为例加以说明。根据日本的司法统计年报，1952 年至 1998 年，在第一审所有被判有罪的人数中，被认定为构成共犯（包括共同正犯、教唆犯和帮助犯）的比例为 25.4%。在多数人参与犯罪的案件中，大约 97.9% 的被告人被认定为正犯，被认定为狭义共犯的比例非常小。其中，教唆犯仅占 0.2%，而帮助犯约占 1.9%。而且，从 1952 年至 1998 年逐年的情况来看，这种比例一直非常稳定。而且，被认定为狭义共犯的犯罪类型比较特定。其中，绝大部分被认定为教唆犯的是藏匿犯人及证据湮灭罪和伪证罪，绝大部分被认定为帮助犯的是赌博罪及与博彩有关的罪和伪造货币罪。② 这种现象被日本学界称为共同正犯的“肥大化”，

---

① 参见［日］桥本正博：《行为支配说与正犯理论》，有斐阁 2000 年版，第 127～129 页以下。

② 参见［日］龟井源太郎：《如何区分正犯与共犯》，弘文堂 2005 年版，第 6～8 页。

更为准确地说是共谋共同正犯的“肥大化”。[①] 以1958年日本最高法院的练马事件判决[②]和日本最高法院1982年判决[③]等判例为契机，共谋共同正犯理论不仅在日本司法实务界而且在理论界取得了稳固的地位。共谋共同正犯理论导致将大量原本应当作为教唆犯或帮助犯来处理的情形作为正犯来处理，从而导致被认定为正犯的被告人大幅度增加。事实上，这种司法实务的状况与日本实务界对正犯的判断标准是有着密切联系的。在日本司法实务中，正犯不是什么实施了构成要件行为的人，而是“对于犯罪的实现是否起到了实质性的重要作用”的人。[④] 针对这种状况，日本学者高桥则夫指出，虽然在理论上发展出诸多区分正犯与共犯的学说，但实际上这些学说对于司法实务的意义非常有限。[⑤] 日本学者平野龙一更是直截了当地指出，日本共犯的司法实务实际上采取了单一的行为人体系。[⑥] 笔者认为，学说当然不应当屈服于司法实务，相反，学说应当始终对司法实务保持批判的眼光，这正是学说的价值之所在。但是，完全不顾司法实务的学说，到底有多大的生命力和价值，是很值得怀疑的。[⑦] 在这个意

---

① 参见［日］亀井源太郎：《如何区分正犯与共犯》，弘文堂2005年版，第12页。

② 最大判昭和33年5月28日刑集12卷8号=练马事件。

③ 最大判昭和57年7月16日刑集36卷6号695页。

④ ［日］参见［日］亀井源太郎：《如何区分正犯与共犯》，弘文堂2005年版，第12页。

⑤ ［日］高桥则夫：《共犯体系与共犯理论》，成文堂1988年版，第1页。

⑥ ［日］平野龙一：《犯罪论的诸问题》（上），有斐阁1981年版，第135页。

⑦ 关于学说与判例的关系，参见［日］井田良：《变革时代的理论刑法学》，庆应义塾大学出版会2007年版，第59页以下。

义上，上述诸多区分正犯与共犯的学说到底有多大价值，就是值得思考的问题了。

三、小结

如前所述，在二元参与体系之下，正犯与共犯的区分至关重要，因为刑法对二者规定了不同的刑罚，因此，根据罪刑法定原则的要求，必须准确地确定谁是正犯、谁是共犯，否则将无法正确地适用轻重有别的刑罚。从以上对于令人眼花缭乱的各种学说的梳理中可以看出，正犯与共犯的区分难题至今仍没有得到令人满意的根本解决。更为严重的是，这些理论上的区分学说对司法实务中犯罪参与问题的处理上的意义非常有限。因此，将大量的学术努力花费在这些区分学说上是否必要，是非常值得怀疑的。无论是理论上区分正犯与共犯的困难重重，还是理论与实务的严重脱离，均折射出二元参与体系内部更深层次的问题：

首先，正如奥地利学者金阿普费尔（Kienapfel）所指出的那样，二元参与体系由于必须区分正犯与共犯，因此在法理上探讨各种区分标准极端抽象，使得正犯、共同正犯、教唆犯、帮助犯的概念，像“被磨光的法理概念水晶球”（geschliffene dogmatische Begriffskristalle），他们被架构成一个法理的阶层共犯体系（dogmatisch kategoriales Teilnahmesystem），而这种法理的阶层共犯体系完全无法解决一些非典型的正犯、教唆犯和帮助犯形态。[①] 然而，即使再精致的犯罪参与体系和理论，如果从根本上无助于犯罪参与问题本身的解决，除了满足学者们对于理论的偏好以外，恐怕都是没有任何意义的。

其次，二元参与体系的理论前提是限制行为人概念，但是，

---

① 许玉秀：《当代刑法思潮》，中国法制出版社 2005 年版，第 554 页。

必须承认的是，从以上对正犯与共犯区分的学说发展来看，正犯逐渐脱离了“自己亲自实施构成要件行为”这一限制行为人概念，而是越来越向“应当受到更重处罚”的主犯概念迈进。换言之，原本作为构成要件概念的正犯变成了作为量刑概念的主犯。正如我国学者张明楷所指出的那样，当今德日刑法上的正犯概念已经相当于我国刑法上的主犯概念。① 在笔者看来，这种正犯的主犯化正好反映了二元参与立法与司法之间的张力：由于立法上的根本缺陷，导致诸多必须作为正犯来处罚的参与者无法作为正犯来处罚，在这种情况下，出于实际的处罚要求，司法不得不逐渐背离甚至抛弃刑法条文本身，以便合理地解决实践中的犯罪参与问题。这种张力反映到理论上，就是逐渐从形式的正犯概念（形式客观说）转向实质的正犯概念（例如犯罪支配说）。笔者认为，在二元参与体系之下，这种正犯的主犯化不仅具有必然性，而且具有一定的正当性，因为犯罪参与立法最终必须服务于解决司法实务中的犯罪参与问题，合理地解决各参与者的刑事责任。正是由于二元参与立法在根本上与这一宗旨相悖，因此出现司法对于立法的反动。但问题是，这样一来，除了形式上的意义（例如，所谓构成要件的罪刑法定功能）以外，二元参与立法本身的正当性就荡然无存了。

再次，所有区分正犯与共犯的学说，实际上都不能被视为纯正的正犯与共犯理论，至多只是正犯理论而已。这是因为，无论是客观说、主观说、综合说还是支配说，其判断的核心焦点均在于正犯。似乎只要正犯确认之后，就能从非正犯的类型中直接推论出共犯，从而形成了“非正犯与共犯同义”的谬误。从构成要件的形成关系来看，共犯行为既然不属于构成要件行为，那么

---

① 张明楷：《刑法学》（第2版），法律出版社2003年版，第347页，注1。

在何种条件下可以被涵盖到刑法判断的范围之中呢？换言之，在何种情况下，加功于正犯行为之人才可以被视为共犯呢？在既有的理论中，都无法找到解决的答案。因此，在二元参与体系的参与形态中，虽然区分正犯与共犯，但相对于正犯而言，共犯的形成判断关系在学理的理论基础上仍显得相当薄弱。换言之，在犯罪参与论中，所有理论都只是正犯理论，所谓的正犯与共犯区分理论，至多只能区分正犯与非正犯而已，为确立共犯参与关系的理论，至今仍付之阙如。毕竟在二元参与体系之下，参与形态包括正犯与共犯，只有确认正犯的理论，却欠缺确认共犯形成的基础理论，仅仅以从属性的关系显然仍无法满足何以形成共犯的疑虑。只有充分的共犯形成判断基础存在，才能进一步检讨从属性问题，在无法判断加功程度的认定关系之时，直接切入从属性的检讨，显得有些思维上的跳跃。①

最后，在法治国明确性的要求之下，对犯罪参与者进行类型化、区分不同的参与形态，是极其有必要的。从这个意义上说，二元参与体系的初衷是正确的。但是，应当指出的是，参与形态本身不同于犯罪参与者本身的不法与罪责，毋宁说，区分参与形态只是为了更好地确定各参与者的不法和罪责，以便对其进行个别化的量刑，这才是区分参与形态的根本意义之所在。二元参与体系一方面以限制行为人概念为前提，将正犯限定在自己亲自实施构成要件行为的人，且将共犯视为实施构成要件行为以外的行为的人；另一方面则为正犯与共犯分别设定了不同的法定刑。这就无异于将参与形态等同于参与者的不法和罪责，因此必然会造成两者之间的紧张关系。在这种情况下，二元参与体系下的学说和实务不得不通过对正犯概念的扩张解释，将原来不属于正犯的

① 参见柯耀程：《刑法总论释义》（修正法篇）（上），元照出版公司2006年版，第358～359页。

参与者解释为正犯，以便其可以适用正犯的刑罚。这样一来，作为二元参与体系之根基的限制行为人概念已经不复存在，取而代之的是单一行为人概念。既然如此，整个二元参与体系的理论前提已然不复存在了。二元参与体系是否仍然具有正当性，就是非常值得怀疑的。

第三节　正犯与共犯的关系

二元参与体系是将正犯与共犯并列的二元模式，这两个参与类型存在根本的差异。这是因为，二元参与体系的基础在于限制的行为人概念，通过限定地把握构成要件，认为只有正犯才是实现构成要件的人，但是，如果仅仅处罚正犯，当罚性的范围就不够充分，因此必须规定修正的构成要件。这样一来，教唆、帮助等行为就可以涵盖在构成要件这一范畴之下，被作为构成要件扩张事由或者刑罚扩张事由。符合这种修正的构成要件的人就是“共犯”。犯罪行为的中心形态是正犯，其与其他参与者在概念上和价值上是有所区别的。通过区别正犯与共犯，二元参与体系分别为之设定了不同的法定刑，一般对共犯适用减轻处罚规定。因此，在二元参与体系之下，正犯与共犯在概念上必须严格地区分开来，量刑问题被作为继子来处理。① 二元参与体系的基本原理是共犯从属性，即共犯因正犯的不法和罪责承担责任。只有正犯才存在固有的不法和罪责，共犯只是因为参与正犯的可罚行为才受到处罚。作为从属性的概念，教唆、帮助在逻辑上和概念上以正犯和正犯行为为前提。这种共犯从属性原理基本上意味着共

① 参见［日］高桥则夫：《共犯体系与共犯理论》，成文堂1988年版，第76页。

犯的无价值内容是从正犯行为那里借用而来的。[①] 在这个意义上，二元参与体系可以称之为“从属的犯罪参与体系”。在二元参与体系中，共犯从属性的问题，通常是从从属性的有无（共犯的成立是否以正犯现实地实施实行行为为前提）和从属性的程度（作为共犯成立的要件，正犯行为必须具备什么要件）这两个方面来进行讨论的。[②]

一、实行从属性

所谓实行从属性，是指共犯的成立是否以正犯现实地实施实行行为为前提。换言之，在虽然实施了教唆行为但正犯并没有实行的情况下，是否可以作为教唆未遂来处罚。实行从属说认为，共犯系经由诱发招致他人的犯罪故意，或经由推促或协助他人犯罪而成为刑法所要加以处罚的行为。这些行为在本质上是行为人参与由他人支配的构成要件的实现，经由刑法总则的特别规定而成立的犯罪。因此，共犯的犯罪性必须依存于正犯的主行为。为了共犯成立犯罪，至少需要正犯已经着手实行犯罪；正犯没有实行犯罪行为，共犯的教唆行为或帮助行为则无从依附，其犯罪性和可罚性也就不能成立。旧派学者毕克迈耶、迈耶（M. E. Mayer）、贝林格、泷川幸辰、小野清一郎等多提倡此说，新派个别学者如李斯特也赞同此说。正如贝林格指出：“所谓从属的共犯，如果缺乏‘正犯’，就完全难以构成。只是对一个‘犯罪’能够作为共犯而加功，对不是犯罪的行为，是不能作为共

① 参见［日］高桥则夫：《共犯体系与共犯理论》，成文堂 1988 年版，第 76 页。

② 参见［日］团藤重光：《刑法纲要总论》（第 3 版），创文社 1990 年版，第 375 页。

犯而加功的。”①

相反，主张即使正犯没有实施实行行为，教唆者也应当作为教唆未遂处罚的观点是共犯独立性说。共犯独立性说认为，犯罪乃行为人恶性之表现。共犯的行为，不论是教唆行为抑或帮助行为，均是行为人反社会性的表征，因而教唆犯或者帮助犯的犯罪是独立的，并非从属于正犯而成立。共犯对自己所违犯之行为，应承担其教唆或者帮助行为本身之罪责，不应有所谓从属于他人犯罪的情形，这是对自己行为负责的表现。② 共犯独立性说是新派主观主义共犯理论的主张，如布黎、那格纳（Nagler）、牧野英一等均倡导此说。一般认为，主观的共犯论，自然反对共犯从属性说而倡导共犯独立性说。例如，牧野英一指出：“以犯罪是犯人恶性的表现时，说犯罪是从属于他人的犯罪而成立，没有意义。教唆犯及从犯，犯人固有的反社会性（故意或过失），由此

① 参见［日］木村龟二:《犯罪论的新构造》（下），有斐阁 1978 年版，第 136 页。

② 我国台湾地区学者黄荣坚指出，二元参与体系立法所谓的“共犯独立性说之立场侧重于处罚行为人之恶性而与现行刑法以处罚犯罪行为为基本原则之立场有违”的说法，意思似乎是说共犯独立性说的刑罚基准不以行为人的行为为前提，然而如果我们能够认真而诚实地观察一下，那么，究竟共犯独立性说什么时候、在什么地方说过对于共犯的处罚是不需要有特定行为的？并且共犯独立性说的基本精神正是要从教唆者或者帮助者的角度去要求其自身行为对于利益侵害的因果关系，而不是如从属原则所设想的可以把对于共犯的刑罚正当性依附在正犯的可罚性上面。因此，共犯独立性下的教唆行为必须和利益侵害结果有因果关系，帮助行为也必须和利益侵害结果有因果关系。如果要求符合行为刑法的基本原则，则非共犯独立性说莫属，而所谓共犯独立说侧重于行为人之恶性而与现行刑法以处罚犯罪行为为基本原则的立场有违，显然是没有经过思考的语言。参见黄荣坚:《基础刑法学》（第 3 版）（下），中国人民大学出版社 2009 年版，第 551 页。

而表现于外部，所以必须说是基于其教唆或帮助行为本身而行为者产生责任。”① 旧派中也有某些学者赞同此说。例如，宾丁就认为共犯对于正犯是独立的犯罪，共犯的可罚性对于正犯的可罚性是独立的，共犯之所以被处罚，不是因为他人实施了可罚的行为，而是因为共犯者自身实施了犯罪，共犯从属性的童话必须抛弃。②

从目前来看，主张共犯的可罚性不以正犯的实行为前提的共犯独立性说受到了彻底批判，而主张实行从属性说的共犯从属性说成为采取二元参与体系立法的德日犯罪参与理论的绝对通说，可以说具有不可动摇的地位。德日犯罪参与理论的诸多问题都是在承认实行从属性的前提之下展开讨论的。但是，笔者认为，实行从属性说存在诸多难以解决的问题。首先，正如有学者所指出的那样，共犯从属性本身只是“证明的对象”（Beweisthema）而非“证明的根据”（Beweisgrund）。③ 其最大问题在于，在共犯从属性理论之下，共犯的不法和罪责必然从属于正犯的不法和罪责，这等于否定了共犯本身所固有的犯罪性，而这显然背离了现代刑法的个人责任原则。④ 刑法的个人责任原则在本质上要求行为人只能对自己的行为及其结果承担责任，共犯从属性说无法解

① 参见［日］牧野英一：《日本刑法》（上卷），有斐阁 1939 年版，第 411 页。

② 参见［日］木村龟二：《刑法总论》（增补版），有斐阁 1984 年版，第 394 页。

③ 参见［日］西田典之：《新版共犯与身份》，成文堂 2003 年版，第 143 页。

④ 正因为如此，德国学者毕克迈尔指出，共犯从属性理论的来源就在于可罚性借用理论，而可罚性借用理论是从根本上违背现代刑法个人责任原则的。参见［日］西田典之：《新版共犯与身份》，成文堂 2003 年版，第 40、43 页。

释为什么共犯要为正犯的行为及其结果承担责任。共犯从属性说认为犯罪参与的核心人物是正犯，而其他参与者（共犯）的活动是边缘性和辅助性的，没有独立的意义，这些参与者的行为和他们的责任完全取决于正犯的行为及其责任：正犯的行为应受处罚的，其他参与者的行为也应受处罚；如果正犯不被追究责任，则其他参与者也不承担责任。犯罪构成是正犯完成的，而其余的参与者并不完成犯罪构成本身，因此教唆犯和帮助犯的行为中存在某种决定他们责任的“修正的犯罪构成”。但是，为什么同样是犯罪人，正犯与共犯承担刑事责任的根据却有所不同呢？而且，“修正的犯罪构成”至多只能说明共犯承担刑事责任的形式根据，却无法说明共犯承担责任的实质根据。更为重要的是，刑法的一个基本原理是，一个人只有当他实施的行为含有刑法规定的全部犯罪构成要件时才受刑罚，每个参与者的责任应当由每个人实际参与犯罪的性质和程度决定。因此，参与者的刑事责任的根据和限度不在于正犯的行为之中，而存在于参与者自己所实施的行为之中。正犯的实行过限就是一个例子，其他参与者不对正犯实际实施的行为负责，而只在他们原先约定的范围内承担责任。在正犯死亡、无刑事责任能力或未达到刑事责任年龄或者依照刑法被免除刑事责任时，其他参与者却必须根据他们有罪责地实施的法益侵害行为承担刑事责任。此外，正犯自动中止犯罪丝毫不意味着可以排除其他参与者的责任。只有在正犯实现参与者的意图这一意义上才可以说参与者的责任取决于正犯的责任，而如果他未能实现这一意图，没有达到犯罪目的，则其他参与者的责任与正犯一样，是犯罪预备或犯罪未遂的责任。① 从共犯从属性说的发展来看，共犯对于正犯的从属性程度已经大为下降，但

① 参见［俄］库兹涅佐娃、佳日科娃：《俄罗斯刑法教程》（总论）（上卷·犯罪论），黄道秀译，中国法制出版社 2002 年版，第 382 ~ 384 页。

这种从属性程度的降低并未从根本上解决正犯与共犯之间的关系问题，而且并未真正说明对共犯本身的处罚根据是什么。从根本上说，共犯从属性说是以否定共犯的犯罪性的限制行为人概念为基础的，而这种限制行为人概念已经被证明是不符合刑法法益保护目的的原理，因此，共犯从属性从根本上说是值得怀疑的。

其次，共犯的成立以正犯实施了实行行为为条件，并不必然表明共犯从属于正犯。在此有必要在区分行为与实行行为的前提之下分析作为间接行为人的共犯的行为构造。无论是直接行为人还是间接行为人，其作为未遂处罚的基础均在于其行为具有实行行为性，即具有法益侵害的现实危险性，而行为是否着手与行为是否具有实行行为性是两个不同的问题。这一点在原因上自由行为、间接正犯、隔离犯等问题的讨论中就可以看到。在这些情况下，虽然行为人的行为已经着手，但并不意味着就具备了实行行为性即法益侵害的现实危险性。实行行为性的确立，还有赖于行为媒介者的行为。从规范论的角度看，在实行行为性这个方面，共犯的实行行为必须与正犯的实行行为具有相同的内容，即具有法益侵害的现实危险性。但是，从存在论的角度看，共犯的行为构造与正犯的行为构造显然有所不同，共犯的特征在于利用他人的行为来实现自己的犯罪。共犯的行为构造是通过行为媒介者实现犯罪这一行为过程，因此，虽然共犯实施了行为，但并不代表该行为就必然具有作为实行行为的法益侵害的现实危险性，毋宁说，共犯值得作为未遂来处罚的起点，仍在于作为行为媒介者的正犯的着手，但这是从作为间接行为人的共犯的行为构造和实质的未遂论得出的结论，并不表明共犯从属于正犯。因此，共犯的成立以正犯实施了实行行为为条件，并不意味着共犯从属于正犯。

最后，共犯从属性中的共犯，是指狭义的共犯即教唆犯和帮助犯，还是也包括共同正犯？对于这个问题，二元参与体系的理论上一般认为，共同正犯是正犯的共同。二人以上共同实行犯罪时，在共同正犯之外不存在其他正犯者的实行行为，从而也就不存在从属于其他正犯者的实行行为；二人以上共同实行犯罪时，虽然各共同正犯在各自的行为中存在着相互补充的关系，却不存在狭义的共犯从属于正犯意义上的那种从属关系。这种观点的逻辑是：因为共同正犯是正犯，因此不可能存在实行从属性的问题。问题是，事实上，共同正犯并非本来意义即限制行为人概念意义上的正犯，只是为了作为正犯来处罚而在法律上拟制的正犯。质言之，共同正犯本来是共犯，但法律为了将之作为正犯来处罚，因此将之规定为共同“正犯”。这一点可以从共同正犯与教唆犯、帮助犯的区分中看到。从本质上看，之所以要区分一个参与者是共同正犯还是教唆犯或帮助犯，其根本目的仅在于是否要将某些教唆犯或帮助犯作为正犯来处罚，并不表明这些教唆犯或帮助犯与共同正犯之间存在什么根本的差异。如果说有什么差异，这种差异仅在于法官是要为之戴上一顶“共同正犯”的帽子还是一顶“教唆犯或者帮助犯”的帽子（当然，从二元参与体系的司法实践来看，这顶帽子通常是“共同正犯”）。既然共同正犯是共犯，那么也存在实行从属性的问题。因此，二元参与体系的通说否认共同正犯存在实行从属性的观点是不成立的。正是因为如此，在二元参与体系之下，有的学者主张在共犯从属性中的“共犯”一般是指广义的共犯，因而在共同正犯中也存在从属性的问题。例如，德国学者毕克迈尔认为，共同正犯不是正犯的一种，而是与正犯相区别，与教唆犯、帮助犯相并列的共犯人。又如，日本学者山口厚认为，实行从属性对于共同正犯也是妥当的，换言之，通过共同者的行为引起可以肯定未遂的成立的既遂的具体危险的场合，其他的共同者作为未遂的共同正犯成为可罚。共同正犯的处罚根据在于共同引起符合构成要件的事实，因此，只要没有产生可罚的符合构成要件的事实，就不能成为处罚的对象。这可以说是作为“首要责任类型”的共同正犯的当然之理。[①] 问题是，即便如此，由于各参与者均为正犯，到底谁从属于谁？毕竟实行从属性是指共犯从属于正犯，并不涉及正犯从属于正犯的问题。之所以出现这种两难的境地，根源就在于共犯从属性说存在根本的问题。

二、要素从属性

如前所述，目前在二元参与体系立法上普遍承认实行从属性，即认为只有当正犯实施了实行行为，教唆犯与帮助犯的不法构成要件才成立，则产生如下一个问题：正犯行为必须具有什么样的特征，才能成为追究共犯责任的适当的连接点。[②] 所谓适当的连接点，指的就是从属的要素问题，亦即从属性的程度问题。所谓要素从属性，是指正犯的行为满足哪些犯罪成立要件，共犯才能成立。要素的多少，表明了从属性程度的高低及强弱。对此，德国刑法学者迈尔概括出四种从属形态：[③]

(一) 极端从属形式

正犯的行为除了具备构成要件符合性、违法性与罪责之外，还要具备一定的可罚条件（刑罚加重或者减轻事由，以及追诉条件等）时，共犯才成立。由于极端从属性对于共犯的认定极为严格，导致绝大部分类型不能成立共犯，极容易使共犯脱罪，形成巨大的处罚漏洞，因此向来不为二元参与体系所采用，仅具

① 参见［日］山口厚：《刑法总论》，有斐阁 2001 年版，第 264 ~ 265 页。

② ［德］汉斯·海因里希·耶赛克、托马斯·魏根特：《德国刑法教科书》（总论），徐久生译，中国法制出版社 2001 年版，第 778 页。

③ 参见张明楷：《外国刑法纲要》，清华大学出版社 1999 年版，第 296 ~ 297 页。

有法理上比较和论述的意义而已。[①]

（二）严格从属形式

正犯的行为具备构成要件符合性、违法性和罪责时，才成立共犯。因为刑法规范规定的是教唆、帮助他人实行“犯罪”，既然是犯罪，就要求具备构成要件符合性、违法性和罪责。但是，根据严格从属性说，在正犯为缺乏罪责（如利用未达刑事责任年龄的人犯罪）的情况下，共犯就无法成立，因此与极端从属形式一样存在处罚漏洞。为此，在学说上发展出间接正犯的概念，以便弥补这种漏洞。但是，参与形态的认定，原本是根据行为来加以判断的，由于可罚性漏洞（Strafbarkeitslucken）的存在，而改为根据行为人的罪责来加以认定，在理论上存在很大的疑问。[②] 而且，由于间接正犯概念的出现，导致刑法论罪科刑倾向两极化：对于加功于无罪责之人，要不就认定其为间接正犯，要不就认定其不成立共犯，无法成立其他参与类型。前者失之过重，后者却失之过轻，皆非刑法之本旨。[③]

（三）限制从属形式

在二元参与体系中，以前的通说采取的是严格从属性说，其主要根据是刑法规定要成立共犯，正犯必须实施了“犯罪”，而按照罪刑法定主义，要构成犯罪，正犯行为就必须是符合构成要件、违法且有责的行为。但是，如果严格按照这种学说，就会产生处罚上的漏洞，间接正犯概念的起源正在于此。限制从属性说

---

① 参见柯耀程：《刑法总论释义》（修正法篇）（上），元照出版公司2006年版，第396页。

② 参见柯耀程：《刑法总论释义》（修正法篇）（上），元照出版公司2006年版，第395页。

③ 参见柯耀程：《刑法总论释义》（修正法篇）（上），元照出版公司2006年版，第395页。

的出现，正是为了弥补严格从属性说之下因正犯为无责任能力者而无法处罚的漏洞。限制从属性说认为，共犯的成立，并不以正犯具备罪责为必要，而只要正犯符合构成要件且违法即可。德国从1871年至1943年刑法典修改之前的旧刑法典规定，教唆犯必须以被教唆者从事刑罚行为（strafbare Handlung）为前提（1871年《德国刑法典》第48条），帮助犯则须以被帮助者犯重罪或轻罪（Verbrecher. od. Vergehen）为前提（1871年《德国刑法典》第49条）。德国在1943年修改刑法典后，这两条规定被修改为教唆他人实施“刑罚制裁之行为”（mit Strafe bedrohten Handlung）（1943年《德国刑法典》第48条），以及帮助他人实施“刑罚制裁之重罪或轻罪行为”（als Verbrechen oder Vergehen mit Strafe bedrohten Handlung）（1943年《德国刑法典》第49条），而且第50条规定：“数人参与一犯罪行为时，各人应受的处罚，依其自己之责任定之，无须顾及他人之责任。”因此，德国学者大多认为立法者将原来德国刑法采用的严格从属性改为了限制从属性，从而使得共犯无须依附于他人有罪责的行为。

在德国刑法典修正之后，限制从属性说成为二元参与体系之下的通说。应当承认，限制从属性说作为共犯成立基础的认定标准，确实有相当大的优点：一方面，可以使得刑法对于参与形态的判断基准，确立在不法阶段。毕竟在刑法上不法和罪责是必须加以区分的，作为期待可能性的罪责只能专属于行为人，而不能从属于任何其他行为人。限制从属性说正是建立在不法和罪责区分的基础上的，对此必须予以肯定。另一方面，也可以修正间接正犯与共犯认定的模糊界限，而使得加功于无责任能力人的行为，可以根据具体情况认定为间接正犯、教唆犯或者帮助犯，而避免在严格从属形式之下均视为间接正犯的谬误。[①] 但是，如前所述，即使在采用了限制从属形式之后，仍然面临的一个问题是如何区分间接正犯与教唆犯。在采取限制从属形式之后，唆使无责任能力之人实现构成要件的行为，便同时有成立间接正犯以及教唆犯的可能。在限制从属性说之下，为了区分间接正犯与教唆犯，学说上提出了两种主要理论，即规范障碍说与犯罪支配说。根据规范障碍说，区分间接正犯与教唆犯，关键在于被利用者是否成为规范障碍:[②] 如果不成为规范障碍，幕后者构成间接正犯；如果成为规范障碍，则幕后者构成教唆犯。举例而言，教唆13周岁的未成年人实施盗窃行为，由于该未成年人存在规范意识而成为规范障碍，因此教唆者不构成间接正犯而构成教唆犯；相反，教唆6周岁的未成年人实施盗窃行为，由于该未成年人缺乏规范意识而不成为规范障碍，因此教唆者构成间接正犯而不构成教唆犯。[③] 但是，如何判断被利用者是否存在规范意识，规范障碍说根本就没有提出一个明确的标准，在这个不明确的标准之下，对行为人论以间接正犯或教唆犯，在很大程度上充满了任意性。毕竟间接正犯与教唆犯的刑罚是有所不同的，通常对于教唆犯的处罚比间接正犯轻。因此，认定被告人构成间接正犯还是教唆犯是非常关键的问题，因为它直接关系到对被告人处罚的轻重。根据犯罪支配理论，对于唆使者到底成立教唆犯还是间接正犯，就不能只是从形式上看正犯是否构成犯罪或者有无罪责，而

---

① 参见柯耀程:《刑法总论释义》(修正法篇)(上)，元照出版公司2006年版，第395页。

② 所谓“规范障碍”，是指在规范上实现犯罪的障碍。通常，一般人在知悉犯罪事实后都会形成抗拒实施犯罪的动机，这种抗拒动机行为的形成可能性就是“规范障碍”。

③ 参见陈子平:《刑法总论》(上)，元照出版公司2006年版，第90~93页。

是必须实质地去考察幕后指使者对于整个犯罪过程的参与、支配程度有多高。如果该无责任能力之人对于自己所实施之行为已有相当程度的决定能力，则行为人对于整个犯罪行为不具有完全支配的地位，从而不能成立间接正犯，而应该成立教唆犯。反之，如果具体个案中的无责任能力人对于所为之行为欠缺认知能力与控制能力，则幕后指使者便对其行为具有优越之意思支配，成立间接正犯。[1] 但是，如前所述，犯罪支配是一个只能描述而无法界定的事实概念，与规范障碍的概念一样充满了不确定性，根据这种不确定的概念来决定被告人的刑罚轻重，同样是存在极大疑问的。

（四）最小限度从属形式

虽然限制从属性说是二元参与体系之下的通说，但也存在诸多问题。基于对限制从属性说的反思，晚近以来，在二元参与体系立法的国家特别是日本学界，许多学者开始主张最小限度从属性说，认为共犯的成立只需要正犯的行为符合构成要件即可，不必具备违法性。如前所述，限制从属性说的基础在于区分违法性和罪责，主张“违法是连带的，罪责是个别的”，即主张不法的连带性而不承认违法的相对性，而最小从属性说的核心即在于不仅肯定罪责的个别化，也肯定违法的相对性。所谓违法的相对性是指正犯与共犯之间的违法性评价不必一致，这是对“违法是连带的，罪责是个别的”这一原则的质疑，既涉及对共犯从属性本质的认识，更涉及对违法性本质的认识。换言之，不仅应个别判断正犯与共犯的罪责，还应分别判断其违法性，因而作为共犯的成立前提，正犯的实行行为只要符合构成要件即可，而不必一定要具有违法性。随着违法的相对性理论的提出，不少学者开

① 参见蔡圣伟：《刑法问题研究》（一），元照出版公司 2008 年版，第 161 页。

始对限制从属性说的理论基础，即“违法连带作用、罪责个别作用”这一原则提出质疑，并进而主张最小从属性说。以此为契机，围绕限制从属性说的妥当与否这一问题的争论也逐渐活跃起来。日本学者平野龙一率先于20世纪80年代对此提出质疑，相继得到日本学者前田雅英、佐伯仁志等学者的支持。例如，平野龙一指出，如果正犯的行为与结果均不违法，共犯亦无须对此承担罪责，因此限制从属性说的观点原则上是正确的，但也不能排斥正犯行为合法而共犯行为违法这种例外。例如，假定构成正当防卫以存在防卫的意思为必要，如果正犯具有防卫意思而共犯并无此意思，就属于例外情形。因此，严格地说，共犯只从属于正犯符合构成要件的行为，至于是否违法应个别探讨，因此最小从属性说最为合适。① 日本学者前田雅英支持最小从属性说的理由在于：委托他人杀害自己者并不具有同意杀人罪（《日本刑法典》第202条）的违法性、命令刑事未成年人实施犯罪也并非一定构成共犯。② 日本学者佐伯仁志也主张，有无违法性阻却事由，应遵循该事由本身的旨趣，就各行为人个别判断，也会出现虽然正犯阻却了违法性而共犯依然可罚的情形，因而在共犯成立要件这一意义上，以最小从属性说最为合适。③ 上述学者是立足于结果无价值论主张最小从属性说，而日本学者大谷实则以违法二元论作为其理论根据，事实上也是采取此说。大谷实认为，共犯的处罚根据在于通过正犯的实行行为而间接地引起了法益侵害或侵害危险，因而共犯的成立要件在于：正犯行为符合构成要

① ［日］平野龙一：《刑法总论Ⅱ》，有斐阁1975年版，第358页。

② ［日］前田雅英：《刑法总论讲义》（第4版），东京大学出版会2006年版，第424～425页。

③ ［日］山口厚、井田良、佐伯仁志：《理论刑法学的最前线》，岩波书店2001年版，第236页。

件、其实行行为引起了法益侵害或侵害危险，而并不一定需要正犯具有违法性。[①]

面对上述质疑，作为通说的限制从属性说内部也开始出现松动与分化。具体而言，限制从属性说不再一味坚持“正犯合法则共犯合法，正犯违法则共犯违法”，而是普遍认为，“正犯违法并不能直接导致共犯违法”，[②] 违法的连带性仅具有“正犯不违法，则不成立共犯”这一消极性意义。例如，有学者提出，“这里所谓限制从属性说，是认为要成立共犯，正犯的行为必须该当于构成要件且具有违法性，而不以有责为必要，但这并不意味着，只要正犯的行为该当于构成要件且具有违法性，便总能成立共犯。在此意义上，正犯的行为该当于构成要件且具有违法性，这虽是共犯成立的必要条件，却并非充分条件”；[③] 再如，有学者认为，“肯定违法的连带性，并非一定否定违法性阻却事由的个别性”，“即便正犯的违法连带地作用于共犯，也尚未达到完全确定共犯的违法性而不允许存在共犯行为正当化的程度。”[④]

从目前的情况来看，虽然最小限度从属性说还只是在日本刑法学界流行的学说，但这至少反映了要素从属性的危机。正如我国台湾地区学者柯耀程所指出的那样，一旦采用最小限度从属性

① 大谷实自己将其主张定位于最小从属性说与限制从属性说之中间位置。参见［日］大谷实：《刑法讲义总论》（新版第2版），成文堂2007年，第409~410页。

② ［日］林干人：《刑法总论》，东京大学出版会2000年版，第430页。

③ ［日］内藤谦：《刑法讲义总论Ⅱ》（下），有斐阁2000年版，第1353页。

④ ［日］堀内捷三：《刑法总论》（第2版），有斐阁2004年版，第275页。

说，就很难想象共犯何时不成立，从而使共犯从属性可谓名存实亡，根本即丧失从属之意义。这样一来，将使得共犯摇身一变成为正犯，甚至在不法条件和可罚前提的认定上，比正犯更为严格，因为主行为可能为违法阻却之行为，但共犯却无可幸免。最小限度从属性说将使得刑法参与类型趋向单一正犯体系，而失去从属性的意义。[①]

三、小结

从根本上看，共犯从属性说由于无法说明共犯为什么必须依附正犯而成立，因此是与刑法的个人责任原则相背离的：个人责任原则要求任何人只能为自己的行为及其结果承担责任，而不能为他人的行为及其结果承担责任。随着关于要素从属性的各种学说的发展，共犯对于正犯的从属程度不断降低，但是，我们也清晰地看到，这个过程正是共犯从属性难以为继直至最终崩溃的过程：共犯从属于正犯的构成要件符合性、违法性和罪责甚至处罚条件（极端从属形式）→共犯从属于正犯的构成要件符合性、违法性和罪责（严格从属形式）→共犯从属于正犯的构成要件符合性和违法性（限制从属形式）→共犯从属于正犯的构成要件符合性（最小限度从属形式）。从共犯的不法和罪责均从属于正犯到共犯的不法和罪责均独立于正犯，我们看不出共犯还“从属于”正犯的什么。应当说，共犯从属性的这种命运有其必然性，因为在犯罪参与中，每个参与者之所以构成犯罪，不正是因为其自身行为符合不法和罪责吗？作为间接行为人的共犯，其之所以构成犯罪，不正是因为其通过正犯实现了自己的犯罪吗？难道这种实现犯罪的方法上的差异可以表明正犯与共犯之间存在

---

① 参见柯耀程：《刑法总论释义》（修正法篇）（上），元照出版公司2006年版，第395页。

质的差异吗？正如我国台湾地区学者黄荣坚所言，共犯从属原则在刑法目的思考上根本是一个瘫痪刑法功能的意识形态，① 因此应当予以彻底摒弃。任何犯罪参与者的刑事责任，都必须回归到刑法最基本的判断标准上，即行为符合犯罪构成。

第四节　共犯的处罚根据论

在二元参与体系之下，正犯是自己直接实施符合构成要件的行为人；相反，共犯则是指不亲自动手实施符合构成要件行为，而只是帮助或者教唆正犯实施犯罪行为的人。根据这种限制行为人概念，正犯由于自己直接实施了构成要件，导致了法益的侵害或者危险而受到处罚，但是，共犯并不亲自动手实施符合构成要件的行为，为什么要将其作为犯罪来加以处罚呢？对于这个问题，以往的许多学说大多从形式的角度出发加以说明，认为共犯之所以受到处罚，乃是因为其符合修正的构成要件，即原本共犯不具有可罚性，但由于刑法总则规定了对共犯的处罚，因此这些规定属于"刑罚扩张事由"。但是，这种形式上的说明无法从根本上解决下述问题。例如，唆使他人对自己实施杀害行为，没有被杀死的被害人是否构成故意杀人罪的教唆犯，如果仅从形式上解释，就难以得出妥当的结论。共犯处罚根据论的目的就在于探讨处罚共犯的实质根据问题。进而言之，共犯处罚根据论就是要为共犯这种"刑罚扩张事由"寻找实质性的处罚根据。

在共犯的处罚根据理论上，存在共犯的处罚根据否定论（可罚性借用说）和共犯的处罚根据肯定论（责任共犯论、违法

① 参见黄荣坚：《共犯与身份》，载《刑事思潮之奔腾：韩忠谟教授纪念论文集》，财团法人韩忠谟教授法学基金会2000年，第207页。

共犯论和因果共犯论）之间的对立。可罚性借用说（犯罪性借用理论）认为，共犯不具有独立的犯罪性，其可罚性只是绝对地借用（entlehnen）正犯的可罚性。正如德国学者毕克迈尔所主张的那样，“共犯行为，从其本身来看，是不具有任何可罚性的行为……毋宁说，共犯行为不是独立可罚的，而只是由于加功于他人的行为才转化为可罚的行为。共犯行为的可罚性通常是借用自他人的犯罪行为。在没有正犯的情况下，就没有可罚的共犯。这就是共犯从属性。”① 应当说，可罚性借用说与极端的共犯从属性说在理论根基上是相通的。但是，由于可罚性借用说（犯罪性借用理论）完全否认共犯本身固有的犯罪性，从根本上违背了近代刑法个人责任的原则，因此被彻底抛弃了。在明确共犯具有本身固有的犯罪性的前提下，德日刑法理论展开了各种共犯处罚根据的学说。这些学说主要包括责任共犯论、违法共犯论和因果共犯论。

应当指出的是，共犯的处罚根据论是以违法论中的行为无价值和结果无价值的对立②为背景来展开的。根据是否承认正犯与

---

① 参见［日］大越义久：《共犯的处罚根据》，青林书院新社 1981 年版，第 57 页。

② 行为无价值论认为，刑法的任务在于社会伦理的保护，因此违法性的实质在于行为的反伦理性；结果无价值论则认为，刑法的任务在于对法益的保护，因此违法性的实质在于引起法益侵害或危险。从后文对共犯处罚根据论的论述上看，各种观点的根本分歧实际上就在于行为无价值与结果无价值的对立。关于行为无价值和结果无价值的对立，参见［日］前田雅英：《现代社会与实质的犯罪论》，东京大学出版会 1992 年版，第 69 页以下；［日］真锅毅：《行为无价值与结果无价值》，载［日］中山研一、西原春夫、藤木英雄、宫泽浩一编：《现代刑法讲座》（第二卷）（违法与责任），成文堂 1979 年版，第 17 ~ 32 页；［日］曾根威彦：《刑法的重要问题》（总论）（补订版），成文堂 1996 年版，第 26 ~ 37 页。

共犯之间在违法性上有质的区别，可以将关于共犯处罚根据的各种学说划分为两种类型。一种类型认为，正犯与共犯之间在违法性（犯罪性）上存在质的差别，属于这种类型的学说包括责任共犯论和违法共犯论。另一种类型则认为，正犯与共犯之间在违法性（犯罪性）上并没有质的差别，而只是在法益侵害的量上存在差别，属于这种类型的学说是因果共犯论（引起说）。[①]

一、责任共犯论及其谬误

责任共犯论从共犯和正犯的关系中寻求共犯的处罚根据，认为共犯因为诱惑正犯，使其堕落，陷入罪责和处罚的境地，所以要受到处罚，借用德国学者 H. 迈尔的话说，就是“正犯杀人，而教唆犯制造杀人的人”。[②] 责任共犯说是以教唆犯为中心而发展起来的学说，具有悠久的历史，在教会法时代就已经存在了，后来受到德国纳粹刑法学的推崇。简单而言，纳粹刑法学的基本主张就是将不法和罪责进行一体性考察。关于犯罪的本质，纳粹刑法学认为不是法益侵害，而是侵害了每个人应当承担的义务。这种纳粹刑法学说的主张，与认为共犯的处罚根据在于诱惑他人犯罪的责任共犯说可以说是暗合的。从当时的德国学者 H. 迈尔的论述中就可以明确地看出这一点，迈尔指出：“教唆人，正如一方面侵害法益，另一方面，对正犯进行侵害一样，在二重形态上犯罪。对于认为犯罪的本质，与其说是引起外部损害，倒不如说是对伦理秩序的违反。与客观的法益侵害相比，诱惑要素原则

① ［日］曾根威彦：《刑法的重要问题》（总论）（补订版），成文堂 1996 年版，第 284 页。

② 参见许泽天：《共犯之处罚基础与从属性》，载《罪与罚：林山田教授六十岁生日祝贺论文集》，五南图书出版有限公司 1998 年版，第 64 页。

上要重要得多。因此，教唆人的类型行为，即便和正犯行为不同，但从诱惑的观点出发，必须说，至少和正犯具有同等程度的犯罪性。诱惑（教唆）者对法益的攻击，虽说没有杀人者那么强烈，但教唆者制造了杀人者。因此，教唆者应当承担正犯的责任。”①

责任共犯说的理论基础在于：正犯和共犯在不法实体上完全不同。正犯是由于侵害了刑法分则所规定的保护法益而受到处罚，而共犯（主要是教唆犯）则是由于具有“诱惑”正犯，使其“堕落”这种心情的、伦理评价的要素才受到处罚，两者在本质上完全不同。但是，从犯罪是对法益的侵害或者危险这种角度看，这种过分强调伦理因素的学说存在极大的疑问。一方面，既然共犯是犯罪的一种形态，那么在本质上也应当是因为侵害了法益而受到处罚。犯罪的本质是侵害法益，无论是正犯还是共犯，均无不同，只不过形式表现不同，即正犯是直接引起法益侵害，而共犯是通过正犯间接地引起法益侵害而已。另一方面，按照责任共犯论的观点，正犯不是共犯的成立前提，而仅仅是共犯的处罚条件，换言之，共犯本来具有独立的可罚性，只是在出现正犯行为之后，这种可罚性才成为现实。但这种观点被认为与主观主义的共犯独立性说具有一脉相承的关系。② 从目前德日犯罪参与理论的现状来看，已经没有学者公开主张责任共犯论。

---

① 参见许泽天：《共犯之处罚基础与从属性》，载《罪与罚：林山田教授六十岁生日祝贺论文集》，五南图书出版有限公司 1998 年版，第 64 页。

② 参见许泽天：《共犯之处罚基础与从属性》，载《罪与罚：林山田教授六十岁生日祝贺论文集》，五南图书出版有限公司 1998 年版，第 74 页。

二、违法共犯论及其不足

基于对责任共犯论的批判，有学者提出了违法共犯论。违法共犯论认为，共犯处罚的根据在于共犯使正犯实施了符合构成要件且违法的行为。持有这种学说的论者认为，针对正犯和共犯的规范是不同的，即正犯违反的是“不得杀人”这样的规范，而共犯所违反的是“不得教唆他人杀人”这样的规范。从违法性的角度看，违法共犯论认为，违法性的本质在于“与行为人相关的人的行为不法”（人的不法观或者行为无价值）。[①] 由于正犯与共犯的违法性内容在根本上是不同的，因此，自己实行犯罪的正犯与使正犯实行犯罪的共犯在“人的不法”上是完全不同的。质言之，违法共犯论认为，共犯处罚的根据并不在于共犯通过正犯引起的法益侵害，而在于通过教唆或者帮助的方法参与到正犯的法益侵害之中（行为无价值）这种行为本身。

在1943年《德国刑法典》采取限制从属性说之后，德国学者雷斯（Less）认为不应当再认为教唆犯的本质是使他人陷入责任与刑罚，而是应当将教唆犯的违法内涵当作使一个法社会成员（Rechtsgenossen）陷入违法，导致该成员与法律处于敌对的事实状态，并因此侵害到他的“社会完整性”（soziale Integrität）。雷斯明确指出，教唆犯所侵害者，是一个有别于分则构成要件所保护法益的特别法益——“人格之尊重与自由发展”，即教唆者违反对于他人人格应有的尊重义务。因为教唆犯干扰了被教唆者的“良心安宁”（Gewissenfriede），并且危及到被教唆者所享有的社会尊重。质言之，引导他人形成犯罪意思的教唆犯，侵犯了他人

① ［日］高桥则夫：《共犯体系与共犯理论》，成文堂1988年版，第165页。

的人格自由发展。[①] 瑞士学者特雷希塞（Trechsel）则主张以教唆犯使被教唆者“遭受社会隔离”（der sozialen Desintegration aussetzen）的概念，取代责任共犯论所说的使被教唆者陷入责任的观点。换言之，教唆犯引起一个危险，该危险将使得正犯遭受处罚、保安处分或刑事调查等不利益，导致正犯与其所处的社会环境关系产生必然的恶化后果。[②]

应当说，违法共犯论与关于共犯成立要件的限制从属性说是不矛盾的。相反，甚至可以认为赋予限制从属性说以理论基础的正是违法共犯说。但是，违法共犯论在理论上仍然是存在疑问的。主张违法共犯论的结论之一在于肯定共犯违法的连带性，换言之，如果正犯行为违法，那么共犯行为也违法，正犯行为的违法性与共犯行为的违法性是连带的。但是，违法共犯论者在重要的场合下对这一结论进行了修正，其原因在于如果原封不动地适用违法共犯论的话，在具体的问题上会得出不妥当的结论。例如，在教唆者甲嘱托正犯乙杀害自己，正犯乙虽然按照甲的要求去做但是最后以未遂告终的情况下，就正犯乙成立嘱托杀人未遂罪是没有问题的，但是问题是教唆别人杀自己的甲是否构成教唆嘱托杀人未遂罪。按照违法共犯论的观点，甲应当构成教唆嘱托杀人未遂罪，但是这一结论显然是荒谬的。因此，在这种情况下违法共犯论者对其观点进行了修正，认为在教唆者是被害法益的主体之时，应当导入所谓“违法相对性”的考察方法，从而否

① 参见许泽天：《共犯之处罚基础与从属性》，载《罪与罚：林山田教授六十岁生日祝贺论文集》，五南图书出版有限公司 1998 年版，第 65 ~ 66 页。

② 参见许泽天：《共犯之处罚基础与从属性》，载《罪与罚：林山田教授六十岁生日祝贺论文集》，五南图书出版有限公司 1998 年版，第 66 页。

定该教唆者成立教唆犯。换言之，尽管正犯的嘱托杀人的未遂行为是违法的，但是就教唆其实施这种行为的法益主体来说，教唆行为不是违法的，这等于否定了违法共犯论者主张的违法连带性观点。正是在这一点上反映出违法共犯论的不彻底性和问题性。① 更为重要的是，从违法性的本质上看，违法共犯论将共犯的处罚根据归结为共犯行为的无价值，因此这种学说在根本上就是有疑问的。②

三、因果共犯论及其问题

从目前来看，在德日刑法理论上，关于共犯处罚根据的通说是因果共犯论（引起说）。因果共犯论（引起说）以因果关系为中心来把握共犯的处罚根据，认为共犯是通过介入他人的行为，即通过介入正犯的行为而给犯罪的实现产生影响力，所以共犯行为与正犯行为之间具有因果关系（相当因果关系），正是由于这种因果关系的存在，所以能够处罚共犯。在因果共犯论（引起说）的内部，存在纯粹引起说、修正引起说和折中引起说等三种学说。由于现在大多数德日学者都是因果共犯论者，因此关于共犯处罚根据的争论实际上是关于纯粹引起说、修正引起说和折中引起说的争论。

（一）纯粹引起说

纯粹引起说是一种主张共犯不法完全独立于正犯不法的见解，即认为共犯不法不是由正犯行为不法所导致的，共犯行为自身具有固有的不法。德国纯粹引起说的典型代表人物是吕德森（Lüderssen）。吕德森把“引起说”定义为主张共犯对自己的不

① ［日］山口厚：《刑法总论》，有斐阁2001年版，第255页。

② ［日］曾根威彦：《刑法的重要问题》（总论）（补订版），成文堂1996年版，第286页。

法和罪责负担责任的见解。根据这个定义，吕德森对不能把这种观点贯彻到底的修正引起说作出如下批判：对于共犯不法的理由，即使支持引起说的学者中很多人也在某些要点上对共犯规定存在误解。他们认为因为共犯要以正犯实施受到刑罚威吓的行为作为要件，因此共犯不法必然从正犯不法导出。可是，这样一来，共犯从属性的理论与共犯只对自己的责任的个人原则就存在冲突了。因此，吕德森认为不能赞成共犯不法是由正犯不法引导出来的主张。①

吕德森主张不仅在责任上而且在构成要件符合性及违法性上都独立的特别的“共犯构成要件”（Teilnahmetatbestand）。他认为共犯是对自己的不法和自己的责任负责，由此坚持了引起说的本来形态。于是，他批判使引起说变了样的从属性教条，认为共犯从属性只具有必需存在共犯参与特定行为的“事实的依赖性”的意义。吕德森从这个观点出发，探索共犯的符合构成要件的行为。他认为毋宁说必须予以澄清的是，共犯是对自己的不法，即不是“从他人那里”导致的不法承担责任，无非意味着共犯也实行了符合构成要件的行为。因为，只是从刑法分则的构成要件就可以明确是否存在刑法上的不法，只有正犯实行了符合构成要件行为还不够，问题恰恰在于法益侵害在共犯方面也是符合构成要件的。他为了探求共犯的构成要件符合性以及不法内容，采用了分析刑法分则构成要件的方法，以这种方法为基础提出如下观点：构成要件符合性不但是正犯的处罚根据，而且也是共犯的处罚根据。换言之，构成要件不仅对正犯，而且对以共犯形式参与犯罪也作出了记述。但他认为，构成要件对于共犯的记述并不完

---

① 参见杨金彪：《共犯的处罚根据》，中国人民公安大学出版社 2008 年版，第 52 页。

全，否则刑法总则关于教唆犯、帮助犯的规定就成为多余的了。[①]

根据吕德森的见解，共犯固有的不法意味着共犯也是实行了符合构成要件而且违法的行为。理由在于是否存在刑法上的不法只能从刑法分则的构成要件弄清楚。只是正犯实行了符合构成要件的行为还不够，重要的是这一法益侵害在共犯自身（in der Person）也是符合构成要件的。例如，某人有可能作为未遂教唆者，在教唆他人夺取教唆者自己的物的情况下，就不符合这种情况。因为在这种场合，只有正犯充足了《德国刑法典》第242条盗窃罪的构成要件。而且，即使共犯行为符合了构成要件，还应当进一步讨论共犯有无独自的正当化事由。

而且，吕德森所说的共犯也实行了符合构成要件的行为，正是指共犯侵害了对他来说应当受到保护的法益，或者参与了对他来说应当受到保护的法益的弃置行为，这是一种几乎不需要赋予任何理由的命题。因此，参与盗窃、侵占自己所有物的人，不能作为盗窃、侵占的共犯受到处罚。因为，为了攻击所有权，要求攻击者一方没有所有权。总之，在这种场合，无论正犯的攻击还是共犯的攻击，必须是对着他人的财物的。在德国刑法上包庇犯人、释放被拘禁人罪的场合情况也是一样，关于刑事追诉、刑罚的执行等国家的请求权，对犯人、被拘禁人是不受保护的。总之，吕德森承认了“违法相对性”，其含义是指在结果上要求他人性的构成要件上，法益侵害的有无、法益保护的范围根据人的不同而有变化。吕德森认为，法益侵害对正犯和共犯个别地考虑的见解，就是指要采用相对把握正犯和共犯违法性的做法。他指出，不法概念是相对的，虽然引起了同一个结果，但是根据这一

① 参见杨金彪：《共犯的处罚根据》，中国人民公安大学出版社2008年版，第53页。

结果客观归属的人的不同，可以是违法的或者是不违法的。他认为，法益并非自体地存在，通常只是对于某人来说具有存在的意义，关于人的要素和法益侵害之间的关系，存在着人的要素是导致法益侵害的主要因素的构成要件。因此，不仅法益的价值、参与侵害的量和质以及决定不法程度的意图都已经包含在法益侵害的概念之中。[①] 总之，吕德森的引起说就是一种认为共犯也是因为违法且有责地攻击了与他有关的构成要件上受到保护的法益才承担责任的一种见解。[②]

吕德森指出，问题的核心在于构成要件上的法益对共犯是否受到保护。在构成要件上的法益对共犯来说受到保护的场合，虽然缺乏正犯行为，也会导致处罚共犯。例如，德国刑法上不处罚的参与自杀的共犯也成为可罚的了。因为，自杀者的生命对自杀者是不受保护的，虽然自杀者没有实现构成要件，但是自杀者的生命对于外部的人即共犯是受保护的，不允许共犯参与到这一侵害中。作为相反的例子，如正犯在错误地窃取了教唆者所有的财物的场合，虽然正犯构成盗窃既遂，但是教唆者没有完成既遂的法益侵害。因为所窃取的财物属于共犯自己所有，对共犯来说并不受到保护。但是，对于真正身份犯的共犯的处理，吕德森违反了自己的立场，承认了共犯不法片面受到正犯不法的约束。他认为，非公务员只有通过引起公务员的行动才能间接地侵害“职务实行的纯粹性”法益，而且是在只有公务员才能实施实行行为的构成要件下侵害了法益。有身份人和无身份人的区别只具有纯粹事实的性质。因此，吕德森借助在事实依赖性上把握共犯从

① ［日］高桥则夫：《共犯体系与共犯理论》，成文堂1988年版，第142~143页。

② 参见杨金彪：《共犯的处罚根据》，中国人民公安大学出版社2008年版，第55页。

属性，肯定了真正身份犯的共犯可罚性。

总之，纯粹引起说在解释论结论上的最大特色在于承认了“没有正犯的共犯”。纯粹引起说完全从共犯间接地引起符合构成要件的结果，即法益侵害或者危险状态看待共犯的处罚根据。因此，在嘱托杀人罪、湮灭证据罪那样要求“结果的他人性”的情况下，被杀者、犯人即使通过他人也不能引起“符合构成要件的结果”，纯粹引起说在此限度内能够对部分必要的共犯的不可罚性作出说明。相反，在自杀的共犯、教唆犯人湮灭证据的场合，共犯是通过他人引起“他杀结果”、“他人的证据的湮灭”。在这种意义上，纯粹引起说承认了“没有正犯的共犯”。但是，纯粹引起说原则上肯定违法相对性，因此不能与采用限制从属性的《德国刑法典》第26条教唆犯的规定、第27条帮助犯的规定和第29条个人责任原则的规定相符合。①

（二）修正引起说

责任共犯说之后，德国通说和判例主张修正引起说。修正引起说认为共犯的处罚根据在于共犯通过使正犯实施实行行为，参与引起了侵害法益结果。修正引起说和纯粹引起说虽然都重视共犯与结果的因果性，但是二者的分歧在于是否要求共犯对法益的侵害必须通过正犯符合构成要件的实行行为。这种分歧的实质在于在多大程度上要求正犯和共犯相结合。②

修正引起说在德国刑法上又称为促进（或原因）理论。耶塞克是修正引起说的代表人物之一，德国判例也坚持修正引起说的立场。耶塞克认为，共犯的处罚根据在于，共同犯罪人因唤起

① ［德］汉斯·海因里希·耶塞克、托马斯·魏根特：《德国刑法教科书》（总论），许久生译，中国法制出版社2001年版，第830页。

② ［日］前田雅英：《刑法总论讲义》（第3版），东京大学出版会2003年版，第382页。

犯罪故意而促成了符合犯罪构成要件的、违法的行为，或对犯罪行为大力予以支持，因而，其行为本身就是有责的。促进理论认为，共犯的意志必须是针对正犯行为的实施，并要求正犯有犯罪故意。该理论表明，共犯并非自身违反了构成要件中所规定的法规范，他的责任只是在于当正犯违反规范时，他起到了参与作用。共犯行为的不法性取决于正犯行为不法性的原因和范围。①

共犯从属性理论是耶塞克见解的理论基础。耶塞克认为，共犯（教唆犯和帮助犯）的存在依赖于故意的正犯的存在，因为只有正犯实施了实行行为，才能实现《德国刑法典》第 26 条、第 27 条所规定的教唆犯、帮助犯不法构成要件。在此，耶塞克坚持了实行从属性说。在此前提下，就产生了这样的问题，即正犯行为必须具有什么样的特征，才能够成为追究共犯责任的适当连结点，这就是共犯的要素从属性问题。耶塞克指出，共犯完全的不法内容不在其自身，而是在他人的犯罪行为之中。因此，从属性限制不得走得太远。对每一种加重或减轻正犯行为的不法要素不加考虑，而将从属性僵硬的规定扩大至所有参与人是不合适的，因为改变可罚性的要素与个人的联系如此紧密，以致只有那些实际上具有此等个人要素的参与人才能被处罚或不处罚。因此，《德国刑法典》第 28 条第 2 款关于加重、减轻或排除刑罚的特殊个人要素规定，只适用于具有此等个人要素的参与人。而且，《德国刑法典》第 28 条第 1 款作出了对非加重处罚的共犯有利的规定，即在缺乏构成正犯应处罚性的特定个人要素情况下，可依第 49 条第 1 款减轻处罚。耶塞克指出，根据第 28 条第 1 款的规定，可以得出如下两个结论：其一，任何不具有正犯性质的人不因为提前具有正犯性质之人的参与而成为正犯；其二，

---

① ［德］汉斯·海因里希·耶塞克、托马斯·魏根特：《德国刑法教科书》（总论），许久生译，中国法制出版社 2001 年版，第 829 ~ 830 页。

任何作为教唆犯或帮助犯在正犯犯罪时予以帮助的人，即使其本身不具有正犯的要件，仍将准正犯处罚，只是往往减轻处罚。在责任上，耶塞克坚持了责任主义原则，否定责任的从属性。他认为，对改变刑罚的责任构成要件要素而言，规定在刑法第28条还是第29条对结果不产生影响，因为两个规定均排除从属性。例如，教唆未婚母亲杀死母亲自己婴儿的人，依照《德国刑法典》第212条、第26条以故意杀人罪的教唆犯处罚，而对于正犯即杀死自己婴儿的母亲则适用《德国刑法典》第217条的杀婴罪处罚。①

修正引起说在某些地方存在矛盾。通过考察修正引起说能否同时对无身份人可能成立身份犯的共犯和未遂教唆、必要的共犯（嘱托杀人的被杀者那样的片面对向犯）的不可罚性没有矛盾地予以说明，就会弄清楚。一方面，对于身份犯的无身份共犯的可罚性，修正引起说通过共犯不法从属于正犯不法，更确切地说通过共犯对正犯不法具有连带性予以说明；另一方面，对于未遂教唆、片面对向犯的不可罚性，修正引起说则分别通过共犯自身没有作为主观不法要素的以既遂为目标的故意、对于共犯自身法益不受保护予以说明。但是，既然在后者的情况下，共犯也对正犯不法进行了诱发或者助长，如果把共犯对正犯不法的从属性（连带性）作为共犯的处罚根据，在未遂教唆、片面对向犯的场合，共犯也应当一贯地成立。相反，如果把间接引起符合构成要件的结果作为共犯的处罚根据，共犯就并非当然地从属于正犯不法，有必要对身份犯的无身份共犯予以特别说明。因此，修正引起说虽然分别使用对正犯不法的连带性或者引起符合共犯固有构成要件结果的方法，也难以做到没有矛盾地说明身份犯的无身份

① 参见杨金彪：《共犯的处罚根据》，中国人民公安大学出版社2008年版，第68页。

共犯的可罚性和未遂教唆、片面对向犯的不可罚性。在这种意义上，修正引起说过度地把引起说和从属性结合起来了。[①]

修正引起说由于不能在共犯对正犯不法的从属性上对未遂教唆和片面对向犯的不可罚性作出妥当说明，因此只能从共犯的处罚根据之外寻找说明的理由。例如，耶塞克和魏根特在他们的教科书中从共犯对正犯的从属性原则出发，认为未遂教唆也构成教唆。只是在教唆者排除了侵害法益危险的时候，根据刑事政策的理由对放弃处罚作出说明，[②] 这是特意地以外在理由确保了未遂教唆的不可罚性。因此，放弃了从本来的共犯的处罚根据对未遂教唆的不可罚性的说明。[③]

（三）折中引起说

折中引起说是处于纯粹引起说和修正引起说中间位置的引起说，主张共犯的处罚根据在于共犯不实行构成要件的行为，而是透过正犯间接侵害构成要件上所保护的法益，即从属性地侵害构成要件上所保护的法益。共犯不法是由法益侵害的独立、固有要素和从正犯行为不法导致的从属要素混合地构成。

德国刑法学上折中引起说的典型代表人物之一是萨姆松(Samson)。萨姆松部分地认可了吕德森的主张，认为共犯也和正犯一样引起了符合构成要件的结果。但是，在吕德森那里，即使德国刑法上没有处罚规定的参与自杀行为，因为间接地引起他人死亡结果，根据引起说恰好构成他杀的帮助，因此，毋宁说吕

① 参见杨金彪：《共犯的处罚根据》，中国人民公安大学出版社 2008 年版，第 72 页。

② ［德］汉斯·海因里希·耶塞克、托马斯·魏根特：《德国刑法教科书》（总论），许久生译，中国法制出版社 2001 年版，第 832 页。

③ 参见杨金彪：《共犯的处罚根据》，中国人民公安大学出版社 2008 年版，第 73 页。

德森是认为帮助自杀是因为利己动机而受到处罚。萨姆松否定这种“没有正犯的共犯”，通过不是正犯的参与人只有在通过违法的正犯行为对法益予以攻击时，才能作为共犯受到处罚的形式，对引起说进行了修正。萨姆松主张共犯也和正犯一样引起了符合构成要件的结果，维持了从共犯来看必须引起了符合构成要件结果这一引起说的基本命题。①

萨姆松采纳了一方面共犯也受到禁止侵害构成要件上保护法益的约束，另一方面共犯不法以正犯不法为前提的观点。萨姆松认为共犯是因为侵害了刑法分则构成要件上所保护的法益而受到处罚。但是，刑法分则构成要件没有直接包含共犯。在此限度内应当坚持限制的正犯概念。毋宁说共犯规定通过超过刑法分则构成要件所划定的界限，扩大了法益侵害的可罚性范围。但是，法律上并非所有因果的法益侵害都足以受到处罚。参与人只要不是正犯，他就只有在经过违法的正犯行为侵害法益的时候，才能作为共犯承担责任。与纯粹引起说不同，萨姆松在基于构成要件明确性的法的依赖性上把握从属性，据此使共犯引起的法益侵害和正犯实行的符合构成要件、违法的行为结合起来。共犯只有在通过符合构成要件、违法的正犯行为之时才能够侵害法益。萨姆松认为，正犯行为的未遂是以与符合构成要件行为紧密的场所的、时间的关系为前提的，在这种意义上维持了构成要件的明确性。但是，共犯定型地实施预备行为，通过把共犯引起的可罚的法益侵害未遂和关于正犯未遂的构成要件相结合才能够维持构成要件的明确性。而且，萨姆松认为，共犯只是引起他人的正犯行为还不够，还必须通过他人的正犯行为引起法益侵害的结果。因此，共犯完全不能侵害正犯行为所侵害的法益时，共犯不能受到处

① ［日］松宫孝明：《刑事立法与犯罪体系》，成文堂2003年版，第279～282页。

罚。例如，教唆者教唆他人盗窃教唆者自己所有的财物，即使在教唆者认为是他人财物的场合，也没有实现任何法益侵害。因为在这种场合法益任由教唆者自由处分。①

德国刑法学上折中引起说的另一位典型代表是罗克辛。罗克辛一方面主张法律上的共犯只有在侵害了对他来说也应受保护的法益之时才成立，把法益侵害作为限定处罚共犯的根本基础，指出法益侵害是共犯不法的独立要素。例如，在基于被害人要求杀人（《德国刑法典》第216条受嘱托杀人罪）未遂的情况下，幸存的被害人不能作为教唆犯受到处罚。因为，受到侵害的生命由于自杀的不处罚性对教唆者来说是不受保护的。而且，在未遂教唆的场合，教唆者虽然参与了他人侵害构成要件的保护法益行为，但是教唆者没有侵害意图因而不可罚。罗克辛指出，这两个事例表明依据从属性原理共犯不法完全从正犯不法导致的结论并不妥当。因为，虽然正犯自身实现了可罚的不法，参与人也可能是不可罚的。毋宁说在共犯也必须亲自侵害了对他来说应受保护的法益的限度内，共犯不法独立于正犯不法。②

另一方面，罗克辛主张共犯不法本质上决定于正犯不法。同萨姆松一样，罗克辛认为这种依赖性是指对于形成处罚共犯具有法律上的决定性。而且，可罚的共犯应当以正犯行为的未遂为前提。教唆、帮助的法定刑应当根据正犯行为的法定刑确定方向，因此正犯行为不法赋予共犯不法以上下的界限。但是，这些观点与认为共犯完全独立的观点难以调和。根据罗克辛的观点，在通过正犯行为赋予界限的范围内再次显示出共犯独立的不法要素

---

① ［日］高桥则夫：《共犯体系与共犯理论》，成文堂1988年版，第157～159页。

② 参见杨金彪：《共犯的处罚根据》，中国人民公安大学出版社2008年版，第76页。

(其强度和危险性)。罗克辛认为，从属性限制的目的论意义在于赋予共犯行为以法治国家的轮廓。这一点与萨姆松的见解相同，应当防止与结果有因果性的所有态度都构成共犯，只是试图把共犯向构成要件行为方向限制。根据罗克辛的见解，通过对“法益侵害”附加上“从属的”这个形容词，可罚的共犯只有对实施符合构成要件行为的正犯才可能存在，从而得出共犯不法大部分是由正犯不法导致的结论。总之，罗克辛的从属的法益侵害说就是指共犯从属地侵害了构成要件上的保护法益的观点。罗克辛认为这种见解能够在纯粹引起说和修正引起说中间整理秩序，借助共犯不法一部分从正犯行为、一部分从参与人固有的法益侵害所导致的观点，能够避免两种学说的片面性。①

折中引起说把要求正犯符合构成要件的不法行为或者理解为“基于构成要件明确性的法的依赖性”（萨姆松），或者作为“共犯行为的法治国家的限定”（罗克辛）来看待。在这种情况下，共犯的处罚根据在第一次上是因为引起“符合构成要件的结果”或者“侵害对共犯也应受保护的法益”。折中引起说借助明确性、限定性要求，通过要求“存在正犯不法”来制约共犯处罚的范围。因此，被杀者实施的嘱托杀人的教唆因为没有引起“他杀”是不可罚的；犯人实施的湮灭证据的教唆既然没有“由正犯实施的对他人证据的湮灭”，该共犯也是不可罚的。而且，折中引起说所说的对正犯符合构成要件不法的“从属”，只限于制约共犯处罚的“必要条件”的意义，不带有“连带作用”的意思。②

---

① ［日］高桥则夫：《共犯体系与共犯理论》，成文堂 1988 年版，第 159 ~ 160 页。

② ［日］松宫孝明：《刑事立法与犯罪体系》，成文堂 2003 年版，第 283 页。

折中引起说的问题点是法益侵害和从属性这两个要素的意义内容和关联性问题。萨姆松在处理共犯固有的法益侵害和共犯不法对正犯不法的依赖性的关系时，设立了实行从属性的观点，即可罚的共犯要以正犯行为的未遂为前提的观点，将这种观点作为两个要素的媒介项。萨姆松试图在共犯上赋予正犯行为以位置这一点值得注目，但是萨姆松做得未必充分。确实，作为实行从属性的根据，萨姆松通过使正犯的构成要件与共犯可罚的法益侵害的未遂相结合，维持了构成要件明确性的做法无疑是正确的。但是，这是否能够径直成为共犯不法从正犯不法导致的结论的论据存在疑问。因为，共犯不法从正犯不法导致的结论的根据是限制从属性的实质根据问题，即要素从属性（从属的程度）问题，应当与实行从属性（从属性有无）问题区别论述。①

罗克辛的见解遵从了萨姆松见解的方向，并且进行了更为明确的阐述。但是，与萨姆松的见解一样，对共犯不法一方面具有侵害法益的独立要素，另一方面本质上是从正犯不法导致的构造的分析未必充分。关于后者，罗克辛认为共犯是次要的概念，共犯范围通过作为首要概念的正犯范围在本质上共同地受到决定。但是，因为是次要的概念，共犯不法未必是从正犯不法导致的。与萨姆松一样，把实行从属性作为媒介也好，还是把法定刑作为理由也好，尚不具有说服力。②

四、小结

在二元参与体系的“绝望之章”中，自觉地展开共犯处罚

---

① 参见杨金彪：《共犯的处罚根据》，中国人民公安大学出版社 2008 年版，第 79 页。

② 参见杨金彪：《共犯的处罚根据》，中国人民公安大学出版社 2008 年版，第 80 页。

根据论，始于1967年德国和瑞士公开出版的两本论文集。[①] 之后，在同样采取二元参与体系的日本，也展开了这一理论。[②] 在以往的共犯论中处于基础理论地位的犯罪共同说与行为共同说、共犯从属性与共犯独立性开始退居次席，取而代之的是号称可以从根基上解决“绝望之章”中的各种问题的共犯处罚根据论。共犯处罚根据论的出现给以往的“绝望之章”带来了一丝希望，似乎可以在某种程度上统一地解决共犯论中的问题。共犯的处罚根据论已经成为德日共犯理论中最为重要的理论，对于共犯论的所有问题，共犯的处罚根据论都试图作出回答。正如日本学者高桥则夫所言，在目前德日的犯罪参与理论中，不讨论共犯处罚根据论就无法讨论犯罪参与理论，[③] 其重要的基础性地位由此可见一斑。但是，在笔者看来，共犯处罚根据论本身同样存在诸多难以解决的问题。

其一，共犯的处罚根据论的起点是什么？笔者认为，共犯处罚根据论的起点就在于要解决以限制行为人概念无法说明的共犯的实质处罚根据，企图将所有参与者的处罚根据落实到法益侵害或威胁上。换言之，共犯处罚根据论是二元参与体系在否定除了

---

① 这两本论文集是：Lüderssen, Zum Strafgrund der Teilnahme, 1967; Trechsel, Strafgrund der Teilnahme, 1967。

② 参见，例如，［日］大越义久：《共犯的处罚根据》，青林书院新社1981年版；［日］山中敬一：《刑法上的因果关系与归责》，成文堂1984年版；［日］高桥则夫：《共犯体系与共犯理论》，成文堂1988年版；［日］香川达夫：《共犯处罚的根据》，成文堂1988年版。最近的文献有：［日］松宫孝明：《刑事立法与犯罪体系》，成文堂2003年版，第275页以下；照沼亮介：《体系的共犯论与刑事不法论》，弘文堂2005年版，第157页以下。

③ ［日］高桥则夫：《规范论与刑法解释论》，成文堂2007年版，第152页。

正犯以外的其他参与者的可罚性（对于不法构成要件的侵害）之后，转头承认这些参与者的可罚性的理论。不客气地说，共犯处罚根据论是一种本末倒置的理论。应当说，共犯处罚根据论即从实质上探讨正犯以外的参与者的刑罚根据是存在必然性的，这是因为，尽管二元参与体系放弃了刑法目的的思考，但形式化的理解毕竟无法支撑整个体系。只是二元参与体系为这种回归所付出的努力太大，而且最终否定了作为其体系性基础的限制行为人概念。事实上，从根本上说，任何犯罪参与者，其之所以构成犯罪，不正是因为其行为符合不法和罪责吗？既然如此，共犯处罚根据论又有什么存在的正当性和必要性呢？

其二，在所有试图为共犯可罚性提供根据的学说中，责任共犯论之所以可以与正犯犯罪发生从属关系，不法共犯论之所以足以与正犯之不法行为发生从属关系，乃至于因果共犯论之所以能与正犯之犯罪结果发生关联，其实质根据何在？一言以蔽之，无外乎共犯与不法构成要件之间的因果关系。即使运用犯罪支配理论进行考察，其所谓的行为支配、意思支配或者功能支配，又何尝不是因果关系的另一种用语而已呢？因此，整个共犯可罚性的探讨基础，就在于共犯（教唆犯或帮助犯）本身与不法构成要件结果之间的因果关系。[①] 如后所述，二元参与体系对一元参与体系最大的批判之一在于指责其理论基础在于因果关系，但是，从二元参与体系之下的共犯处罚根据论来看，其理论基础不也正是因果关系吗？

其三，共犯的处罚根据论是主要以教唆犯和帮助犯即狭义的共犯为说明对象的，对于是否适用于共同正犯，仍然是存在争议的。换言之，共犯的处罚根据论是仅仅适用于狭义的共犯（教

---

① 参见陈友锋：《刑法上行为概念与行为之探索》，台湾辅仁大学法律系博士论文，2002 年，第 267 页。

唆犯和帮助犯）的理论还是同样适用于广义的共犯中的共同正犯的理论呢？从学说上，大多数学者认为共犯的处罚根据主要是以狭义的共犯（教唆犯和帮助犯）为讨论前提的理论，因此其适用范围仅限于狭义的共犯（教唆犯和帮助犯）。[①] 当然，有少数学者认为，由于共同正犯和狭义的共犯（教唆犯和帮助犯）同样是基本构成要件的扩张形态，共同正犯在具有正犯性的同时也具有共犯性，因此共犯的处罚根据论同样适用于对共同正犯之处罚根据的讨论。[②] 但是，如何说明共犯处罚根据论可以适用于作为正犯的共同正犯（至少二元参与体系下的绝大多数学者是这么认为的），仍然是一个悬而未决的问题。如前所述，在二元参与体系的司法实践中（至少在日本的司法实践中），绝大多数犯罪参与者都是作为共同正犯来处理的，那么，将如此巨大的学术努力投入处于司法实务中的犯罪参与现象之边缘的教唆犯和帮助犯，是否存在成本与收益不对称的问题呢？

其四，共犯的处罚根据论本来的目的在于通过探讨共犯处罚的正当性问题来对整个矛盾重重的二元参与体系进行体系化。但是，从目前来看，二元参与体系之下的学者们对于共犯的处罚根据并没有达成一致的意见。这是因为，不同的学者在违法性（行为无价值还是结果无价值）的立场上存在严重分歧，这种分歧的立场与共犯从属性（实行从属性、要素从属性和罪名从属性）的问题杂糅在一起，使原本已经非常复杂的体系更加凌乱不堪。因此，共犯处罚根据论的本来目的不仅没有得到实现，而且使二元参与体系更加“绝望”，增添了更多的混乱。

其五，共犯处罚根据论的兴起导致二元参与体系内部出现了

① ［日］高桥则夫：《共犯体系与共犯理论》，成文堂 1988 年版，第 94～95 页。

② ［日］山口厚：《刑法总论》，有斐阁 2001 年版，第 253～254 页。

两分化，即严格的二元参与体系（纯粹的二元参与体系）与缓和的二元参与体系（修正的二元参与体系）。根据纯粹的二元参与体系，正犯与共犯之间存在严格的区分，两者具有本质的不同，正犯实施的是实行行为，而共犯实施的是非实行行为。由于维持形式的实行行为，因此否定共谋的共同正犯或者正犯背后的正犯，而且对于共犯从属性的理解类似于共犯借用犯说，在共犯的处罚根据论上采用责任共犯论或违法共犯论。与此相对，修正的二元参与体系则认为，正犯与共犯之间只有量的区别，而且，由于对实行行为作实质性理解，因此肯定共谋的共同正犯或正犯背后的正犯。在修正的二元参与体系之下，共犯从属性被缓和，重心移向共犯固有的犯罪性，在共犯的处罚根据论上采用因果共犯论。有的学者指出，这种修正的二元参与体系在一定程度上正是借鉴了单一正犯体系的产物。从立法论上看，能够适当地处理构成要件的范围问题与量刑问题的单一正犯体系上是可取的；从解释论上看，以单一正犯体系为导向的“修正的二元参与体系”的立场是妥当的，必须以此体系为基础展开共犯理论。①

第五节　小结

德国刑法学大师李斯特曾经论述刑法学体系的重要性，他指出：“从纯法学技术的角度，依靠刑事立法，给犯罪和刑罚下一个定义，把刑法的具体规定，乃至刑法的每一个基本概念和基本原则发展成完整的体系。在该体系的分论部分阐述具体的犯罪和刑罚，在总论部分阐述犯罪和刑罚的概念。作为实用性很强的科

① 参见［日］高桥则夫：《共犯体系与共犯理论》，成文堂1988年版，第89~90页。

学，为了适应刑事司法的需要，并从司法实践中汲取更多的营养，刑法学必须自成体系，因为，只有将体系中的知识系统化，才能保证有一个站得住脚的统一的学说，否则，法律的运用只能停留在半瓶醋的水平上。它总是由偶然因素和专断所左右。”[①]德国刑法学家罗克辛更是直截了当地指出，“体系是一个法治国刑法不可放弃的因素”，[②]他进而指出，在一般犯罪理论的信条学所承担的任务中，一个最困难的任务存在于教育和不断完善和发展的刑法体系之中。一个“体系”，用著名的康德的表述方法来说，是“各式各样的知识在一个思想下（Idee）的统一”，是一个“根据各种原则组织起来的知识整体”。刑法信条学并不满足于把各种理论原理简单地合并在一起，并且一个一个地对它们加以讨论，而是努力要把在犯罪行为的理论中产生的全部知识，有条理地放在一个“有组织的整体”之中，通过这种方法，使人们能够清楚地认识各个信条（Dogmen）之间的内在联系。[③]在一个刑法信条学的体系中，作为其基础的概念是至关重要的，如果这一基础概念本身就存在重要疑问，那么整个体系就会非常不稳固，甚至有崩溃的危险。笔者认为，作为二元参与体系之基础概念的限制行为人概念，从根本上是一个违反刑法目的的原理，正是从这一概念出发，二元参与体系才产生了一系列无法解决的问题。

首先，在二元参与体系之下，所谓正犯是自己亲自实施构成

① ［德］弗朗兹·冯·李斯特著：《德国刑法教科书》，［德］埃贝哈德·施密特修订，徐久生译，中国法制出版社 2000 年版，第 1 页。

② ［德］克劳斯·罗克辛著：《德国刑法学总论》（第 1 卷），王世洲译，法律出版社 2005 年版，第 132 页。

③ ［德］克劳斯·罗克辛著：《德国刑法学总论》（第 1 卷），王世洲译，法律出版社 2005 年版，第 118 页。

要件行为的人。只有正犯才是刑法处罚的对象，在罪刑法定主义的要求之下，如果要处罚共犯，就必须有特别的法律规定，这就是刑法总则中关于共犯的规定。换言之，刑法上的共犯制度是为了解决正犯以外的参与者的可罚性而设立的。在二元参与体系之下，正犯是犯罪的核心，相对于共犯而言，正犯具有优位性，而共犯仅处于犯罪的边缘位置。整个二元参与体系正是以这种限制行为人概念为基础的，即整个二元参与体系的逻辑起点就是以原则上仅承认正犯的可罚性而否定共犯的可罚性为内容的限制行为人概念。但是，如前所述，限制行为人概念在间接正犯和共同正犯的出现和发展中已经被完全抛弃了，而且全面转向了单一行为人概念。

其次，在二元参与体系之下，由于正犯乃是犯罪参与的核心，而共犯只不过是犯罪参与的边缘角色。与此相应，二元参与体系的刑法对正犯与共犯规定了不同的刑罚：一般而言，较之正犯而言，对共犯要从轻或减轻处罚。因此，从罪刑法定主义的角度上看，如何区分正犯与共犯就成为至关重要的问题。为此，二元参与体系下的学者们付出了巨大的努力，先后提出了各种各样的学说，但是，正犯与共犯的区分难题至今仍没有得到令人满意的根本解决。更为严重的是，这些理论上的区分学说对司法实务中犯罪参与问题的处理的意义非常有限。因此，将大量的学术努力花费在这些区分学说上是否必要，是非常值得怀疑的。无论是理论上区分正犯与共犯的困难重重，还是理论与实务的严重脱离，均折射出二元参与体系内部更深层次的问题。

再次，共犯处罚根据论的出现给以往的“绝望之章”带来了一丝希望，似乎可以在某种程度上统一地解决共犯论中的问题。共犯的处罚根据论已经成为德日共犯理论中最为重要的理论，对于共犯论的所有问题，共犯的处罚根据论都试图作出回答。但是，共犯处罚根据论是二元参与体系在否定除了正犯以外的其他参与者的可罚性（对于不法构成要件的侵害）之后，转头承认这些参与者的可罚性的理论。不客气地说，共犯处罚根据论是一种本末倒置的理论。应当说，共犯处罚根据论即从实质上探讨正犯以外的参与者的刑罚根据是存在必然性的，这是因为，尽管二元参与体系放弃了刑法目的的思考，但形式化的理解毕竟无法支撑整个体系。只是，二元参与体系为这种回归所付出的努力太大，而且最终否定了作为其体系性基础的限制行为人概念。

最后，二元参与体系本身只能解决故意犯的犯罪参与问题，过失犯则往往被排除在犯罪参与体系之外。一般认为，对于过失犯，刑法采取的是单一正犯体系。这样，在二元参与体系之下，就必须解释刑法为什么对故意犯和过失犯的犯罪参与采取两种不同的处理方法，即“体系的二元论”的原因。迄今为止，二元参与体系之下的学者还没有给出任何令人信服的回答。

总之，区分正犯与共犯的二元参与体系并不是一种物本逻辑！毋宁说，采用二元参与体系完全是一种历史的偶然。通过上述论证，笔者认为一个支离破碎、矛盾重重的二元参与体系并不符合作为犯罪参与之“体系”的要求，因此，在立法论上，二元参与体系并不值得采用。

第三章 一元参与体系的本体展开

与二元参与体系相对的是一元参与体系即单一正犯体系，又称为包括的正犯概念（umfassender Täterbegriff）或排他的正犯概念（exklusiver Täterbegriff），是指将所有共同参与犯罪实行的人均视为正犯，对于各个参与者，根据其参与的程度和性质来量刑，或者形式上虽承认犯罪参与形态的区别，但其区别作用仅限于量刑的体系。[①] 在单一正犯体系内部，存在形式的单一正犯体

① 参见陈子平：《刑法总论》，元照出版公司2008年版，第437页。应当指出，在主张区分制的学者中，我国台湾地区学者陈子平对单一正犯体系的界定最为准确，其他绝大多数主张区分制的学者都是从以条件说为基础的形式的单一正犯体系来理解单一正犯体系的，因此失之偏颇。例如，我国台湾地区学者林山田指出："单一正犯概念（Einheitstäterschaft），则一反前述之两种正犯概念（指限制正犯概念和扩张正犯概念——笔者注），认为行为人在刑法制裁体系上之资格并无区别正犯与共犯之必要，每个对于不法构成要件之实现具有因果上之贡献者，均为正犯。至于其对于整个犯罪过程与结果之重要性，则在所不问，因为此系刑罚裁量之问题。"（林山田：《刑法通论》（下册），增订七版，2001年版，第41页）；又如，我国台湾地区学者苏俊雄认为："统一的正犯概念唯一的判别标准，在于有无因果关系的问题；至于个别参与的角色与分工情形，则仅于量刑时考虑。"（苏俊雄：《刑法总论Ⅱ》，台北大地印刷厂股份有限公司，"民国"86年，第400～402页）；再如，韩国学者李在祥认为："单一正犯体系（Einheitstätersystem），是指放弃区分正犯与教唆犯及从犯，而将一切为实现构成要件具有因果关系上贡献的人视为正犯，并在统一的刑罚范围内按照其行为贡献的程度予以处罚的立法方式。"（［韩］李在祥：《韩国刑法总论》，

系和功能的单一正犯体系两种类型。一般认为，单一正犯体系具有如下特征：（1）为犯罪成立赋予条件者，皆为正犯；（2）不重视行为形态的区别；（3）对于犯罪的成立，根据各个正犯的行为，个别地探讨不法和罪责；（4）对于各个正犯适用同一法定刑；（5）根据各个正犯的参与程度和性质来量刑。[②]采用单一正犯体系的代表性立法例是1930年《意大利刑法典》（第110条以下）、1974年《奥地利刑法典》（第12－13条）、1960年《苏俄刑法典》（第17条），以及延续其关于犯罪参与规定的1996年《俄罗斯联邦刑法典》（第32条以下）等。对于单一正犯体系，主张二元参与体系的学者提出了诸多批评。例如，认为单一正犯体系违背了法治国思想、放弃从属性原则从而导致处罚范围不当扩大、量刑规定的粗糙化、责任判断的后置等，甚至指责单一正犯体系是主观主义的行为人刑法，背离了现代客观主义的行为刑法。这些批判是否合理？单一正犯体系真的如此不堪一击吗？单一正犯体系的理论基础何在？为了正本清源，本章首先对单一正犯体系的立法史和学说史进行梳理，在此基础上对单一正犯体系内部的两种类型进行分别考察，然后对单一正犯体系的理论基础进行整理和反思，最后回应二元参与体系对单一正犯体系的各种批判。

（接上页注①）［韩］韩相敦译，中国人民大学出版社2005年版，第367页），不一而足。因为，笔者认为，主张区分制的学者之所以对单一正犯体系进行批判，恐怕在很多情况下是根本没有完全理解这种犯罪参与体系。

②参见陈子平：《刑法总论》，元照出版公司2008年版，第438页。

第一节　单一正犯体系的历史考察

一、立法史

从西方古代法中关于犯罪参与立法的情况来看，首先应当举出罗马法上的规定。在十二表法时代的罗马法，因受到民法思想的影响，以及其本身所具有的决疑论的性格（kasuistischer Character），以致没有设立一般的犯罪参与规定。但是，毫无疑问的是，罗马法视每一个犯罪的参与者为构成犯罪的行为人而加以处罚，尤其在多数人犯罪的情况下，起因者（Urheber）与共犯均具有同样的可罚性，即不问其协力行为如何，皆科以同等及全部之刑罚。数人共犯中负同一责任之人，在罗马法上称为Socii，领导者称为princeps Soeleris，reus principalis，称从属者为factores，qui fecit，qui suis manibus或pecator reus，称从犯为minister，称教唆犯为actor，所有参与人概括称为consortes或participes，而与正犯相对之共犯称为consocii，乃属于不重要的参与人。除个别列举之情形外，socii为前期之罗马法所不罚，因此，罗马法上所谓的正犯，实际上兼指指导者及从属者，属于现代的单一正犯概念。虽然将教唆犯称为actor，然而根据学者的研究，有时对于正犯也以这一名义加以处罚，因为在单一正犯概念之下，二者并无截然不同的区别。后期的罗马法，经常通过敕令而减轻从犯的刑罚，不过在法律上，一切犯罪参与人均被视为负同一责任者，只有对个别情况才酌情予以减轻。因此，现代刑法所谓单一正犯概念，即在法律上不区分犯罪参与形态的主张，早在罗马法就已经得到确认了。[①]

在近代大陆法系国家中，通常被认为首先采用了单一正犯体系的是1902年的《挪威刑法典》，[②] 该法第58条规定："多数人为了一个可罚的目的而共同加功，并且这些个别人的共同加功如果对共同者中的其他人本质上处于从属关系，或者和其他人的行为比较属于轻微之时，对其所处的刑罚就应降至法定刑的最下限以下，或者可以改处更轻的刑种。其他，如果像为违警罪那样，宣告罚金刑时，也可以免除其刑罚。"关于这一规定的含义，德国学者毕克迈尔认为，从该法草案的立法理由书来看，是从立法上实现了挪威学者戈茨的单一正犯概念，即"废弃作为特殊责任形式的共犯，将共犯作为正犯。"毕克迈尔指出，虽然1902年《挪威刑法典》在分则中使用了共犯、共犯者、教唆和帮助这样的词汇，但该法草案的立法理由书警告说，在解释该法之时，"必须完全从对共犯理论的用语的从属中解放出来"。自此以后，在很长的时间里，学者们对于1902年《挪威刑法典》第58条的含义，通常是按照毕克迈尔的解释来理解的。[③] 当然，也有某些学者认为，虽然戈茨参与了1902年《挪威刑法典》的制定过程，但并不意味着该法第58条采用了单一正犯概念；相反，以该法第58条为根据，认为其采用了单一正犯概念的观点是错误的，因为该法条只不过规定了对共犯的处罚，至于参与犯罪的人中哪些是可罚的共犯者，则是由分则的各个条文来规定的，这种

---

① 参见蔡墩铭：《唐律与近世刑事立法之比较研究》，台北汉苑出版社1976年版，第200~201页。罗马法关于犯罪参与的规定，常常被误解为二元参与体系的历史源头，但是，这种理解无疑是对罗马法的曲解。

② 1902年《挪威刑法典》被公认为标志着现代欧洲刑法修改时期的开始。

③ 参见［日］木村龟二：《犯罪论的新构造》（下），有斐阁1968年版，第400页。

立法方式只是与一般由刑法总则来规定共犯的方式相反而已，并不能说明该法采用了所谓的单一正犯概念。[①] 由此可见，对于1902年《挪威刑法典》是否采用了单一正犯体系，是存在一些争议的。从目前来看，一般认为，虽然1902年《挪威刑法典》第58条只是关于共犯处罚的规定，共犯形态是由分则来规定的，然而由于分则的共犯规定从概念上对行为类型进行了区分，因此可以将该条理解为单一正犯体系下的刑罚减轻规定。而且，该法典区分了通过正犯者的构成要件实现与共同参与者的构成要件实现，各种共同形态则由分则明确加以规定。例如，该法典第228条第1款关于身体伤害罪的规定是："对他人实施暴力或者以其他方法伤害他人身体者，以及参与实施这些伤害行为者，以身体伤害罪处以罚金或者六个月以下的监禁刑。"又如，第232条第1款关于故意杀人罪的规定是："造成他人死亡或者参与造成他人死亡者，以故意杀人罪处以六年以下监禁刑。"这种立法方式虽然在概念上和类型上规定了特定的犯罪形式，但同时在构成要件上将所有参与者同等对待，因此也属于单一正犯体系的立法。[②]

第一个公认的单一正犯体系立法是1930年现行《意大利刑法典》，该法典第110条规定："当多人共同参与同一犯罪时，除了以下各条的保留以外，对其中的每一个人都处以法律为该罪规定的刑罚。"这就意味着，1930年《意大利刑法典》不区别正犯和共犯，无论以什么方式参与同一犯罪，均为正犯，并且适用统一的法定刑。但是，统一的法定刑并不意味着统一的刑罚，事

① 参见［日］木村龟二：《犯罪论的新构造》（下），有斐阁1968年版，第400~401页。

② 参见［日］高桥则夫：《共犯体系与共犯理论》，成文堂1988年版，第35页。

实上，该法典第 111 条至第 119 条详细规定了刑罚适用的条件，法官必须根据具体的案情和刑法典总则的量刑规定来具体决定各参与者应当承担的责任。①

值得注意的是，虽然 1810 年《法国刑法典》是采用二元参与体系的立法，但是 1932 年法国刑法预备草案第 116 条则被认为是以单一正犯体系为基础的，第 116 条第 1 款规定："重罪或者轻罪的共犯者，处以该重罪或轻罪的刑罚。"第 116 条第 2 款则规定："加重、减轻或阻却刑罚的个人事由，仅对具备该个人事由的正犯或共犯产生效力。"第 116 条第 3 款规定："客观的事由只有在共犯者对其有认识的情况才对其产生效力。"第 117 条进而对重罪或轻罪的共犯者的范围作出了规定。对此，法国学者认为，草案关于犯罪参与的规定与 1810 年《法国刑法典》第 59 条的规定有所不同：1932 年草案规定"重罪或者轻罪的共犯者，处以该重罪或轻罪的刑罚"；而 1810 年《法国刑法典》第 59 条则规定"重罪或轻罪的共犯者，处以该重罪或轻罪之正犯相同之刑罚"。换言之，1932 年草案并不认为正犯与共犯的关系以正犯为基本，而是认为两者之间是相互独立的；而 1810 年《法国刑法典》则是以正犯为基本的规定。因此，虽然该草案第 117 条规定了共犯者的各种形态和共犯者的范围，但是这些仅具有技术上的意义，并不表示正犯与共犯在价值上有任何差异。由此，法国学者普遍认为 1932 年草案采用的是单一正犯体系。②

在 1930 年《意大利刑法典》之后，1939 年《丹麦刑法典》

---

① 参见［意］杜里奥·帕多瓦尼：《意大利刑法学原理》（注评版），陈忠林译评，中国人民大学出版社 2004 年版，第 296 页。

② 参见［日］木村龟二：《犯罪论的新构造》（下），有斐阁 1968 年版，第 402～403 页。

第23条、[①] 1940年《巴西刑法典》第25条以下[②]也采用了单一正犯体系。值得一提的是，在第二次世界大战之后的德国刑法修改过程中，对于是否采取单一正犯体系还是维持二元参与体系，在实务上和学说上曾经有过激烈的争论，虽然立法者最终采取了维持二元参与体系的做法，[③] 但对于与刑法规范性质相近的《秩序违反法》（Ordnungswidrigkeitsgesetz，简称OWIG)，却采用了单一正犯体系。[④] 这种立法方式无疑是为了使犯罪参与论的探讨能有一个更加宽广的视野，以便能对于参与形态的讨论，得以彼

① 1939年《丹麦刑法典》第23条规定："适用于某项犯罪的刑罚法规，适用于通过煽动、劝说或实行而共同实施该犯罪的所有人。对于仅仅实施了不具实质性的帮助的人或者仅仅强化了已经非常坚定的犯罪决意的人，可以减轻其刑。犯罪未达既遂或者企图共同实施的行为没有成功时，亦同。"

② 1940年《巴西刑法典》第25条规定："以任何方法共同参与犯罪者，处以法律为该犯罪预先宣告之刑。"第25条以下是关于量刑的详细规定。

③ 关于1956年《德国刑法典》立法理由书中不采用单一正犯体系的理由，参见［日］齐藤金作：《西德的共犯立法》，载《早稻田法学》第34卷第3、4册；关于1969年《德国刑法典》立法理由书中不采用单一正犯体系的理由，参见韩忠谟：《西德1969年刑法总则编重要立法原则之分析》，载《社会科学论丛》第21辑。

④ 对此，有少数学者认为无论是1974年《奥地利刑法》还是德国《秩序违反法》，在实务上均无法贯彻纯粹的单一正犯体系，而是向区分制倾斜，参见René Bloy：《德国和奥地利近来统一的正犯论的展开倾向》，佐川友佳子译，载《立命馆法学》2005年5号。

此兼顾，同时对于体系的衡量能更为妥善。①

当然，继 1930 年《意大利刑法典》之后，最重要的采用单一正犯体系的立法是 1974 年《奥地利刑法典》。事实上，在此之前，对于 1852 年《奥地利刑法典》是否采用了单一正犯体系，存在极大的争议，该法典第 5 条第 1 款规定："对重罪承担责任者，不仅指直接正犯者，而且，通过命令、劝诱、教示、称赞来推动犯罪行为，故意地提供手段、排除妨害或者无论通过其他任何方法，为犯罪行为的实现提供援助或帮助者，以及同意在犯罪后为正犯者提供帮助或援助，或者只是事先就犯罪所得的分配与正犯者达成合意者，亦同。"第 5 条第 2 款规定："对于正犯者，或者共同责任者或加担者的犯罪可罚性，仅以其身份上的状态为理由免除其责任的阻却事由，不及于其他共同责任者和加担者。"对于这两个条款的规定，存在不同的理解。通说认为，与正犯者相对，第 5 条区分了共同责任者和加担者，共同责任者这一概念包括教唆者和从犯者，加担者这一概念则被理解为心理的帮助者。因此，根据通说的观点，第 5 条所采用的是根据犯罪参与者的形式来区分共犯种类的二元参与体系。与此相对，少数说认为，第 5 条采用的是单一正犯概念，因为第 1 款的类型区分并非价值的个别化而是概念上的个别化，间接正犯者、教唆者和帮助者的当罚性是相同的。换言之，在少数说看来，第 5 条第 1 款并列的是直接的正犯者和间接的正犯者，所采用的正是单一正

① 参见柯耀程：《刑法总论释义》（修正法篇）（上），元照出版公司 2006 年版，第 308 页。对此，我国台湾地区学者林山田和苏俊雄持有不同看法，他们认为德国《秩序违反法》采用单一正犯体系的原因在于"基于行政制裁体系宜较刑事制裁体系简化之理由"或者"基于立法上简化的理由"，参见林山田：《刑法通论》（下册），增订七版，2001 年版，第 42 页；苏俊雄：《刑法总论Ⅱ》，台北大地印刷厂股份有限公司 1998 年版，第 401 页。

犯概念；而第5条第2款规定的则是“参与者的独立可罚性”。①

虽然对1852年《奥地利刑法典》第5条之规定的理解存在差异，但是，对于立法论上应当支持单一正犯体系，当时奥地利刑法学界却存在一致的见解。而且，值得注意的是，1974年《奥地利刑法典》的草案说明书认为1852年《奥地利刑法典》第5条采用了单一正犯体系，该草案说明书指出：“立法者可以用两个完全不同的种类来把握犯罪参与的形式。也可以将所有的参与形态作完全相同的处理，在这种情况下，通过一般的规定，参与的所有形式充足了分则的构成要件，在此，所有的参与者被置于与正犯者相同的规定之下（单一的正犯）。但是，立法者也可以在法律上区分不同的参与形态，也可以特别设置不同的法定刑，由此导出正犯、教唆犯和帮助犯的区别。”该草案说明书认为，1852年《奥地利刑法典》第5条所采用的乃是第一种立法模式，其中正犯与共犯的区别“只不过具有单纯术语上的意义”，因此，新刑法典（即1974年《奥地利刑法典》）应当保持这种立法模式。② 为此，1974年《奥地利刑法典》第12条（所有参与人均作为行为人对待）更为明确地规定：“自己实施应受刑罚处罚的行为，或者通过他人实施应受刑罚处罚的行为，或者为应受刑罚处罚的行为的实施给予帮助的，均是行为人。”第13条（参与人的独立的可罚性）则规定：“数人共同实施应受刑罚处罚的行为的，按责任的大小分别处罚。”自此，奥地利学说上和判例上对于第12条采用了单一正犯体系不再有任何争议。

在英美法系国家中，美国1942年《路易斯安那州刑法典》

---

① 参见［日］高桥则夫：《共犯体系与共犯理论》，成文堂1988年版，第43页。

② 参见［日］高桥则夫：《共犯体系与共犯理论》，成文堂1988年版，第43～44页。

和1967年《纽约州刑法典》也不承认正犯与从犯之区分，而对所有参与犯罪之人，统称为主犯。① 1962年美国法学会《模范刑法典》(Model Penal Code)② 第2.06条虽然也规定教唆、帮助、同意或试图帮助等参与形态，但该条第1款原则上即明确规定了统一处罚原则："凡对于自己之行为或法律上应归责于自己之他人行为或由双方之行为而犯之罪，应对该罪负其责任。"该条第2款第3项又明文规定："他人实施犯罪而为该他人之共犯时，即应对他人之行为负其责任。"因此也被认为采用了单一正犯体系。③

在社会主义国家中，最引人注目的单一正犯体系立法是

① See Donnelly, Goldstein and Schwartz, Criminal Law, 1961, pp. 618 - 619.

② 应当指出的是，虽然美国《模范刑法典》本身不是立法，但是，在过去将近半个世纪的时间内，它对于美国刑法的法典化、刑事审判以及刑法理论研究均产生了深远的影响。众所周知，美国是一个联邦制国家，各州均有各自的刑法典，联邦政府也有单独的刑法规范，但是，值得注意的是，绝大多数州的刑法典和联邦刑法均是以《模范刑法典》为蓝本制定的。与此同时，《模范刑法典》对各州法院和联邦法院的刑事审判实践也产生了重要的影响。各州法院和联邦法院虽然并未将《模范刑法典》及其评注作为权威性的(authoritative)法源，但是通常将之作为有说服力的(persuasive)法源来加以援引。此外，正是在《模范刑法典》的影响之下，美国的刑法理论逐渐走向成熟，出现了许多杰出的刑法理论家。See Sanford H. Kadish, "Fifty Years of Criminal Law: An Opinionated Review," 87 Calif. L. Rev. 343 (1999)。

③ 关于美国《模范刑法典》关于犯罪参与的规定及其理解，参见江溯：《论美国刑法上的共犯：以〈模范刑法典〉为中心的考察》，载陈兴良主编：《刑事法评论》第21卷，北京大学出版社2007年版。

1960 年《苏俄刑法典》,[①] 该法第 17 条第 1 款规定:“两人以上故意共同参与实施故意犯罪,是犯罪参与。”第 17 条第 2 款规定:“犯罪参与者,除了实行犯以外,还指组织犯、教唆犯和帮助犯。”第 17 条第 3 款以下对实行犯、组织犯、教唆犯和帮助犯的定义作出了规定。第 17 条第 7 款则规定:“各犯罪参与者参与犯罪的性质与程度,由法院在量刑时予以考虑。”应当指出的是,1989 年苏联解体以后,1993 年开始对《苏俄刑法典》进行修改,制定《俄罗斯联邦刑法典》,但其中关于犯罪参与的规定基本没有变化。在历史上的社会主义国家中,曾经采用单一正犯体系的还包括 1951 年《保加利亚刑法典》第 18 条以下、1961 年《匈牙利刑法典》第 12 条和 1961 年《捷克刑法典》第 10 条以下。

二、学说史

从学说上看,首先提出单一正犯体系概念的是德国学者、近代学派的代表人物李斯特。对于 1871 年《德意志帝国刑法典》

① 日本学者将 1960 年《苏俄刑法典》的犯罪参与立法称为“包括的共犯体系”,而且,对于“包括的共犯体系”是否等同于单一正犯体系,存在两种不同的观点:一种观点认为,单一正犯体系本来以所有参与者的等置和等罚为原则,另外设置例外的规定,这与只是为了确定共犯参与者范围的“包括的共犯体系”有所不同,参见[日]夏目文雄:《“共谋共同正犯理论”的批判性检讨》,载《爱知大学法经论集法律篇》,第 63 号,1971 年,第 68 页,注 1;另一种观点认为,虽然名称上是“包括的共犯者”,但实际上与包括的正犯概念即单一的正犯概念没有区别,参见[日]木村龟二:《犯罪论的新构造》(下),有斐阁 1968 年版,第 518 页。笔者认为,即使在单一正犯体系下,各参与者的刑罚仍然是由其参与程度决定的,因此等罚原则是不存在的,因此,1960 年《苏俄刑法典》的犯罪参与立法与单一正犯体系实际上没有区别。

第 47 条以下关于共犯的规定，李斯特认为无论是在方法论还是在实践方面都是值得怀疑的。在李斯特看来，正犯与共犯之处罚的理想体系，必须从刑事政策的角度加以考虑。1882 年，在《刑法中的目的思想》中，李斯特对刑事政策的一般性基础进行了探讨，此后他又提出了"新见解对于刑法上基础概念的影响"的问题。在 1893 年召开的国际刑法学会大会上，李斯特发表了题为《论社会学、人类学的研究对刑法基础概念的影响》的演讲，充分表达了从刑事政策角度研究刑法基本概念的思想。对于"混乱的共犯论"，李斯特指出，采用简单的命题——为发生的结果设定条件的人应当为该结果承担责任，就可以消除共犯论中各种杂乱无章的争议，因此，对这个简单的命题没有认识的论文根本是不必要的。① 对于这种观点，李斯特在其教科书的最后一版中从解释论上进行了整理，即"作为从原因这一概念中产生的结果，第一，通过为产生的结果设定条件来参与结果之引起的人，就是引起该结果的人；第二，产生结果的所有条件都是等价的，因此，参与引起结果的各人之间在概念上没有区别；第三，因此，不同的处罚只有在同一法定刑内部方才可以得到正当化。"②

单一正犯概念广为人知，是在 1895 年国际刑法学会的林兹会议之后。林兹会议合并讨论了未遂与共犯，其议题是"新刑

① Liszt, Strafrechtliche Aufsätze Vorträge, 2. Bd. 1905. S. 88. 参见［日］高桥则夫：《共犯体系与共犯理论》，成文堂 1988 年版，第 8 页。

② Liszt, Lehrbuch des Deutschen Strafrechts, 21/22. Aufl., 1919, S. 204. 参见［日］高桥则夫：《共犯体系与共犯理论》，成文堂 1988 年版，第 8 页。应当指出的，在经过施密特修订的李斯特的刑法教科书中，已经将李斯特的这些观点删除了，只是用了一个脚注加以说明。参见［德］弗兰茨·冯·李斯特著，埃贝哈德·施密特修订：《德国刑法教科书》，徐久生译，法律出版社 2000 年版，第 354 页，注 1。

法观对未遂和共犯的立法处理的影响”。这里的“新刑法观”就是指主观主义，“对共犯的影响”就意味着否定共犯从属性。但是，林兹会议并没有形成决议，即使在国际刑法学会内部，对于共犯问题的立法解决仍然是意见纷纭。对于单一正犯概念具有重要意义的是1902年国际刑法学会会议，这次会议对于单一正犯概念的讨论是在更宽泛的法学理论和法学方法论的基础上展开的，该会议的决议在以下几点上对于单一正犯概念具有重要意义：第一，认为单一正犯概念不只是形式的单一正犯概念，也可以在维持参与类型的前提下对各参与类型适用同一法定刑；第二，对于犯罪参与体系，强调从空洞理论的概念建构的优位转向实质正义；第三，有鉴于此，必须反思传统的法定刑和量刑体系。① 在1903年的国际刑法学会会议上，德国分会对1902年的会议决议作出了如下回应：第一，在多人故意实施犯罪行为的情况下，对于各参与者（正犯、共同正犯、教唆犯、帮助犯），适用法律预先宣告的刑罚；第二，对于责任较轻的参与者的刑罚，应当赋予法官根据法律上规定的刑罚予以减轻的权限。② 但是，这些国际刑法学会会议的讨论并没有改变《德国刑法典》上关于正犯和共犯的规定。到了20世纪30年代，随着纳粹在德国的兴起，单一正犯概念被其利用，与“意思刑法”和“具体的秩

---

① Kienapfel, Der Einheitstäter im Strafrecht, 1971, S. 15. 参见［日］高桥则夫：《共犯体系与共犯理论》，成文堂1988年版，第9页。

② Kienapfel, Der Einheitstäter im Strafrecht, 1971, S. 15. 参见［日］木村龟二：《犯罪论的新构造》（下），有斐阁1968年版，第511页。

序思想”一起成为专制统治的工具。①

由于单一正犯体系是作为近代学派的刑事政策的要求而出现的，其所主张的原理很容易与纳粹的“意思刑法”结合在一起，对于法治国家的人权保障而言具有危险性，因此，在第二次世界大战后德国刑法典修改过程中，单一正犯体系遭到了彻底的批判，《德国刑法典》最终仍然维持了传统的正犯与共犯区分体系而没有采取单一正犯体系。20 世纪 70 年代以来，奥地利学者金阿普费尔（Kienapfel）发表了一系列论文，从全新的视角探讨了单一正犯体系的理论基础。金阿普费尔指出，犯罪参与者的法律规制有两个基本问题：首先是构成要件的范围问题，即在多种多样的参与者中谁是可罚的问题；其次是量刑的问题，即根据各参与者的不法和罪责对之进行适当的量刑、实现刑罚个别化的问题。金阿普费尔将这个两个基本问题称为“共同合作的二重性”(Doppelnatur der Mitwirkung)。毫不夸张地说，迄今为止，对于单一正犯体系甚至整个犯罪参与体系而言，这是最重要的理论成果之一。

在金阿普费尔的“共同合作的二重性”理论的影响之下，以往许多主张二元参与体系的学者也开始有意识地反思二元参与体系本身的问题，并且尝试将单一正犯体系的理论引入对二元参与体系的解释论中去。例如，日本学者平野龙一认为，虽然《日本刑法典》在立法上采用了二元参与体系，但是在实务中实

① 如后所述，单一正犯体系并不必然导致“意思刑法”或行为人刑法。事实上，刑法理论与人权保障之间的关系常常被夸大了。对此，日本学者西原春夫指出，对于人权保障的破坏，通常并不是构成要件理论本身说导致的，换言之，构成要件理论只是提供理解作为实定法的刑法的一个框架，其并不必然导致对人权的侵害；毋宁说，真正侵犯人权的是打着罪刑法定旗号的恶法和对法的恶意运用。参见［日］西原春夫：《犯罪实行行为论》，成文堂 1998 年版，第 91 页。

际上采用了单一正犯体系，因此，应当认真地考虑单一正犯体系的可行性。[①] 日本学者木村龟二在研究二元参与体系的各种难题之后，认为单一正犯体系在立法论更为可取，值得在解释上加以运用。[②] 日本学者前田雅英认为，二元参与体系下对参与类型的分类（共同正犯、教唆犯和帮助犯）并非犯罪参与的本质使然，既然在各国都存在犯罪参与现象，那么单一正犯体系就是值得考虑的。[③] 日本学者高桥则夫认为，从立法论的角度上看，单一正犯体系（功能的单一正犯体系）是妥当的，对于二元参与体系下的许多难题，单一正犯体系可以提供非常有益的解决方法。[④] 我国台湾地区学者黄荣坚和柯耀程也表达了类似的看法。[⑤] 虽然这些学者对于单一正犯体系下的不同类型有不同的偏好，[⑥] 但是其基本立场是一致的，即认为传统的正犯与共犯二元参与体系存

① 参见［日］平野龙一：《犯罪论的诸问题》（上），有斐阁 1981 年版，第 135 页。

② 参见［日］木村龟二主编：《刑法学词典》，顾肖荣、郑树周译校，上海翻译出版公司 1991 年版，第 321～329 页。

③ 参见［日］前田雅英：《刑法入门讲义：新的刑法世界》，有斐阁 2000 年版，第 225～226 页。

④ 参见［日］高桥则夫：《共犯体系与共犯理论》，成文堂 1988 年版；［日］木村龟二主编：《刑法学词典》，顾肖荣、郑树周译校，上海翻译出版公司 1991 年版，第 321～329 页。

⑤ 参见黄荣坚：《刑罚的极限》，元照出版公司 1998 年版，第 119～137 页；黄荣坚：《基础刑法学》（下），元照出版公司 2006 年版，第 269 页以下；柯耀程：《变动中的刑法思想》，中国政法大学出版社 2003 年版，第 180～200 页；柯耀程：《刑法总论释义》（修正法篇）（上），元照出版公司 2006 年版，第 289 页以下；柯耀程：《刑法概论》，元照出版公司 2007 年版，第 357～418 页。

⑥ 例如，黄荣坚主张形式的单一正犯体系，认为应当废除一切参与形态的划分；而高桥则夫和柯耀程则主张功能的单一正犯体系。

在缺陷，因此有必要从单一正犯体系的角度进行反思。

三、小结

从上面对单一正犯体系的历史考察可以看出，无论是在立法上还是在学说上，相对于二元参与体系而言，单一正犯体系都占有重要的一席之地。以往我们想当然地认为世界上只有以德日刑法为代表的二元参与体系，殊不知世界上有很多国家采用的是另外一种与之完全迥异的单一正犯体系。既然存在这种体系，那就应当改变以往“一叶障目，不见泰山”的状态，对单一正犯体系进行深入研究，以便探讨其对于我国犯罪参与立法和理论的意义。

第二节　单一正犯体系的两种类型

虽然存在以上诸多采取单一正犯体系的立法例，但是这些立法例之间也存在一定的差异，即有的完全不区分任何参与形态，而有的则对参与形态有所区分。这样，在单一正犯体系内部就形成了两种体系，即形式的单一正犯体系和功能的（即实质的）

单一正犯体系。[①]

一、形式的单一正犯体系

在不区分行为人参与形态的概念中，最简单的单一正犯结构是形式的单一正犯体系（formales Einheitstätersystem）。在这种结构之下，认为行为人的概念只有一个，也就是在参与形态上只有一个行为人的概念，它不论是在参与形态上，还是在刑罚裁量上均为单一，因此又称为单型结构（Eintypensystem）。在这种单型结构中，所有参与犯罪行为之人，根据条件关系的等价观点，均视为同等程度的正犯。因此，所有行为人在概念上的区分，如共同正犯、同时犯等，均属多余。由于参与行为等价，使得单型结构下行为人的不法和罪责的认定也归于单一。行为人对于犯罪事

① 这是金阿普费尔的划分法，日本学者平野龙一的理解与之正好相反。他认为，金阿普费尔所指的形式的单一正犯体系，虽然在形式上没有区分参与形态，但在实质上是单一正犯体系，因此应当称为“实质的单一正犯体系”；而功能的（实质的）单一正犯体系虽然在本质上是单一正犯体系，但由于其区分了参与形态，因此是“形式的单一正犯体系”（参见［日］平野龙一：《刑法总论Ⅱ》，有斐阁 1975 年版，第 341 页）。此外，在关于 1974 年《奥地利刑法典》犯罪参与规定的体系归属，奥地利学者 Burgstaller 主张限缩的单一正犯体系（reduziertes Einheitstätersystem），它与功能的单一正犯体系的出发点相同，认为参与形态所体现的不法内涵，在法律的评价上并不相同。但是与功能的单一正犯体系不同的是，它认为在单一正犯体系中，仍然应当承认从属性原则，即对于诱发正犯和援助正犯的成立，应当从属于直接正犯的故意不法行为，换言之，应当具有限制从属性。只有直接正犯的行为是故意不法的行为时，其他行为人才有处罚的必要性。但是，这样一来，单一正犯体系就脱离了原有的理论特色，而且使其与区分制的差异变得游移（参见柯耀程：《刑法总论释义》（修正法篇）（上），元照出版公司 2006 年版，第 318 ~ 319 页）。在奥地利刑法学界，功能的单一正犯体系是通说。

实的参与，不论全部或一部分，均将犯罪事实全部的不法视为行为人的不法，并且在归责上也不需要依照个别参与行为进行不同罪责的认定。在单型结构中，认为所有参与者的不法内涵相等，因此概念上或法律上的区分均属多余，且认为将参与形态在构成要件层面加以区分，不仅不必要，而且不恰当。[①] 形式的单一正犯体系的代表性立法例是1930年《意大利刑法典》，此外还包括1940年《巴西刑法典》、1932年法国刑法预备草案等。下面仅以1930年《意大利刑法典》为例对形式的单一正犯体系进行说明。

根据意大利刑法学界的理解，犯罪参与，是指由多人共同参与实施同一犯罪。这种犯罪形式，在中世纪的意大利被称为"societassceleris"，后来也被称为"共同参与犯罪"（compartecipazionealreato），或者"犯罪的共同参与"（compartecipazionecriminosa）。不过，现在意大利刑法学界一般都按刑法典的规定，将这种犯罪的表现形式称为"犯罪中人的竞合"（concorsodipersone），简称"人的竞合"（concorsodipersone）或"犯罪中的竞合"（concorsonelreato）。

（一）《意大利刑法典》第110条及其理论基础

《意大利刑法典》第110条规定："当多人共同参与同一犯罪时，对于他们当中的每一人，均处以法律为该犯罪规定的刑罚，以下各条另有规定者除外。"犯罪参与是由多人参与实施的犯罪，那么这种犯罪形态中包含的究竟是一罪，还是数罪呢？关于这个问题，意大利刑法学界曾有不少人主张"数罪说"（teoriapluralistica），认为犯罪参与实质上是犯罪参与者实施的多个不同行为的竞合，因而也是多个犯罪行为的竞合；犯罪参与实际上

① 参见柯耀程：《刑法总论释义》（修正法篇）（上），元照出版公司2006年版，第316页。

应该被称为"竞合的犯罪"而不是"犯罪中（人的）竞合"。不过，认为犯罪参与是由多个主体共同实施的单一犯罪具有统一不可分性质，既是意大利刑法理论传统的观点，也是现在得到多数人支持的主张。意大利现行刑法典有关规定，显然是以犯罪参与是不可分的"一罪说"（teoriaunitaria）为基础。因为，不仅规定犯罪参与的该法典第110条的标题就是"（同一）犯罪中的人竞合"，而且该条还明文规定犯罪参与是"多人共同参与同一犯罪"。[①] 对于《意大利刑法典》第110条之规定的理论基础，存在以下几种有代表性的学说：

1．同等原因力说

这是意大利现行刑法典有关犯罪参与者应承担同等刑事责任的理论基础。意大利1930年刑法典的起草者们认为，总则中有关犯罪参与者刑事责任的规定，之所以能适用到那些刑法分则没有明文规定的行为，是因为犯罪参与及其结果是各个犯罪参与者的行为作为一个整体共同作用的结果，从因果关系的角度分析，每个犯罪参与者的行为都是犯罪参与发生的原因，因而对犯罪结果的产生都应该具有同等的原因力。同时，由于犯罪参与的结果具有统一而不可分的性质，因此就只能推出每个犯罪参与者都应对作为整体的犯罪参与及其结果承担刑事责任的结论。但是，这种观点现已几乎无人支持。[②]

2．从属性说

这种从德国引进的犯罪参与理论，曾在意大利刑法学界占据

① 参见陈忠林：《意大利刑法纲要》，中国人民大学出版社1999年版，第218～219页。

② 参见［意］杜里奥·帕多瓦尼：《意大利刑法学原理》（注评版），陈忠林译评，中国人民大学出版社2004年版，第285页；参见陈忠林：《意大利刑法纲要》，中国人民大学出版社1999年版，第220页。

过绝对的统治地位。这种观点的支持者们认为，分则规定的必须以总则规定来补充，但刑法总则与分则的结合，并不产生与分则规定不同的新罪。因此，根据刑法总则关于犯罪参与的规定，可以将刑法分则规定的犯罪行为扩张到非实行犯的行为。但即使在这种情况下，其他犯罪参与行为仍然只有依附于实行犯实施的符合刑法分则规定的犯罪行为，才可能受到刑罚处罚。换言之，只有刑法分则的规定，才是犯罪参与中非实行犯承担刑事责任的法律依据。只要刑法分则规定的犯罪不成立，犯罪参与者就不应当承担刑事责任。这种理论在意大利流行过一段时间，但现在已经衰落，其主要原因除“从属性”的准确认定是一个理论与实践均没有解决的难题外，主要还在于这种理论要求必须以完整的典型行为（即完全符合分则规定的犯罪构成要件的行为）存在，作为犯罪参与成立的必要前提。这样，这种理论就不能对下列犯罪参与行为进行合理的解释：第一，典型行为不是由一个人单独完成，而是由不同的个人各完成一部分的犯罪参与（如多人同时各捅被害人一刀，造成被害人流血过多而死，但单独看每刀都不致命的共同杀人行为；又如，甲只实施了拿手枪威胁、乙只实施了拿走被害人钱包的共同抢劫行为等）；第二，具有特定身份的主体，教唆或帮助不具有该身份的他人实施以具有特定身体为构成要件的犯罪参与行为（如公务员教唆或帮助单位的勤杂人员拿走自己经管的公款）。①

3. 多主体说

这是当前在意大利刑法学界通说的观点。这种理论认为，有关犯罪参与的总则规定与刑法分则结合后，不是简单地扩张了刑法分则规定的范围，而是产生了一种新的与分则规定并立的犯罪

① 参见［意］杜里奥·帕多瓦尼：《意大利刑法学原理》（注评版），陈忠林译评，中国人民大学出版社 2004 年版，第 281 ~ 282 页。

规范。这种规范规定的犯罪构成，并不要求单独存在一个完全符合分则规定的实行行为，而是以多个犯罪参与者的行为相加必须符合单个主体的犯罪构成为核心，包括一切决定或有利于犯罪参与及其结果发生的行为。这样，一切参与犯罪的行为，不论是帮助行为、教唆行为，还是实行行为；不论实行行为是由一个人单独完成，还是由不同的犯罪参与者分别完成；也不论在要求特定身份的犯罪中，具体行为的实施者是否具有特殊身份，只要他们的行为相加都是符合刑法为单个主体规定的犯罪构成，那每一个犯罪参与者的行为相加都是符合刑法犯罪参与构成要件的行为。①

4. 犯罪竞合说

这是一种与所有其他犯罪参与理论相反的观点，在意大利学界也有很多人支持。在这种理论的支持者看来，刑法总则关于犯罪参与的规定与刑法分则的规定结合后，产生的不是一种与分则规定并立的犯罪，而是需要多个主体参与的多种犯罪。因此，犯罪参与不是统一不可分的单一犯罪，与其说犯罪参与是多个主体共同参与实施同一犯罪（“犯罪人在同一犯罪中的竞合”），还不如说其是由多个主体实施的多个犯罪（“多个犯罪的竞合”）。尽管这些犯罪的构成都要求以他人的参与为成立的前提，但实行犯、帮助犯、教唆犯或者主犯、从犯的构成，在主观和客观方面都有不同要件。采用这种理论，能对《意大利刑法典》中许多关于犯罪参与的规定进行合理的解释，如犯罪参与的情节一般为什么只能减免或加重具有该情节的犯罪参与者的刑罚，共同参与犯罪的人为什么可能构成不同犯罪，对犯罪参与的参与人为什么

---

① 参见［意］杜里奥·帕多瓦尼：《意大利刑法学原理》（注评版），陈忠林译评，中国人民大学出版社 2004 年版，第 282～283 页；参见陈忠林：《意大利刑法纲要》，中国人民大学出版社 1999 年版，第 222 页。

承担不同的刑事责任等。[①]

（二）犯罪参与的成立要件[②]

尽管意大利刑法学界通说认为，他们的刑法并没有给犯罪参与下定义，但绝大多数意大利刑法学者都根据《意大利刑法典》第110条的规定，推出了犯罪参与是指“多人共同参与同一犯罪”的结论。根据这一定义，犯罪参与的构成要求具备下列条件：

1. 多个主体

所谓多个主体，是指犯罪参与行为是由多个自然人主体共同实施的。除了法人不可能成为犯罪参与的主体外，意大利刑法学界的通说认为，“所谓主体的多重性”，“并不等于每一个主体都必须有罪过或其他个人方面的可罚性条件。在多个自然人主体中，如果有人不具备刑事责任能力，或主观上没有罪过，或具备可原谅的理由，或其他排除可罚性的个人原因，并不排除犯罪参与的成立”。尽管在意大利刑法学界也有人支持无刑事责任能力的人以及完全因被诱骗、被强迫参与犯罪的人不是犯罪参与的主体，因为在这种情况下只有利用这些人犯罪的“间接正犯”才是真正的犯罪行为的实施者。但是，无刑事责任能力的人可以成为犯罪参与的主体，在意大利是占统治地位的通说，甚至完全由无责任能力的人共同实施的犯罪也可称为犯罪参与的观点，在意大利刑法学界也相当流行。这里要注意的是，在纯正身份犯

---

① 参见［意］杜里奥·帕多瓦尼：《意大利刑法学原理》（注评版），陈忠林译评，中国人民大学出版社2004年版，第283页；参见陈忠林：《意大利刑法纲要》，中国人民大学出版社1999年版，第223页。

② 参见［意］杜里奥·帕多瓦尼：《意大利刑法学原理》（注评版），陈忠林译评，中国人民大学出版社2004年版，第283～289页；参见陈忠林：《意大利刑法纲要》，中国人民大学出版社1999年版，第223～231页。

（即只可能由具有某种身份的人亲自实施的犯罪，即德日刑法中所谓的“自手犯”）的犯罪参与中，具有身份的人必须是直接实施犯罪行为的人。同时，由于这里的多主体并不要求所有的主体都有罪过，所谓的“间接正犯”（即利用他人的行为实施犯罪的人），也都属于犯罪参与的范畴。①

2. 实施同一犯罪

“实施同一犯罪”，是指所有犯罪参与者中至少有一人的行为“具备犯罪成立所必需的基本的客观要件”。由于构成犯罪未遂的客观条件是犯罪成立客观方面的最起码的条件，因此，“这里所说的具备基本的客观要件，是指至少必须具备犯罪未遂的构成要件”。简单地说，只有在客观上进入了犯罪未遂阶段的行为，才可能构成犯罪参与。在这个问题上，《意大利刑法典》明确地规定“未遂的犯罪参与”（tentativodiconcorso）（即多人企图共同实施犯罪，但没有发展到犯罪未遂阶段的行为）和被教唆人的行为未进入未遂阶段（包括被教唆人没有实施被教唆的犯罪和拒绝被教唆）的教唆犯，不负刑事责任。②

3. 共同参与的行为

犯罪参与成立的第三个条件是“共同参与的行为”，这实际上是如何理解《意大利刑法典》第110条中所说的“共同参与”的含义的问题。但在这个认定犯罪参与是否成立与划定犯罪参与人范围的核心问题上，《意大利刑法典》的规定却相对模糊。按

---

① 参见［意］杜里奥·帕多瓦尼：《意大利刑法学原理》（注评版），陈忠林译评，中国人民大学出版社2004年版，第283～284页；参见陈忠林：《意大利刑法纲要》，中国人民大学出版社1999年版，第224～225页。

② 参见［意］杜里奥·帕多瓦尼：《意大利刑法学原理》（注评版），陈忠林译评，中国人民大学出版社2004年版，第285～289页；参见陈忠林：《意大利刑法纲要》，中国人民大学出版社1999年版，第225～226页。

立法者的初衷，这里的“共同参与行为”本应是指那些对犯罪（包括犯罪结果）的发生具有原因作用，或者说是指那些如果没有它，犯罪行为就不会发生的行为（即按照决定因果关系的“条件说”可以确定与犯罪实施间有因果关系的行为）。但是，目前在意大利刑法学界占统治地位的观点认为，这种刑法典起草者的观点，对犯罪参与行为的限制太严，按此理解，许多在客观上促使了犯罪实施，但对犯罪的实施并不具有决定性作用的行为（如未被实行犯实际利用的帮助行为；那些对犯罪的实行来说，不是必要的帮助行为等），都将被摒除于犯罪参与行为的范畴之外，使这些行为的实施者逃脱应承担的法律制裁。因此，今天的人们一般都认为，“共同参与的行为”这一犯罪参与成立的核心条件，应该理解为各共同参与人对犯罪行为“客观上的‘加功’”，而其具体内容则是，“在犯罪的决意形成阶段、预备阶段或实行阶段，实施能决定或有利于危害结果实现的行为”。这一观点得到意大利刑法学界绝大多数人支持的认识，在意大利新刑法典的代理立法纲要第 26 条第 1 款中已被明确地采用。对所谓有利于犯罪结果实现的行为，该款还进一步明确规定，“只是指能使危害结果的实现更可能、更容易或更严重的行为”。[①]

4. 主观要件[②]

除了上述客观条件外，意大利刑法学界和司法实践（《意大利刑法典》中没有明确的规定）都认为，犯罪参与的成立还需

① 参见［意］杜里奥·帕多瓦尼：《意大利刑法学原理》（注评版），陈忠林译评，中国人民大学出版社 2004 年版，第 285 ~ 289 页；参见陈忠林：《意大利刑法纲要》，中国人民大学出版社 1999 年版，第 225 ~ 226 页。

② 参见［意］杜里奥·帕多瓦尼：《意大利刑法学原理》（注评版），陈忠林译评，中国人民大学出版社 2004 年版，第 289 ~ 293 页；参见陈忠林：《意大利刑法纲要》，中国人民大学出版社 1999 年版，第 228 ~ 231 页。

要一个主观要件。不过，这个主观要件的内容是什么，人们却有不同的认识。根据意大利刑法学界占统治地位的说法，可以概括出这种主观要件的几个特点：

第一，根据《意大利刑法典》第113条的规定，意大利刑法学界认为过失犯罪中的重罪也有犯罪参与的形式，同时也承认某些（个）犯罪参与者的故意行为与另一些（个）主体的过失行为混合而成的犯罪参与形式。

第二，对于故意犯罪来说，犯罪参与的成立需要共同参与人之间有进行沟通的共同的犯罪故意。但是由于无罪过的人和无刑事责任能力的人也可能成为犯罪参与的主体，故这种犯罪参与故意的成立并不一定要求每一个共同参与人都具有犯罪的故意，因此“片面共犯”也是犯罪参与的表现形式。

第三，对于应承担刑事责任的犯罪参与者来说，共同故意的内容也不等于共同实施同一犯罪行为的故意，因为根据《意大利刑法典》第116条第1款的规定，“当实施的犯罪不同于某个共同行为人所希望的犯罪时，如果结果是他的作为或不作为的结果，他也得对该犯罪负责”。“按此逻辑，一个在外为盗窃犯放风的人，就可能为盗窃犯们在房内强奸女主人的行为承担责任”，不过司法实践认为，“如果要共同行为人对某一个他所不希望的犯罪承担责任，该犯罪的结果就必须是行为人能够预见的结果（因此，必须存在某种形式的过失，即使这种过失还不是真正刑法意义的过失）”（这种做法使意大利宪法法院勉为其难地找到了一点认为《意大利刑法典》第116条并不违宪的理由）。

第四，就认定犯罪的主观根据来说，纯正身份犯（如乱伦罪）犯罪参与的成立，要求其他犯罪参与者必须对实行人的特定身份有所认识。至于不纯正身份犯（如贪污罪）的犯罪参与，根据《意大利刑法典》第117条的规定，则不论其他共同参与人是否具有该身份，或者是否认识到自己参与的犯罪因某个参与人的个人条件或身份而改变了性质（如盗窃罪因有利用职务便利的公务员参加而变成了贪污罪），一律应按身份犯定罪（处刑时有区别）。

（三）犯罪参与的刑事责任

《意大利刑法典》第110条规定，除法律另有规定的情况外，“当多人共同实施同一犯罪时，每人按该罪的刑罚处罚”，这就是意大利刑法关于犯罪参与者刑事责任的原则性规定。从该规定中可以看出，不是在立法中将犯罪参与者分为正犯与共犯或者主犯与从犯，并以此为根据先验地决定犯罪参与者刑事责任的大小有无，而是在原则上强调参与犯罪参与的人都受到处罚，并应承担相同的刑事责任，是意大利现行刑法在犯罪参与刑事责任问题上的特点。

意大利现行刑法典的立法者们在规定犯罪参与者应同等地承担相应的责任时，主要基于以下两点理由：第一，每一个参与犯罪的行为，都属于一个有意识的共同行为的有机组成部分，都至少增强了其他犯罪人的犯罪决心和增大了犯罪完成的实际可能性，从逻辑上讲都是犯罪行为及其结果的原因。因此，每一个犯罪参与者都应像对自己的行为负责一样，对整个犯罪参与行为及结果承担责任。第二，就犯罪的发生而言，每一个犯罪参与者的行为都可能是基本的，离开具体的案情，不可能先验抽象地将犯罪参与者划分为不同的类型，并据此确定他们应承担不同的刑事责任。因为，一个在客观方面仅起了辅助作用的帮助犯，完全可能是对犯罪参与的实施起了决定作用的人（如在甲打算无枪便不杀人的情况下，乙给了他一支枪）。[①]

意大利刑法学界认为，尽管从立法背景来看，该规定的产生是为了满足当时的法西斯专制政权更好地镇压犯罪的需要，并且在某种程度上可以说其理论基础是已经过时的，如视任何原因都有同等价值的“因果实证主义”，以及认为犯罪参与行为都是行为人人身危险的象征的“犯罪实证主义”，但是，《意大利刑法典》确立的这一关于犯罪参与者应承担“同等责任”的原则，不仅在理论上具有极大的合理性，消除了传统刑法理论以分工为基础对犯罪参与者进行分类而产生的各种问题（如二元参与体系在正犯、教唆犯的认定及作用等问题上的混乱），而且从实践的角度看，也大大地简化了解决犯罪参与者刑事责任问题的难度，因而能更好地满足司法实践和社会防卫的需要。[②]

当然，犯罪参与者“同等责任”原则，强调的只是不应该（或者说不可能）在立法上先验地根据犯罪参与者的类型来决定刑事责任的大小，并不意味着必须对具体案件中所有的犯罪参与者都应处以相同的刑罚。相反，法官必须根据具体的案情以及《意大利刑法典》第 133 条有关量刑的规定，以及刑法典中规定的一系列适用于犯罪参与的情节，来具体决定各犯罪参与者应承担的责任。[③]

---

① 参见［意］杜里奥·帕多瓦尼：《意大利刑法学原理》（注评版），陈忠林译评，中国人民大学出版社 2004 年版，第 296 ~ 299 页；参见陈忠林：《意大利刑法纲要》，中国人民大学出版社 1999 年版，第 231 ~ 240 页。

② 参见陈忠林：《意大利刑法纲要》，中国人民大学出版社 1999 年版，第 232 页。

③ 关于《意大利刑法典》第 133 条以及犯罪参与者的各种量刑情节，参见［意］杜里奥·帕多瓦尼：《意大利刑法学原理》（注评版），陈忠林译评，中国人民大学出版社 2004 年版，第 296 ~ 298 页；参见陈忠林：《意大利刑法纲要》，中国人民大学出版社 1999 年版，第 232 ~ 240 页。

（四）小结

《意大利刑法典》关于犯罪参与的规定被公认为是形式的单一正犯体系的代表性立法例，该法典第110条规定："当多人共同参与同一犯罪时，对于他们当中的每一人，均处以法律为该犯罪规定的刑罚，以下各条另有规定者除外。"在此确立了形式的单一正犯体系的两个特征：第一，不区分参与形式，所有参与者均为平等的正犯；[①] 第二，所有参与者适用同等的刑罚。对于如何判断一个行为人是否属于犯罪参与的参与者，意大利刑法理论已经从立法者所主张的"同等原因说"转向了"充分原因说"（相当原因说或者客观归责理论）。至于所有参与者适用同等的刑罚，其真正的含义乃是刑罚个别化，即立法不可能先验地认识到各参与者在犯罪参与中的实际作用。为了实现各参与者的刑罚个别化，《意大利刑法典》规定了非常详细的量刑情节，这些量刑情节对于适当地确定各参与者的刑事责任具有重要的意义。

二、功能的单一正犯体系

功能的单一正犯体系的代表性立法例是1974年《奥地利刑法典》和1960年《苏俄刑法典》，此外还包括1930年《挪威刑法典》、1939年《丹麦刑法典》和1962年美国法学会《模范刑法典》等。下面以1974年《奥地利刑法典》功能性单一正犯体系进行说明。

如前所述，1974年《奥地利刑法典》第12条（所有参与人

① 值得注意的是，《意大利刑法典》的犯罪参与规定有向功能的单一正犯体系转向的倾向。例如，意大利刑法典2001年草案第43条（犯罪中人的竞合）第1款规定："任何人参与犯罪的实施，或者决定、教唆其他共同参与人，或为其他共同参与人提供有利于犯罪实施的帮助或明显助于结果实现的协助的人，是共同参与犯罪的人。"

均作为正犯对待）明确规定："自己实施应受刑罚处罚的行为，或者通过他人实施应受刑罚处罚的行为，或者为应受刑罚处罚的行为的实施给予帮助的，均是正犯。"第 13 条（参与人的独立的可罚性）则规定："数人共同实施应受刑罚处罚的行为的，按责任的大小分别处罚。"自此，奥地利学说和判例上对于刑法典采用了单一正犯体系不再有任何争议。但是，对于这种单一正犯体系的具体内容却仍然存在争议。以下从犯罪参与体系之争、犯罪参与规定以及犯罪参与理论三个方面来介绍奥地利刑法学界关于其单一正犯体系之具体内容的争议。

（一）犯罪参与体系之争

虽然对于其刑法典采用了单一正犯体系这一点已经形成了共识，但是奥地利刑法学说对于这种单一正犯体系的具体类型却存在三种观点，即功能的单一正犯体系、限制的单一正犯体系和归责的单一正犯体系。

1. 功能的单一正犯体系

功能的单一正犯体系（funktionales Einheitstätersystem）是奥地利学者金阿普赛尔（Kienapfel）所主张的体系。由于该体系对正犯在概念上和类型上加以区分，因此被称为多类型体系，其特色在于在构成要件的层面对正犯进行概念上的区分。但是，这种正犯的类型化仅仅通过行为样态加以区分，各种正犯的类型在价值上和罪责上是同等的正犯。根据功能的单一正犯体系，直接正犯（unmittelbare Täterschaft）是自己以构成要件描述的方式（法律条文的规定）实现构成要件的人；诱发正犯（Bestimmungstäterschaft）是促成或引起他人犯罪的人；援助正犯（Beitragstäterschaft）是为他人犯罪提供事实上援助的人。其中，诱发正犯包含二元参与体系上的间接正犯。而且，对于诱发正犯和援助正犯而言，不承认从属性原则，贯彻参与者独立的可罚性（各参与者对其固有的不法和罪责承担责任）。在此基础上，金

阿普赛尔展开了功能的单一正犯体系的具体解释论：①

（1）构成要件的明确性。具体内容包括：

①功能的单一正犯体系对构成要件的理解在原理上与二元参与体系相同。

②功能的单一正犯体系维持传统的“文义的构成要件”，因此，将二元参与体系的直接正犯（形式客观说）作为第一个参与形态。

③与二元参与体系相同，功能的单一正犯体系采取类型化的思考。

④与二元参与体系相同，功能的单一正犯体系主张参与的问题首先是构成要件的问题。

⑤与二元参与体系相同，功能的单一正犯体系在构成要件的层面区分数人参与的形态。

（2）参与形态（正犯的参与形态）。具体内容包括：

①与二元参与体系不同，所有的参与形态均为正犯类型。

②与二元参与体系不同的是，功能的单一正犯体系的第一个参与形态是“实行形态”，第二个是“参与形态”。

③功能的单一正犯体系的参与形态划分为“直接的”正犯与“间接的”正犯。

④“间接的”正犯主要划分为“诱发正犯”和“援助正犯”。

⑤“诱发正犯”包括传统二元参与体系下的教唆犯和间接正犯。

---

① Kienapfel, Erscheinungsformen der Einheitstäterschaft, in: Muller – Dietz (Hrsg.), Strafrechtsdogmstik und Kriminalpolitik, 1971, S. 49ff; Kienapfel, Das Prinzip der Einheitstäterschafr, JuS, 1974, S. 6f. 参见［日］高桥则夫：《共犯体系与共犯理论》，成文堂1988年版，第28~32页。

⑥“援助正犯”包括传统二元参与体系下的帮助犯。

⑦“诱发正犯”和“援助正犯”与传统二元参与体系下的共犯类型在价值上、概念上、构成上和功能上无法进行比较。

⑧“诱发正犯”和“援助正犯”不仅在故意犯的情况下，而且在过失犯的情况下（以过失犯有处罚规定为限）同样可罚。“对故意行为的过失共犯”问题单一正犯体系下不成问题，可以转化为过失的“间接的正犯”。

⑨传统意义上的“教唆”、“帮助”、“直接正犯”、“间接正犯”、“共同正犯”、“同时犯”这些概念，在功能的单一正犯体系中没有存在的余地。

(3) 正犯形态与当罚性。具体内容包括：

①与二元参与体系不同，在功能的单一正犯体系之下，形式上的正犯类型并不具有价值上的差异，换言之，它们并不是体现当罚性的类型，而只是法治国家的立法和法律适用的技术而已。

②在当罚性上，“直接的正犯”与“间接的正犯”是相互并列的。

(4) 参与者的独立可罚性。具体内容包括：

①所有的参与者根据其固有的不法和罪责承担责任。

②对于每个参与者的不法和罪责而言，同一个犯罪结果是否成为其他参与者的责任根据，以及其他参与者的责任类型，与之没有关系（全面放弃从属性原则），由此特别产生出与二元参与体系的以下差异：(a) 对于“诱发正犯”和“援助正犯”而言，其他的参与者到底是故意实施行为还是过失实施行为，与之没有关系；(b) 其他的参与者是有责还是无责，与之没有关系；(c) 其他的参与者是否违法地实施行为，与之没有关系；(d) 其他的参与者是否实施了符合构成要件的行为，与之没有关系；(e) 其他的参与者是否实施了行为，与之没有关系；(f) 最后，其他的参与者是否在现场，与之没有关系。

(5) 类型内部的界限。具体内容包括:

①由于各参与形态等价，因此二元参与体系下各种参与类型之间精致的界限在此没有必要，类型之间的界限可以是自由流动的，问题集中在参与类型的外部界限上。

②二元参与体系下处罚规定欠缺的问题在功能的单一正犯体系下不存在。

③由于在价值上同等对待所有的参与形态，因此在功能的单一正犯体系下，对于具体属于哪一种参与形态这种事实层面上难以解决的问题，允许存有疑问，也可以在参与形态间进行选择。

④“存疑时有利于被告”原则的直接适用、类推适用，以及帮助的“收容构成要件”(Auffangtatbestand)，都没有存在的必要。

⑤在单一正犯体系下，这种区别不记载于判决书的主文。

⑥即使在法律上错误地判断了“诱发正犯”和“援助正犯”，或者“直接正犯”和“间接正犯”之间的区别，也没有什么关系。

⑦可以承认不同的参与形态所实现的犯罪间的连续性。

⑧类型认定上的法律错误不得成为上诉的理由。

(6) 未遂的问题。出于刑事政策的考虑，排除帮助未遂的处罚不仅可能，而且很容易。

(7) 犯罪参与的二重性。功能的单一正犯体系严格地区分参与的形式与具体的案件下参与的重要性，前者是构成要件解释的问题，后者是量刑的问题。

(8) 统一的法定刑。具体内容包括:

①由于参与形态等价，因此对于所有的参与形态，原则上统一适用同一法定刑。

②统一的法定刑并不意味着统一的刑罚。

(9) 量刑。具体内容包括:

①与二元参与体系不同，在功能的单一正犯体系下，参与者的当罚性专门作为量刑的层面来把握。

②在功能的单一正犯体系下，区分一般的量刑事由与共同合作关系的量刑事由。

③一般的量刑事由与共同合作关系的量刑事由。

④共同合作关系的量刑事由在概念上、内容上、构造原理上与二元参与体系下的参与形态不一致。

⑤上位原则是完全个别化的量刑原则。这对于参与的各种具体情形具有意义，即轻微的参与者轻微的无价值可以通过加重情节来予以修正，重要的参与者重大的无价值可以通过其他减轻情节来予以补偿。

（10）单一正犯体系与体系二元论。所有参与形态的“正犯属性”（正犯性）乃是参与的“一元论体系”的基础性前提。

由于功能的单一正犯体系在构成要件的层面上采取了类型化的思考，因此具有确保法治国家明确性的优点。至少在共同合作既遂的情况下，各正犯类型之间的界限是不成为问题的，这是因为，对于各正犯类型适用相同的法定刑。而且，通过区分各种正犯类型，可以维持以往刑法分则关于直接正犯的构成要件的解释。此外，与二元参与体系一样，对于没有效果的帮助（帮助未遂）不处罚。这些都被认为是功能的单一正犯体系的优点。但是，功能的单一正犯体系也受到了一些批判，如仅仅以第12条的表述本身为解释基准并不是很充分；诱发正犯和援助正犯应当以直接正犯的可罚行为为前提；各参与者的性质及相互关系不明确。[①]

---

① 参见［日］金子正昭：《数人参与犯罪行为的基本构造：以舒莫勒（Schmoller）的学说为中心》，载《第一经大论集》第16卷第3号，第143页以下。

2. 限制的单一正犯体系

与功能的单一正犯体系相对于的是奥地利学者博格希塔勒（Burgstaller）所主张的限制的单一正犯体系（reduziertes Einheitstäterschaft）。这种限制的单一正犯体系是与二元参与体系极为相近的体系。首先，根据限制的单一正犯体系，各种正犯的形式并不表明其具有相同的法的无价值内容，而是具有不同的价值。其次，对于诱发正犯和援助正犯，应当承认限制从属性，即只有在直接正犯实施了符合构成要件、违法且故意的实行行为的情况下才能予以处罚。这两点与功能的单一正犯体系有决定性的差异。此外，限制的单一正犯体系使用共同正犯和间接正犯（二元参与体系意义上的）的概念，认为间接正犯包含在第12条所规定的第一种正犯类型，即直接正犯之中。而且，各种正犯类型之间的界限通过行为支配（Tatherschaft）来加以划定。最后，限制的单一正犯体系认为，单一正犯体系的基本原理仅仅在于各参与者适用相同的法定刑。①

这种限制的单一正犯体系的主要根据在于《奥地利刑法典》第15条第2款规定援助正犯的未遂不处罚。在限制的单一正犯体系看来，这些规定都是以各参与者之间在价值上的差异为前提的。此外，主张限制的单一正犯体系的根据还包括：如果不承认上述结论，那么就无法区分诱发正犯和援助正犯；诱发正犯唤起了他人的故意，因此无价值性更高。然而，由于限制的单一正犯体系认为在单一正犯体系中应当适用从属性，而且企图借助行为支配的观点，将正犯的概念完全加以涵盖，就使单一正犯的特色几乎丧失殆尽，从而使一元制与二元制之间的界限变得更加不确定。此外，按照限制的单一正犯体系，对于过失犯的参与问题，

① 参见［日］高桥则夫：《共犯体系与共犯理论》，成文堂1988年版，第47页。

远比二元制更复杂，并且更加难以解决。[①]

3. 归责的单一正犯体系

归责的单一正犯体系是奥地利学者舒莫勒（Schmoller）提出的体系。[②] 这种体系在基本方向上与前述功能的单一正犯体系是相同的，其特色在于认为正犯类型的界限应当以客观归责可能性（objektive Zurechenbarkeit）为基准。换言之，《奥地利刑法典》第12条规定了他人的态度的客观归责，在此，判断到底是作为直接正犯来归责还是作为诱发正犯和援助正犯来归责，规范的负责衡量（normative Haftungserwägung）是很重要的。其结果是，与功能的单一正犯体系一样，对于诱发正犯和援助正犯，否定限制的从属性而肯定一种事实上的依存性，即为了成立诱发正犯或援助正犯，直接正犯必须实施客观上可以归责的行为，只要他人对于构成要件的实现没有实施客观上归责可能的行为，那么就能肯定其背后的人的直接正犯性，其他的人为诱发正犯或援助正犯。[③]

（二）犯罪参与规定

1. 《奥地利刑法典》第12条

《奥地利刑法典》第12条体现了单一正犯体系的思想，该条规定："自己实施应受刑罚处罚的行为，或者通过他人实施应受刑罚处罚的行为，或者为应受刑罚处罚的行为的实施给予帮助的，均是正犯。"本条规定了三种正犯，即直接正犯、诱发正犯

---

① 参见柯耀程：《变动中的刑法思想》，中国政法大学出版社2003年版，第192页。

② "归责的单一正犯体系"是日本学者高桥则夫概括出来的名称。参见［日］高桥则夫：《共犯体系与共犯理论》，成文堂1988年版，第48页。

③ 参见［日］高桥则夫：《共犯体系与共犯理论》，成文堂1988年版，第48页。

和援助正犯。围绕本条的主要问题是：首先，各正犯类型的价值是否相同；其次，就诱发正犯和援助正犯而言，是否肯定限制从属性。如前所述，关于这两点，功能的单一正犯体系与限制的单一正犯体系是对立的。

关于各正犯类型的价值是否相同，功能的单一正犯体系认为，虽然将正犯类型化，但并不意味着否定各正犯类型价值的同等性，从各人实现自己的行为、实现同一不法这一单一正犯体系的原理（不法的同价值性）来看，各正犯类型之间并不存在价值上的差异。主张各正犯类型的同价值性的根据在于：首先，第12条也适用于过失犯，既然在这种情况下参与形式之间不存在价值的差异，那么对于故意犯的情形也同样适用；其次，立法资料也肯定各正犯类型的同价值性。与此相对，限制的单一正犯体系则以不处罚援助正犯的规定（第15条第2款）、《奥地利刑事诉讼法》第281条、第314条，以及各参与形式在社会意义的内容上的差异为根据，[①] 认为第12条的各正犯类型之间存在价值上的差异。

关于是否肯定限制从属性的问题，功能的单一正犯体系认为，由于第12条所指的“应受刑罚处罚的行为”包含故意犯和过失犯，而且诱发正犯与援助正犯的区别乃是关于行为决意（Handlungsentschluß）的问题，因此否定限制从属性。与此相对，限制的单一正犯体系则认为，诱发正犯和援助正犯在法条的

---

① 奥地利学者特里夫特尔（Triffterer）指出，“社会意义内容”与“法的意义内容”是有所不同的，因此，二者并不具有同一性，第12条表明法的意义内容对于所有正犯都是相同的，而社会意义的内容作为各参与者的贡献在事实上的重要性，是量刑的问题。这是因为，量刑的基础在于社会的现实性（实在性）。参见［日］高桥则夫：《共犯体系与共犯理论》，成文堂1988年版，第51页。

表述上就是以直接正犯的应受刑罚处罚的行为为前提的；而且，如前所述，如果不肯定限制从属性，那么诱发正犯与援助正犯之间的区别就不明确了；此外，诱发正犯的未遂受处罚，而援助正犯的未遂不处罚，就是因为前者使他人产生故意，因此无价值性高。因此，第 12 条承认了限制从属性。根据功能的单一正犯体系，由于否定了限制从属性，因此为了诱发正犯和援助正犯要成立违法，并不以直接正犯的违法为必要，只要存在一种事实的依存性即为已足。所有的参与者只有在构成要件被实现的场合才承担既遂的责任。这是因为，各参与者通过直接的并且通过对全体事项的贡献来实现构成要件，乃是单一正犯体系的理论结论。与此相对，未遂直接开始于各参与者的实行行为着手的时候，参与未遂（除了援助正犯以外）与对未遂的参与被认为是可罚的。①

2.《奥地利刑法典》第 13 条

《奥地利刑法典》第 13 条规定了参与者独立的可罚性：“数人共同实施应受刑罚处罚的行为的，按责任的大小分别处罚。”本条是考虑了多数人参与的责任刑法（Schuldstraftrecht）的规定。换言之，任何人不得对他人的不法和罪责承担责任，他人没有责任的情况下也不对本人有利，即规定了责任的个别化。前者的情况，如母亲在自己的婴儿出生之时参与杀害该婴儿的情况下，该母亲按照《奥地利刑法典》第 79 条规定的生产时杀害婴儿罪处罚，而其他的参与者则按照《奥地利刑法典》第 75 条的谋杀罪处罚。后者的情况，如即使只有参与者中的一人存在《奥地利刑法典》第 42 条（行为缺乏当罚性），也不对其他的参

① 参见［日］高桥则夫：《共犯体系与共犯理论》，成文堂 1988 年版，第 50 ~ 52 页。

与者加以考虑。①

但是，奥地利学者特里夫特尔（Triffterer）认为，仅从第13条的规定无法得出刑法典采用了何种单一正犯体系的结论。这是因为，这样采用了限制从属性而非严格从属性的规定在二元参与体系的立法中也存在。例如，《德国刑法典》第29条（参与者独立的可罚性）也规定："对每一个参与者，都不考虑他人的责任而根据其责任予以处罚。"然而，1974年《奥地利刑法典》与该刑法典的草案说明书明确指出，根据第13条，诱发正犯和援助正犯的责任不以直接实行者故意和有责的行为为条件，因此，如果说该条是规定故意的个别化的条款，那么可以说采取的功能的单一正犯体系。②

3.《奥地利刑法典》第14条

《奥地利刑法典》第14条第1款规定：法律规定行为的可罚性或刑度取决于正犯的特定的个人特征或关系的，即使参与人中仅一人具有此等特征或关系，所有参与人均适用该法律规定。行为不法取决于具有特定的个人特征或关系的正犯直接实施应受刑罚处罚的行为，或者以特定方式参与应受刑罚处罚的行为的，必须满足该条件时，始可适用前句之规定。第2款规定：特定的个人特征或关系仅涉及罪责的，前款规定只适用于具备此等特征或关系的参与人。一般认为，第14条第1款前段规定的是不法要素适用于所有的参与者。因此，作为不法要素的特征或关系，只要参与者中的一人存在即为已足。对于这一规定，奥地利学者特里夫特尔认为，这一规定仅适合于单一正犯体系，这是因为，

① 参见［日］高桥则夫：《共犯体系与共犯理论》，成文堂1988年版，第52页。

② 参见［日］高桥则夫：《共犯体系与共犯理论》，成文堂1988年版，第52页。

根据单一正犯体系，各参与者均直接地实现全部构成要件，因此参与者中的一人充足不法要素即为已足；而金阿普赛尔则认为该规定是对单一正犯体系原理（各参与者仅对其固有的不法承担责任）的破坏。第14条第1款后段规定的是自手犯的情形，在这种情形下，直接实行者必须具备特别的特征或关系。与此相对，第14条第2款则规定，在某个参与者的特征仅与其罪责相关的情况下，这一特征对其他参与者不产生作用，即认为罪责是个人的非难可能性。①

由此可见，《奥地利刑法典》第14条区分了不法要素和罪责要素，并规定前者是连带的，后者是个别的。不法要素和罪责要素根据实质的不法概念进行区分。不法包含主观不法和客观不法。根据功能的单一正犯体系，所有的主观特征必须存在于各参与者自身，而且义务违反也可以由客观特征来形成，因此，参与理论（相互负担）只有在客观的构成要件范围内才是可能的。这样一来，第14条第1款的适用范围就仅限于客观的不法要素，而主观的不法要素则是独立的，必须根据各参与者的不同而进行个别的考察。第14条第2款规定了罪责的个别化，与第13条对比，可以说是当然的规定。

4.《奥地利刑法典》第33条和第34条

《奥地利刑法典》第33条第3款、第4款和第34条第1款第4项、第6项被认为是共同合作关系的量刑事由（mitwirkungsbezogene Strafzumessungsgründe）：

第33条　特别的从重事由

正犯具备下列情形之一的，构成特别之从重处罚事由：

---

① 参见［日］高桥则夫：《共犯体系与共犯理论》，成文堂1988年版，第53～54页。

(3) 教唆他人实施应受刑罚处罚的行为的；

(4) 发起者或教唆犯参与了数个应受刑罚处罚行为之一或在此等应受刑罚处罚行为中起主要作用的；

第 34 条　特别的减轻事由

(1) 正犯具备下列情形之一的，构成特别之减轻刑罚事由：

4. 行为是在第三人的影响下实施的，或因为恐惧或服从命令而实施的；

6. 在数人共同实施应受刑罚处罚的行为中仅起辅助作用的。①

如前所述，这些是考虑了参与多样性的规定。根据功能的单一正犯体系，所有的参与者在构成要件的层面（不法）上是等价的，参与的社会意义内容仅在量刑层面予以考虑。② 与此相对，限制的单一正犯体系则认为，不法已经通过各正犯的类型化予以阶层化了，因此这些条文就不是关于共同合作的特有条款。从第 33 条和第 34 条的从重事由和减轻事由来看，其采用了与第

① 此外，《奥地利刑法典》第 32 条对量刑的一般原则作出了规定：(1) 正犯的责任是量刑的基础。(2) 法院在量刑时，应权衡对正犯有利和不利的情况，还应考虑到刑罚和行为的其他后果对正犯将来在社会生活中的影响。尤其应注意行为在多大程度上反映正犯的思想，行为在多大程度上取决于与受法律保护的价值相关之人容易理解的外在情况和行为动机。(3) 一般而言，正犯造成的损害或危害越大，或者损害虽不是由正犯直接造成，但为其罪责所及，正犯的行为所侵害的义务越多，对其行为考虑越成熟，准备越充分，或者在实施时越无所顾忌的，量刑越严厉。

② 金阿普赛尔指出，单一正犯体系的犯罪参与立法并不是要在解释论的层面实现个别化，而是通过富有弹性和精练的量刑规定来实现刑罚的个别化。与此相对，二元参与体系不仅企图在解释论而且企图在量刑论的领域实现个别化。参见［日］高桥则夫：《共犯体系与共犯理论》，成文堂 1988 年版，第 57 页。

12 条不同的用语，与第 12 条的正犯类型并不一致，因此，这些规定可以说是考虑了构成要件层面法律的、概念的确定是各参与者事实上独立的重要性的条款。在这个意义上就可以理解共同合作关系的量刑事由。①

(三) 犯罪参与理论

1. 直接正犯②

根据功能的单一正犯体系，直接正犯是指为构成要件实现作出最终的共同合作性贡献者。这种贡献的事实上的重要性不成为问题。换言之，只有直接实行的人才是直接正犯，其他的正犯均为诱发正犯和援助正犯。在伴随部分的实行行为的多行为犯（mehraktige Delikte）的情况下，为部分的实行行为作出贡献的人也是多行为犯的直接正犯，一般认为共同正犯（二元参与体系意义上的共同正犯）的概念没有必要，因为所有的参与者都是相同的正犯，只要作为多数的直接正犯来把握即为已足。

根据限制的单一正犯体系，各种正犯类型根据行为支配的有无来加以区别，因此，直接正犯是有行为支配的人。如前所述，二元参与体系上的间接正犯也属于直接正犯的范畴。但是，应当注意的是，在单一正犯体系上，间接正犯（mittelbare Täterschaft）这一用语乃是诱发正犯和援助正犯的上位概念，因此被称为第二次的直接正犯（verdeckter mittelbare Täterschaft）。在存在共同的行为支配的情况下，各正犯作为共同正犯（共同正犯）来把握。

根据归责的单一正犯体系，直接正犯是为构成要件的实现作

① 参见［日］高桥则夫：《共犯体系与共犯理论》，成文堂 1988 年版，第 54 页。

② 参见［日］高桥则夫：《共犯体系与共犯理论》，成文堂 1988 年版，第 57 ~ 58 页。

出最终的且客观上有归责可能性贡献者。与功能的单一正犯体系不同，构成要件的特征单纯的充足并不充分。如前所述，在客观上无法对最终的正犯归责的情况下，就必须追溯至其之前的正犯，在客观上可以对正犯归责的情况下，该正犯就是直接正犯。除此之外的正犯，无论其贡献的重要性如何，均为诱发正犯或援助正犯。换言之，作出最终的且客观上有归责可能性的贡献者通常是直接正犯，即使其由于缺少某种犯罪构成要素而不受处罚，也不会改变其作为直接正犯的地位。这一点与主张各正犯的贡献具有相同价值的功能的单一正犯体系是一致的。此外，与功能的单一正犯体系相同，在多行为犯的情况下有修正的必要。在共同正犯的概念在分担行为的同时实现的情况下使用。

2. 诱发正犯①

诱发正犯是决定他人实施应受刑罚处罚之行为的行为者。一般认为，任何自愿的行为都足以构成诱发。诱发必须指向具体的目标，但是不必详细地表现行为客体和可罚行为的情形。在故意的诱发的情况下，诱发者的故意必须直达可罚行为的既遂。而且，诱发者仅在其诱发的范围内承担责任。

关于以上几点，奥地利学说并无争议。有争议的是，诱发是否仅限于故意的诱发还是包括过失的诱发，以及是否仅限于对故意犯的诱发还是包括对非故意犯的诱发。功能的单一正犯体系肯定通过故意或过失对故意犯或非故意犯的诱发。无论是在直接的实行行为者合法的情况下还是在因身份不存在而不符合构成要件的情况下，诱发正犯都是可能存在的。换言之，即使在直接正犯不存在的情况下也承认诱发正犯，其结果是肯定没有承认没有共同合作者的共同合作（Mitwirkung ohne Mitwirkend）。在这个意义

① 参见［日］高桥则夫：《共犯体系与共犯理论》，成文堂 1988 年版，第 58 ~ 59 页。

上，功能的单一正犯体系是将诱发正犯作为一种收容正犯（Auffangtäterschaft）来把握的。但是，诱发正犯自己必须实施了客观上可以归责的行为。

根据限制的单一正犯体系，由于肯定限制从属性，因此，诱发正犯的成立必须以直接正犯实施了符合构成要件、违法且故意的实行行为为前提，而且诱发仅限于故意的情形。从反面来看，诱发正犯必须不具备行为支配。在具备行为支配的情况下，如在诱发不符合构成要件、合法且非故意的行为的情况下，诱发者就是前述第二次的直接正犯。

根据归责的单一正犯体系，诱发正犯是故意或过失制造符合构成要件并且客观上有归责可能的行为之风险的人。诱发行为只要制造风险即为已足，至于是故意的行为还是非故意的行为并不重要。但是，如前所述，在被诱发的人没有实施客观上有归责可能之行为的情况下，诱发者是直接正犯。

3. 援助正犯①

援助正犯是直接正犯和诱发正犯以外、为构成要件的实现作出因果贡献者。这里的贡献不仅包括提供物理的条件，也包括在心理上促进可罚的行为。根据《奥地利刑法典》第 15 条第 2 款，援助正犯的未遂不处罚；但是，未遂犯的援助正犯则是可罚的（第 15 条第 1 款）。②

关于援助正犯的争议在于如何区分援助正犯与直接正犯，以

---

① 参见［日］高桥则夫：《共犯体系与共犯理论》，成文堂 1988 年版，第 59～60 页。

② 《奥地利刑法典》第 15 条第 1 款规定：对故意行为的刑罚威慑除适用于实行终了的行为外，同样适用于未遂及未遂之每个参与人。第 2 款规定：正犯决定实施应受刑罚处罚的行为，或者通过他人实施应受刑罚处罚的行为（第 12 条），通过直接的预备行为参与应受刑罚处罚的行为的，是行为未遂。

及对于援助正犯是否承认限制从属性。功能的单一正犯体系主张故意或过失地对故意犯或非故意犯的援助；限制的单一正犯体系承认故意地对故意的实行行为的援助；归责的单一正犯体系则肯定故意或过失地增加符合构成要件且客观上有归责可能的行为的风险的援助。

4．诱发正犯的未遂①

根据《奥地利刑法典》第15条第2款，诱发正犯的未遂与可罚行为本身的未遂作同样处理。诱发正犯在诱发行为的直接实行或者开始直接地先行于该实行之前的行为之时成立未遂。直接正犯是否实行可罚的行为，对诱发正犯而言原则上不重要。

根据功能的单一正犯体系，在故意或过失地诱发他人直接地实行可罚行为的情况下肯定诱发正犯的未遂，这种直接实行的事实的和法律的特征不影响诱发正犯的可罚性。根据限制的单一正犯体系，只有在唤起他人实行故意犯罪的决意的情况下才肯定诱发正犯的未遂。根据归责的单一正犯体系，在诱发他人实施符合构成要件且在客观上有归责可能性的故意或非故意行为的情况下肯定诱发正犯的未遂。

5．判例的立场②

从奥地利判例的立场上看，虽然判例没有明确表态，但是可以说基本上采取的是功能的单一正犯体系或归责的单一正犯体系。因为判例一般肯定各正犯类型在法律上的等价性，而且判例否定了限制从属性，认为对于非故意行为的诱发也是诱发正犯。

判例没有给直接正犯下定义，但是一般认为直接正犯是在可

---

① 参见［日］高桥则夫：《共犯体系与共犯理论》，成文堂1988年版，第60页。

② 参见［日］高桥则夫：《共犯体系与共犯理论》，成文堂1988年版，第60～62页。

罚行为的直接实行中积极的共同合作者。因此，在预备阶段实施参与行为者不是直接正犯。而且，判例不承认第二次的直接正犯。

判例使用了共同正犯的概念。所谓共同正犯，是指在可罚行为的实行阶段在有认识和意欲的心理之下积极地参与共同合作者。判例通过共同正犯的概念扩张了直接正犯的概念。换言之，只要存在实行阶段的共同合作，并不需要全体共同合作者均实施实行行为本身。判例认为，在参与者实行可罚行为之时，最初只是单纯到现场、表明在必要的时候才介入共同正犯已经实行的可罚行为之意图的人，也是共同正犯。这种共同正犯的理解表明判例试图在构成要件层面就考虑各种参与在事实上的重要性。在继续犯的情况下，判例认为，共同正犯这种直接正犯直到犯罪终了都是可能的。在多行为犯的情况下，尽管正犯只参与了部分的行为，但仍肯定构成共同正犯。判例也承认承继的共同正犯。

关于诱发正犯，如前所述，判例肯定对故意或非故意行为的诱发，从而否定了限制从属性。但是，判例所说的“唤起可罚行为的决意”，到底是指唤起故意还是指唤起行为意思，不甚明了。

关于援助正犯，判例认为故意或过失地实施对故意或非故意行为的援助者均为援助正犯。援助行为是指从物理上或心理上促进可罚行为，而且必须直到既遂都是有效的。

关于诱发正犯的未遂，判例认为与犯罪的未遂相同。

以上只是表明奥地利判例的基本立场。当然，一方面，有的判例也偏离了上述立场。例如，有判例主张，诱发正犯或援助正犯的可罚性以直接正犯之间的构成要件符合性和违法性为前提，这实际上是限制从属性的立场。但是，另一方面，有的判例则指出诱发正犯与直接正犯之间仅存在事实的关联性。

（四）小结

以上就《奥地利刑法典》的单一正犯体系之争、法律规定以及参与理论进行了考察。那么，应当认为《奥地利刑法典》采取了哪一种单一正犯体系呢？从奥地利学说和判例的主流观点来看，《奥地利刑法典》采取的不是限制的正犯体系，而是功能的单一正犯体系或归责的单一正犯体系。[①] 从《奥地利刑法典》第 12 条的规定来看，不仅直接正犯，而且援助正犯和帮助正犯都被认为是实施应受刑罚处罚的正犯，这正是表明各参与者对于自己的不法和罪责负责的单一正犯体系之原理的规定。因此，认为《奥地利刑法典》采用了与二元参与体系类似的限制的单一正犯体系的学说并不值得采信。从以下理由也可以看出，各参与者具有同等的价值。首先，根据第 12 条，各正犯类型适用相同的法定刑，这可以说是各参与者等价的必然结论。其次，第 12 条不仅适用于故意犯而且适用于过失犯。一般认为，在过失犯的情况下，由于不区分各参与者的形式，因此采用的是单一正犯体系。由此来看，在故意犯的情况下也应当作同样的理解。根据第 12 条，单一正犯体系就不会陷入故意犯适用二元参与体系，而过失犯采用单一正犯体系这种体系的二元论之中，而是可以贯彻体系的一元论。最后，共同合作关系的量刑事由规定也表明各正犯类型之间是等价的。这些规定的存在，可以视为各参与者在构成要件的层面即各参与者的不法层面具有相同的价值。

但是，如前所述，限制的单一正犯体系之所以认为各参与者之间具有价值上的差异，其根据在于《奥地利刑法典》第 15 条第 2 款规定援助正犯的未遂不处罚。但是，这一规定可以从未遂的概念来加以说明，即未遂的客观构成要件在于制造危险，在单

---

① 参见［日］高桥则夫：《共犯体系与共犯理论》，成文堂 1988 年版，第 65 页。

纯的危险增加的援助正犯的情况下，其未遂阶段还不具有充分的可罚性。因此，第15条第2款并不是关于犯罪参与的规定，而是关于未遂的规定。

至于对诱发正犯和援助正犯是否应当肯定限制从属性，由于《奥地利刑法典》采取的功能的单一正犯体系或归责的单一正犯体系，因此不能认为诱发正犯和援助正犯对于直接正犯存在限制从属性，彼此之间仅存在事实上的依存性。

三、两种单一正犯体系的比较

（一）共同点[①]

无论是以意大利为代表的形式的单一正犯体系立法还是以奥地利为代表的功能的单一正犯体系立法，都符合以下基本原理：第一，以刑法上重要的方法共同合作、实现构成要件的各参与者，都是正犯，因此，单纯的对于犯罪行为的共犯并不存在；第二，各参与者对于自己实施的行为负担责任，而且直接负担刑罚规定的责任，因为每个参与者实现的是自己的不法和罪责；第三，所有的参与行为在不法内容的价值上是相同的；第四，原则上排除多数参与者对其中某一个参与者的依存性（从属性）。具体而言，两种单一正犯体系具有如下共同点：

1. 正犯的前提条件

根据单一的正犯体系，犯罪的客观构成要件是由共同合作的全体参与者共同实现的。因此，正犯不仅限于自己亲自实行构成要件行为的人，而且包括运用刑法上重要的方法、通过他人来实现构成要件的参与者。由于所有的参与者都是正犯，因此各参与者必须具备犯罪行为的其他全部要素。这些要素要根据每个参与

① 参见［日］金子正昭：《刑法上多数参与犯的理论》，载《第一经大论集》第23卷别册，1993年版，第132～133页。

者的情况来加以考察，只要个别的正犯具备这些前提条件即为已足。这是因为，单一的正犯体系不承认从属性原则。

2. 未遂犯与既遂犯

单一的正犯体系也以正犯的可罚行为为前提。因此，在构成要件实现的情况下，如杀人罪，只有在被害人的死亡发生的情况，各正犯才能作为既遂犯来处罚，因为各参与者是实现构成要件的人。而且，各参与者的未遂根据其自身与不法结果的关系来加以判断，直接正犯是否达到未遂并不重要。

3. 从属性的不必要

单一正犯体系不以从属性原则为必要，因为各参与者无论其参与的贡献程度如何，都是自己实现全体构成要件，其在刑法上的判断不依赖法律对其他正犯的判断。

4. 不法的同价值性与量刑的个别化

虽然各参与者在构成要件实现不法的层面上具有同等的价值，而且原则上适用同一刑罚，但是，这并不意味着各参与者的刑罚完全相同。事实上，单一正犯体系不仅规定一般的量刑原则，而且规定特别的共同合作关系的加重事由或减轻事由，以便实现量刑层面的刑罚个别化。

(二) 不同点

对于形式的单一正犯体系，金阿普费尔指出，由于其完全统一了二元参与体系下的正犯形式与共犯形式，因此会对体系的问题和量刑的问题产生影响。就体系的问题而论，《德国刑法典》第25条以下的共犯规定仅适用于故意犯的犯罪参与，与此相应，过失犯不适用第25条以下的规定，换言之，对于过失犯适用单一的正犯体系，这就是所谓的体系二元论。如果采取形式的单一正犯体系，就会导致废除二元论而倒向一元论。[①] 就量刑的问题而言，由于解释论方面的后退，导致“量刑”的领域前置。二元参与体系下在解释论层面遭遇的各种困难，在形式的单一正犯体系之下全部交由法官在量刑阶段处理。[②] 但是，在形式的单一正犯体系下，完全填补二元参与体系下的处罚空隙与未遂概念的扩张会导致可罚性无限扩大的危险。而且，将当罚性的问题仅作为量刑的问题，这就会危害构成要件的保障机能。的确，单一正犯体系的量刑事由是共同合作关系的量刑事由，与二元参与体系下的正犯与共犯的区分标准没有关系，但是，金阿普费尔指出，形式的单一正犯体系是存在疑问的，即“共同合作关系的量刑事由”的形成难以克服构成要件层面的单纯化这个问题。如果这种量刑事由一直以来就是与正犯和共犯的区分标准相同的东西，那么德国刑法严格遵守的确定性原则就根本无法在形式的单一正犯体系中实现。这是因为，这种体系不仅排斥了二元参与体系下传统的构成要件的解释论范畴，而且要求从根本上改变构成要件的保障机能和一直以来的故意犯的解释方法。[③]

金阿普费尔认为，功能的单一正犯体系与形式的单一正犯体系相同，认为各种参与形态在价值上是相同的，但仍维持其在概念上和类型上的区别。由于功能的单一正犯体系只是在概念上区

---

① Kienapfel, Erscheinungsformen der Einheitstäterschaft, in: Muller-Dietz (Hrsg.), Strafrechtsdogmatik und Kriminalpolitik, 1971, S. 27f. 参见［日］高桥则夫：《共犯体系与共犯理论》，成文堂1988年版，第26页。

② Kienapfel, Erscheinungsformen der Einheitstäterschaft, in: Muller-Dietz (Hrsg.), Strafrechtsdogmstik und Kriminalpolitik, 1971, S. 28. 参见［日］高桥则夫：《共犯体系与共犯理论》，成文堂1988年版，第26页。

③ Kienapfel, Erscheinungsformen der Einheitstäterschaft, in: Muller-Dietz (Hrsg.), Strafrechtsdogmstik und Kriminalpolitik, 1971, S. 29. 参见［日］高桥则夫：《共犯体系与共犯理论》，成文堂1988年版，第26页。

别各种参与形态，因此这种体系仍然属于单一正犯体系，这是因为，在此各种参与形态在价值上、本质上和责任上是相等的正犯，全部适用同一个法定刑。金阿普费尔指出，功能的单一正犯体系中参与形态的类型化与参与形态相结合，与立法者所描述的构成要件的基准相关联。换言之，以法定的构成要件所描述的方法充足构成要件的是“直接正犯”，以其他方法参与构成要件实现的是“间接正犯”。间接正犯根据其现象的形态可以细分为“诱发正犯”和“援助正犯”。[①] 功能的单一正犯体系与形式的单一正犯体系的本质区别即在于存在这种细分化的参与形态。形式的单一正犯体系是单一正犯的单一类型体系，而功能的单一正犯体系者是复数正犯的复数类型体系。由于功能的单一正犯体系在构成要件的层面充分地考虑了类型化思考，因此可以避免缺乏法治国家的保障这种批判。在此，各种参与形态是正犯的现象形式，其类型与二元参与体系下的正犯和共犯具有同样的存在论上的性质。相对于形式的单一正犯体系，功能的单一正犯体系更为妥当。[②]

由于功能的单一正犯体系在构成要件的层面充分考虑了类型化，因此在解释论的层面具有如下长处：首先，由于区分各种不同的参与形态，因此可以维持二元参与体系下关于直接正犯的构成要件解释，换言之，可以维持“实行行为等于直接的正犯”这种架构。其次，通过设置各种参与类型，在构成要件层面就可以确保不失去法治国家的明确性。而且，各种参与类型之间的界

① 这里金阿普费尔是以1974年《奥地利刑法典》关于犯罪参与的规定来加以说明的。

② Kienapfel, Erscheinungsformen der Einheitstäterschaft, in: Muller - Dietz (Hrsg.), Strafrechtsdogmstik und Kriminalpolitik, 1971, S. 35f. 参见［日］高桥则夫：《共犯体系与共犯理论》，成文堂1988年版，第27页。

限在犯罪参与既遂的情况下完全没有问题，因为对于各种参与类型适用同一法定刑。最后，功能的单一正犯体系中各种参与形态的区别与二元参与体系一样，可以排除被称为“没有效果的帮助”这个领域。①

四、小结

虽然同属于单一正犯体系，但是由于对犯罪参与规定方式的不同，在单一正犯体系内部形成了形式的单一正犯体系和功能的单一正犯体系两种不同的体系：形式的单一正犯体系完全不区分参与形态，而功能的单一正犯体系则对参与形态有所区分。但是，由上述分析可以看出，单一正犯体系的本质并不在于是否区分不同的参与形态，因为即使在功能的单一正犯体系下，不同的犯罪参与形态也没有刑罚制裁资格上的重要性，刑法并不因为犯罪参与形态的不同而就其法律效果作规范上的层级区分。此外，在单一正犯体系内部，对于犯罪参与者的具体处罚规定也有所差异：绝大多数立法例只是原则性地规定对各参与者适用统一的法定刑，同时规定根据各参与者的性质和程度进行处罚；而有的立法例除了规定各参与者适用统一的法定刑以外，还规定了对于某些参与者的特别减轻事由。但实际上，在没有规定这样的特别减轻事由的情况下，法官仍然会根据各参与者的性质和程度进行量

---

① Kienapfel, Das Prinzip der Einheitstäterschafr, JuS, 1974, S. 6. 参见［日］高桥则夫：《共犯体系与共犯理论》，成文堂 1988 年版，第 27 ~ 28 页。但是，对金阿普费尔的这种观点，有学者批判道，不处罚帮助未遂就意味着在实质上区分了正犯与共犯，这与单一正犯体系是矛盾的。但是，也有学者反驳道，不应当混淆正犯与共犯的区分问题与是否处罚特定的参与形态的问题，在《奥地利刑法典》上，排除对特定的参与类型的处罚，不是在参与类型的层面而是在未遂概念的定义中进行的。参见［日］高桥则夫：《共犯体系与共犯理论》，成文堂 1988 年版，第 33 页，注 12。

刑，因此这些差异实际上并不是实质性的。

第三节 单一正犯体系的理论基础

传统上，对于单一正犯体系的理论基础，主要是从因果关系中的条件说来论证的，即所有参与不法构成要件实现的条件都是等价的，因此都应当受到同等处罚。

一、条件说的反思

德国学者梅茨格尔（Mezger）曾经指出，因果关系是“所有刑法上责任的下限”（Untergrenze），“所有刑法上的共犯理论的学问出发点是因果论。”[①] 单一正犯体系的形成，同样受到因果关系理论的影响，其中对单一正犯体系具有决定性意义的是条件理论。条件理论认为，所有参与犯罪行为实现的条件（即行为），在评价上是等价的。所有参与犯罪事实实现的人，在参与形态上并不加以区分，换言之，即使是在二元参与体系下的共犯行为，在条件理论之下，其行为仍为对于犯罪事实结果发生所不能想象其不存在之条件。[②] 而基于所有条件等价的观点，无论其为参与构成要件的行为或者构成要件以外的行为，只要对犯罪行为实现而言不可或缺，都应当视为正犯。

---

① 参见［日］林干人：《刑法的基础理论》，东京大学出版会1995年版，第159页。

② 在这个意义上，区分制下的直接正犯与单独正犯是有根本区别的，虽然同样是直接实现构成要件事实，但是区分制的直接正犯毕竟是在有其他共犯参与的情况下才实现该构成要件事实的，不能假定这些共犯不存在。事实上，假定这些共犯不存在、无视正犯与共犯之间的共同合作关系，正是区分制的问题之一。

在立法上，1930年《意大利刑法典》中关于犯罪参与的规定正是以条件说为基础的。对此，该法草案的司法大臣报告书解释道："关于多人共同参与同一犯罪行为，准备草案从根本上修改了1889年刑法典，完全放弃了第一级的加功（准备的加功）和第二级的加功（从犯的加功）、精神、心理的加功与物质的加功、共犯与间接参与者、必要的共犯与非必要的共犯。理论上和实务上在此有必要采用的体系，即将原则性和从属性的参与、精神的和物质的参与的所有形式予以同等对待的原则，是有启发意义的。关于参与犯罪的所有人，同等责任这一判断基准与看待引起结果的各种原因的原则直接相关。这一原则就是，参与产生结果的所有条件都是原因。无论参与因果关系的方式是暴力的还是智能的，所有的原因都应当予以归责。因此，即使在'事实是多人活动的客体'这一假定中，认为结果是由自己的行为引起的则所有的参与者均应当受到非难，也是很容易的。将各参与者的活动联系在一起的线索事实上是对犯罪结果应当承担责任这一认识，它实现在各个原因的结合之中。因此，应当将全体的责任归责于参与者中的每个人。草案拒绝了区别、分离引起结果的原因之比例的可能性，认为在所有的结果产生之时，应当认为该结果的原因具有不可分性。因此，应当使所有的结果保持其本来面貌。进而，不仅承认各种参与结果之间的不可分关系可以得到正当化，而且要求寻求必须受到追究的责任者与犯罪的名称具有同一性的要素。这种要素由恶意的认知构成，换言之，它是由无论采用什么方法参与他人行为的这种意识构成的。这种意识约束着联系各个行为的线索，并且赋予多人通过共同合作来实施犯罪以统一的性质。"① 正是在条件说的基础上，1930年《意大利刑法

① 参见［日］宫泽浩一：《意大利的共犯论》，载齐藤金作博士花甲纪念《现代的共犯理论》，有斐阁1964年版。

典》的起草者们认为没有必要对各参与者进行区分，并且原则上予以同等处罚。

在学说上，条件说的倡导者布黎（Buri）指出，不论方法如何，完全是共同合作的力也好，有形力也好，无形力也罢，各种力都是引起结果的原因。因此，自己想为该结果提供力的人，只要他人共同作用的各种力与其意思一致，那么其就必须为该结果的整个范围承担责任。单纯的共同作用的完全的原因性，在结果中得以合一，如果割裂共同作用中的各种原因，那么对该结果就完全没有意义了。[①] 布黎的犯罪参与理论被后世的学者所继承，当然，其中主观主义的成分受到彻底批判，但条件说本身则成为单一正犯体系最重要的理论基础。直至今日，仍然有学者主张以条件说为基础的单一正犯体系。例如，我国台湾地区学者黄荣坚认为，凡是对于不法构成要件的实现有其因果关系的，就是正犯。[②] 在不法层面的考虑上，对于构成要件的实现有因果关系的行为，就应当承担刑事责任，反之不然。他认为，在因果关系与正犯成立的关系上，应当坚持以下原则：第一，有因果关系就是有支配关系，没有因果关系就是没有支配关系。第二，对于不法构成要件的实现，有因果关系就是犯罪，而且就是正犯，没有因果关系就不是犯罪，也无所谓正犯或从犯。对于一个人单独犯罪的判断是采取如此的标准，对于很多人参与犯罪的判断也应当采用同样的标准。第三，构成正犯的人，亦即对于不法构成要件的实现有其因果关系的人，如果还有支配力强弱的问题，是属于量刑的问题。第四，所谓单独正犯、共同正犯、直接正犯、间接正

① 参见［日］内田一郎：《德国的共犯论》，载齐藤金作博士花甲纪念《现代的共犯理论》，有斐阁1964年版。

② 参见黄荣坚：《刑罚的极限》，元照出版公司1998年版，第124页。

犯、教唆犯以及帮助犯等的外形，和支配力的有无以及支配力的强弱都没有必然的关系，因此要用这些外形上的区别来等同于支配力上的区别，会产生严重的误差。①

但是，在目前的意大利刑法学界，已经没有太多人支持这种以条件说为基础的犯罪参与理论，其理由是：（1）从刑事政策角度看，以这种观点来界定共同犯罪的行为，范围特别（因而也过分）狭窄。例如，按照这种观点，那些对共同犯罪加功但未被实际利用的行为（如提供的开锁工具由于保险柜并没有上锁而没有派上用场），那些对犯罪的实行来说，不是必要的帮助行为（如为实施盗窃的实行犯放风，在大多数情况下都没有必要），那些不能从根本上决定犯罪实施的行为（如为犯罪人提供使犯罪实施更为便利的劝告）等，都不可能成为共同犯罪中的行为。（2）从司法实践的角度看，按条件说的标准来认定行为的原因力，不仅在涉及行为的心理影响（即行为对他人意志的影响）时极端困难（例如，要确定没有某人的鼓励，行为人是否会同样实施犯罪，在多数情况下都显得有点荒唐）；同时，在有的情况下，如在每个主体的行为都各自符合刑法分则规定的构成要件时，根本就不可能用原因力标准来认定共同犯罪的行为。例如，两人都同时向被害人开枪，每个人的子弹都击中了被害人的致命处。（3）从法律规定的角度看，《意大利刑法典》第 114 条第 1 款规定了一个选择性的减轻情节，其内容为“在犯罪的预备或实施中重要性极小”的人应减轻处罚。属于该款规定的共同犯罪行为，就肯定不属于按条件说具有原因力的行为（因为一个能决定犯罪行为发生的行为，只能是具有“根本性”的

① 参见黄荣坚：《刑罚的极限》，元照出版公司 1998 年版，第 126 页。

行为，而不可能是重要性“极小”的行为）。[①]

基于对条件说的反思，意大利刑法学界认为，所谓犯罪参与行为，至少必须是“有助或有利于”犯罪实施的行为。这里所说的有助或有利于犯罪的实施，包括主观（加强或有效地支持了他人的犯罪决意）和客观（提供能使犯罪的实施更为便利的帮助）两个方面的因素。根据这个标准，以下行为就属于犯罪参与行为：（1）加强他人犯罪决意的教唆行为和参与制定具体犯罪计划的共谋行为。（2）协调其他共犯行为的行为。这种行为可能不是实施共同犯罪的必要条件（如在盗窃罪实施过程中，协调如何搬运赃物的行为），但却无疑是属于有利于犯罪参与的条件。如果这种行为事实上没起作用，甚至起了妨碍犯罪实施的作用，那就得从犯罪参与者的“心理联系”的角度，分析是否可能将其作为一种教唆的形式看待（如将开锁钥匙交给盗窃行为的实行犯的行为，就得分析其是否起到了加强犯罪决意的作用）。（3）对符合刑法分则规定的构成要件的事实，具有决定作用的行为。例如，某老板派遣杀手杀人的行为；在银行卧底的“内线”，为抢劫银行提供情报的行为等。（4）对“具体的具有法律意义的共同犯罪的实施方式”，是指法律规定的犯罪构成要件或者犯罪情节，在具体的共同犯罪中的实现方式。例如，教唆他人用更有效的方法进行勒索的行为，就属于对敲诈勒索罪的客观行为的实现方式有决定作用的行为；对他人指示应侵占的具体房屋的行为，就属于对侵占物产罪的犯罪对象的实现方式有决定作用的行为；而为抢劫者提供武器的行为，则属于对抢劫罪的加重情节的实现方式有决定作用的行为。（5）根据某些学者的看法，构成犯罪参与行为的还应该包括在行为时看来能够“增大

① 参见［意］杜里奥·帕多瓦尼：《意大利刑法学原理》（注评版），陈忠林译评，中国人民大学出版社 2004 年版，第 285～286 页。

犯罪实现风险”的行为，以便将那些实际上没有起作用，甚至“帮了倒忙”的帮助行为也能纳入共犯行为的范畴。例如，尽管开锁工具实际上没有起作用，但给盗窃实行犯开锁工具的行为，就有增大盗窃行为实施可能的作用。①

由上可知，早期的单一正犯体系立法是以条件说为基础的，根据条件说，所有不可想象不存在的条件在客观上都是等价的，因此所有为结果提供条件的人都是刑法所要处罚的对象（行为人）。直到现在，条件说仍然是单一正犯体系最受诟病之处。在批判者看来，条件说的认定标准将必然造成牵连过广的结果。但是，在笔者看来，这种批判无疑混淆了归因和归责的关系：在刑法上，绝不意味着有因果关系（条件说）就可以肯定结果归责；因果关系对于结果归责而言，只是一个必要条件而非充分条件。行为人是否对一个结果负责，或者一个结果是否可以归责于行为人，应当按照行为是否具备不法和罪责来加以判断，而因果关系只是客观不法构成要件中的一个判断要素而已。②

但是，另一方面，应当指出，条件说作为单一正犯体系最初的理论基础，是有历史必然性的。因为在单一行为人概念被提出的时代，只有因果关系（条件说）而没有结果归责的概念，因此，采用条件公式下的因果关系作为判断行为人是否与结果之间有客观上关联的标准是无可厚非的。但是，在当今已经广泛承认相当因果关系或客观归责的情况下，单纯依靠条件说来认定因果关系，就不合乎时宜了，因为刑法的目的并不在于单纯确认条件说意义上的因果关系，而在于如何将不法的事实归责于某个人。

---

① 参见［意］杜里奥·帕多瓦尼：《意大利刑法学原理》（注评版），陈忠林译评，中国人民大学出版社 2004 年版，第 287 ~ 288 页。

② 参见蔡圣伟：《刑法问题研究》（一），元照出版公司 2008 年版，第 177 页。

事实上，从目前来看，无论是采取形式的单一正犯体系的《意大利刑法典》还是采取功能的单一正犯体系的《奥地利刑法典》，[①] 都不再将条件说作为其理论的基点，而是采取了相当于因果关系说或者客观归责理论对犯罪参与者的外部界限加以说明。而且，正如日本学者高桥则夫所言，单一正犯体系并不一定要以条件说为基础，通过引入对行为样态的限定和危险性概念，完全可以对条件说进行限定，因此相当因果关系说可以成为单一正犯体系的基础。这样一来，因果关系（不是条件说而是相当因果关系）仍然可以说是单一正犯体系的理论基础。[②]

二、共同合作的二重性

从处理犯罪参与问题的结构本身出发来探讨单一正犯体系的基本原理的是奥地利学者金阿普费尔。如前所述，为了回应二元参与体系的批判，20 世纪 70 年代以来，奥地利学者金阿普费尔发表了一系列论文，从全新的视角探讨了单一正犯体系的理论基础。金阿普费尔指出，犯罪参与者的法律规制有两个基本问题：首先是构成要件的范围问题，即在多种多样的参与者中谁是可罚的问题；其次是量刑的问题，即根据各参与者的不法和罪责对之进行适当的量刑、实现刑罚个别化的问题。金阿普费尔将这两个基本问题称为“共同合作的二重性”（Doppelmatur der Mitwirkung）。[③]

首先，单一正犯体系的原理在构成要件的概念和解释论的层

① 关于奥地利的情况，已经在前面部分详细介绍了，在此不再赘述。在奥地利犯罪参与理论上，无论是功能的单一正犯体系还是归责的单一正犯体系，都是根据客观归责理论来划定可罚者的外部界限的。

② 参见［日］高桥则夫：《共犯体系与共犯理论》，成文堂 1988 年版，第 13 页。

③ 关于金阿普费尔的“共同合作的二重性”理论，参见［日］高桥则夫：《共犯体系与共犯理论》，成文堂 1988 年版，第 20 ~ 23 页。

面有两层含义：第一，放弃正犯与共犯的两分法；第二，所有的参与者均为正犯。在这个意义上，可以说单一正犯体系是一元的体系（monistisches System）。在单一正犯体系中，不仅实行刑法分则的构成要件行为的人是正犯，而且其他的参与者也是正犯。换言之，不仅直接实施刑法分则的构成要件的行为人，而且强化实行者的犯意或者援助实行者的人都是正犯，在正犯的内部不存在价值上的差异。所有参与者都是正犯。这显然与二元参与体系有所不同，因为在二元参与体系下，犯罪的中心形态是正犯，而共犯则是处于犯罪边缘的人。但是，从用语的角度上看，实施刑法分则的构成要件行为的人称为“直接正犯”，而二元参与体系下的间接正犯、教唆犯和帮助犯则被称为“间接正犯”。在单一正犯体系之下，“间接正犯”不仅是与“直接正犯”并列的第二个中心形态，而且是其他所有当罚的参与正犯的上位概念。

犯罪参与的第二个问题是：应当如何处罚直接正犯和间接正犯？特别是对于直接正犯以外的其他参与者，是适用分离的、位阶的法定刑，还是适用与直接正犯同样的法定刑。从刑事政策的目的出发，单一正犯体系采用后者。但是，相同的法定刑并不意味着同等处罚，单一正犯体系同时设置细致的量刑规定。换言之，单一正犯体系并不是试图在解释论层面实现个别化，而是力图在量刑阶段实现刑罚的个别化。考虑犯罪参与共同合作的“共同合作关系的量刑事由”乃是单一正犯体系的特色。

由此可见，在单一正犯体系之下，构成要件层面的问题是犯罪参与形式和参与类型的解释论和范畴性的把握，而法定刑和量刑的问题则在于发现和考量犯罪参与的事实重要性。这种犯罪参与的二重性，在以往的二元参与体系中并没有得到充分的认识，因此其无法正确地把握犯罪参与的共同合作现象。[①]

其次，在单一正犯体系中，由于在解释论的层面将直接正犯与其他参与者同等对待，因此可以推导出各参与者仅仅对自身固有的不法和罪责承担责任的原理，即参与者自身的责任或参与者独立的可罚性。因此，从属性原理完全没有存在的余地。其一，质的从属性（从属性程度）即正犯行为需要具备哪种程度的犯罪要件的问题，在单一正犯体系下完全不会出现。例如，甲不知道乙是无责任能力者而唆使其杀人，最终乙杀人既遂，在肯定质的从属性的二元参与体系之下，这种以教唆的意思却产生间接正犯之结果的情形会非常难以处理，对于甲的刑事责任存在既遂犯的教唆犯说、教唆未遂说和间接正犯的既遂说等各种学说。根据单一正犯体系，乙由于无责任能力而不受处罚，对于甲的责任问题并不重要。因为甲对其固有的不法和罪责承担责任，因此乙不受处罚的理由对甲不产生影响，可以直接认定甲构成杀人罪的既遂。其二，量的从属性（实行从属性）即参与的可罚性是否从属于他人的实行行为，在单一正犯体系下也不会成为问题。这是因为，在单一正犯体系下，各参与者就其固有的未遂和固有的既遂承担责任，其他参与者是否实施在法律上可以评价为未遂或者既遂的分担行为，对其没有影响。例如，甲教唆乙射杀丙，虽然乙产生杀人决意并从家里取出手枪，但在前往丙的住处之前改变了主意，放弃了犯罪的实行，在这种情况下，根据二元参与体

① 最近，在主张区分制的学者中，也有人意识到了犯罪参与的二重性问题。例如，日本学者龟田源太郎指出，共犯论的重要问题，首先是参与某项犯罪的人本来是否应当予以处罚，即划定处罚哪些参与行为的界限问题（外部的界限）；其次是以处罚这些参与者的参与行为为前提来确定应当将谁作为正犯承担较轻的责任，而仅仅将谁作为狭义的共犯承担较轻的责任（内部的界限）。参见［日］龟田源太郎：《如何区分正犯与共犯》，弘文堂2005年版，第3页。

系，既然乙只是产生了犯罪的决意而没有实行，那么甲和乙均不构成犯罪。与此不同，在单一正犯体系下，如果甲对乙的教唆是甲固有的实行行为的着手，那么甲构成（间接的）杀人未遂。

金阿普费尔的“共同合作的二重性”理论揭示了犯罪参与问题的基本结构，可以说是迄今为止整个犯罪参与理论中最重要的成果之一。在形式的单一正犯体系下，传统上是通过条件说来划定构成要件的范围，当然，最近出现了从相当因果关系或客观归责理论来对之进行限定的观点；在功能的单一正犯体系下，则是通过对参与形态的区分来界定构成要件的范围。但是，在这两种体系下，构成要件的范围问题都不是犯罪参与的核心；相反，犯罪参与的问题更重要的是在于如何根据各参与者的性质与程度来量刑。在这个意义上，金阿普费尔的理论可以成为单一正犯体系新的理论基础。事实上，二元参与体系的根本症结就在于企图将构成要件的范围问题与量刑问题一并加以解决：正犯与共犯的区分不仅是参与形态的区分，同时也是对两者刑罚轻重的区分。但是，二元参与体系的这种企图并未得逞，反而使共犯论的问题变得异常复杂。因此，二元参与体系的诸多困惑就在于混淆了两者之间的界限。

三、小结

从单一正犯体系的历史来看，最初是以因果关系中的条件说为基础的，但是，由于条件说本身的问题，因此出现了从条件说向相当因果关系说或客观归责理论的转向。应当说，因果关系始终在单一正犯体系中占有重要的一席之地，问题在于如何准确地定位因果关系在界定不法构成要件范围方面的作用。如果说对于以因果关系为基础的单一正犯体系还存在疑问，那么金阿普费尔“共同合作的二重性”理论无疑可以为单一正犯体系提供充分的正当化基础。

第四节　对单一正犯体系的批判及其反驳

对于单一正犯体系，很早以前，主张二元参与体系的学者就已经开始进行批判了。例如，德国学者贝林、毕克迈尔就曾经严厉地批判过单一正犯体系。但是，真正全面意义上对单一正犯体系的批判，开始于第二次世界大战以后德国刑法修改的过程中。在是否维持现有的二元参与体系还是采用单一正犯体系，德国刑法学界展开了广泛的讨论，这正是批判单一正犯体系的观点全面出现的契机。第二次世界大战以后，在德国对单一正犯体系进行批判的代表性人物加拉斯（Gallas），其批判主要针对被认为是单一正犯体系之基础的行为人刑法和扩张的正犯概念。加拉斯认为，就行为人刑法而言，刑事政策的考虑不得颠覆行为刑法，此乃近代刑法的基本原则；就扩张的正犯概念而论，随着从属性原则的放弃，将会导致未遂可罚性的扩大、法官裁量权的扩大。应当指出，加拉斯的批判意见与1956年德国刑法总则草案理由书的观点如出一辙，该草案理由书指出，由于德国刑法采取的是行为刑法和责任刑法而否定行为人刑法，因此不能采用将参与者等置和等罚的单一正犯体系。首先，在未遂的参与和从属性参与的特定场合，立法者为了避免不公正和不公平的结果，确实有必要设置减轻或免除刑罚的规定。其次，单一正犯体系对于自手犯或特别犯的参与无能为力，在出现这些特殊主体参与犯罪的情况下，确实有必要设置特别规定。再次，单一正犯概念必然导致放弃从属性原则，从而导致可罚性范围的无限扩大，这就违背了法治国的原则。最后，由于单一正犯体系完全废除了传统二元参与体系下的各种参与形态，毫无差别地对待每个参与者，因此将各个参与者的参与程度的评价完全交由法官来裁量。但是，无论如何，在量刑的过程中，法官仍然要确定参与的类型和程度，据此来量定刑罚。该草案理由书的结论是，由于单一正犯体系与法治国家严格限定且内容明确特定的各种构成要件的精神不符，因此不应当予以采用。①

在1957年第七次国际刑法会议上，德国学者加拉斯和伯克曼（Bockelmann）联手对单一正犯体系展开了批判。加拉斯的批判要点如下：第一，单一正犯概念必然具有因果的性质，就举动犯而言，就必须把法定的行为描述理解为引起法益侵害的结果，这等于错误地理解了构成要件的含义。第二，单一正犯概念对于自手犯或可罚性依赖于特定的行为人要素的犯罪无能为力。第三，由于单一正犯体系认为所有参与者均为正犯，因此对于各参与者的未遂就不必考虑参与类型，一律可罚。第四，虽然采用单一正犯体系之后所适用的刑量是由参与者的当罚性来决定的，但是这种场合的量刑基准是什么，并不清晰。如果再行区分正犯与共犯，这就等于仍然是二元参与体系。第五，放弃参与形态的区分就会导致评价基准的粗糙化和杂乱化。② 伯克曼的批判意见与加拉斯大致相同。③

通过比较法的考察详细地对单一正犯体系展开批判的是德国学者迪茨（Dietz），他对于各种参与形态完全不设置任何区别的单一正犯体系，存在重大的疑问。他指出，第一，单一正犯概念

① 关于1956年德国刑法总则草案理由书的具体内容，参见［日］齐藤金作：《西德的共犯立法》，载《早稻田法学》第34卷第3、4册。

② Gallas, Die moderne Entwicklung der Begriff Täterschaft und Teihnahme im Strafrecht, Deutsche Beiträge zum Ⅶ. Int. Strafrechtkongreβ, Sonderheft der ZStW, 1957, S. 39ff. 参见［日］高桥则夫：《共犯体系与共犯理论》，成文堂1988年版，第17页。

③ 关于伯克曼对单一正犯体系的批判，参见［日］高桥则夫：《共犯体系与共犯理论》，成文堂1988年版，第17～18页。

与举动犯的行为描述所产生的正犯概念是相矛盾的，因为其完全无法把握这种犯罪类型的行为无价值，而最终将之解释为法益侵害的单纯惹起；第二，各种不同的参与形态具有不同的心理价值内容，不能将之包括在一个一般性的概念中，也不能无视各参与者在行为上的构造差异；第三，将对于构成要件的实现有因果贡献的所有人均视为正犯，会导致参与未遂的可罚；第四，取消法定的量刑基准，将各参与者的当罚性完全交由法官裁量，会不当地扩大法官的裁量权；第五，单一正犯概念对于自手犯或者以行为人人格中的特别客观或主观要素为前提的犯罪是无能为力的。[①]

目前，这些对于单一正犯体系的批判，在德国、日本等采用二元参与体系的国家都是通说。例如，德国学者耶赛克和魏根特也认为，单一正犯体系虽然表面上看起来简单实用，但还是存在重大疑问。首先，由于将全部对犯罪的影响重新解释为法益破坏的原因，相关构成要件的特殊的行为不法便不复存在了。其次，在亲手犯和特殊犯情况下，未亲自实施犯罪行为的共犯可能因其与行为的因果关系而被视为正犯。尽管他们没有亲自实施犯罪，或者说没有作为正犯而加重处罚。单一正犯概念还将导致不必要地扩大适用刑罚，因为根据构成要件对未遂犯规定处罚的任何场合，对共犯的未遂也处罚，而通常未遂的共犯很少受到处罚。帮助犯的情况同样如此。最后，单一正犯概念还将导致量刑标准变得粗糙，因为它排除了对教唆犯和帮助犯减轻处罚的可能性。[②]

① Dietz, Täterschaft und Teilnahme im ausländischen Strafrecht, 1957, S. 108ff. 参见［日］高桥则夫：《共犯体系与共犯理论》，成文堂 1988 年版，第 18 页。

② ［德］汉斯·海因里希·耶赛克、托马斯·魏根特：《德国刑法教科书》（总论），徐久生译，中国法制出版社 2001 年版，第 778 页。

德国学者罗克辛也指出，单一正犯体系存在以下三个方面的缺陷：一是明显违反法治国原则。单一正犯体系将因果关系疏远的参与行为也与构成要件行为等价，破坏了构成要件的界限，扩大了法定刑的适用弹性，降低了法律的确定性，最终走向行为人刑法，使量刑不是由法律决定而是由法官决定。二是过度扩大刑罚的范围。原本不予处罚的未遂共犯、预备阶段的共犯，将会因为意念的表示对构成要件有因果作用而被处罚。三是非但不能解决正犯与共犯分界的困难问题，反而在量刑标准方面更不确定。①

在我国，有些学者也赞成上述这些对单一正犯体系的批判。例如，我国学者陈家林认为单一正犯体系本身存在诸多的局限性和不合理性。在单一正犯体系下，各行为人参与程度的评价与量刑由法官来加以判断，使通过对构成要件的解释来限定犯罪成立范围的刑法的“法治国家机能”无法得到真正的发挥，因此，与法治国家的思想相矛盾。而且对处罚未遂的犯罪而言，可能使所有参与犯罪的人都会因未遂而受处罚，导致处罚范围的扩大。而且，由于单一正犯体系仅从因果性、引起法益侵害的角度来理解，会被认为是仅重视结果无价值而轻视行为无价值。此外，在身份犯和目的犯的情况下，参与犯罪的无身份者与无目的者，因其缺乏“正犯”的要件，为了处罚他们，就有必要设置特别的规定。在自手犯和举动犯的情况下也是如此。②

以上这些单一正犯体系的批判是否正确，是关系到单一正犯体系是否具有正当性的问题，因此，必须从正面对这些批判意见进行回应，否则难以确定单一正犯体系的稳固基础。归纳起来，

① 参见许玉秀：《刑法的问题与对策》，台湾成阳印刷股份有限公司 2000 年版，第 14 页。

② 参见陈家林：《共同正犯研究》，武汉大学出版社 2004 年版，第 3～4 页。

这些批判大致包括如下几点：

一、单一正犯体系是否为行为人刑法

对于行为刑法与行为人刑法的区别，德国学者罗克辛指出，人们理解的行为刑法（Tatstrafrecht）概念，是一种法定的规则。根据这个规则，刑事可罚性是在与行为构成方面加以限定的单一行为（或者可能情况下的多个行为）相联系的，同时，惩罚仅表现为对单个行为的反应，而不是表现为对行为人整体生活导向的反应，更不是表现为对一种行为人来说期待的未来危险的反应。行为人刑法（Täterstrafrecht）则相反，刑罚是与行为人的人格性（Persönlichkeit）相联系的，同时，刑罚是由行为人对社会的危害及其程度来决定的。“行为人不是因为实施了一个行为而有罪，而是因为他是‘一个这样的人’而成为法定责难（Tadel）的对象”；“因为，与具体行为的有无以及如何实施不同，属于刑罚威胁的条件要求得更多，并且，需要进一步从行为人的个人特征方面寻求答案，在这种情况下，刑罚就适用于行为人本身。”① 罗克辛进一步指出，从罪刑法定的宪法原则出发，应当认为行为刑法比行为人刑法更妥当，但是他同时也承认，即使在德国现行刑法中，行为人刑法仍然是挥之不去的。②

从单一正犯体系的学说史可以看出，这一体系是由近代学派所主张的，因此一般认为该体系的基础是行为人刑法或意思刑

① ［德］克劳斯·罗克辛：《德国刑法学总论》（第1卷），王世洲译，法律出版社2005年版，第105～106页。关于行为刑法、罪责刑法与行为人刑法的区分，see George P. Fletcher, The Grammar of Criminal Law: American, Comparative and International, Volume One: Foundation, Oxford University Press, pp. 27－37。

② ［德］克劳斯·罗克辛：《德国刑法学总论》（第1卷），王世洲译，法律出版社2005年版，第106页、第110～114页。

法。但是，正如日本学者高桥则夫所指出的那样，行为人刑法这个概念本身就是含义众多且含混不清的概念。刑罚当然是针对行为人来科处的，这一点行为刑法也必须承认。如果要说行为人刑法与行为刑法的区别，那么只不过是在多大程度上考虑行为人主观状态这种量上的差异。换言之，只要维持“犯罪是行为”这一命题，那么行为刑法和行为人刑法就只有程度上的差异。即使是在二元参与体系内部，学派之争对于刑法解释论本身的影响也急剧减少了，犯罪共同说与行为共同说、共犯从属性说与共犯独立性说之间的对立也不能完全还原为古典学派与近代学派之间的对立。二元参与体系与单一正犯体系之间的对立，之所以被归结为行为刑法与行为人刑法之间的对立，乃是因为主张二元参与体系的学者仅仅看到单一正犯体系不区分参与类型这一形式上的特征，而完全无视单一正犯体系也是以“行为”为基础的。换言之，批判单一正犯体系的学者认为，“犯罪是行为”，在犯罪参与下的“行为”体现为形形色色的或者特定的参与形态，只要考虑行为，就不得不区分参与形态。在此，仅仅具有量的差异的行为刑法与行为人刑法之间的争论变成了如何理解犯罪参与构成这一质的问题的契机，在这个意义上，无可否认的是，这种争论是很重要的。但是，问题是单一正犯体系并不必然与行为人刑法相关联，并不存在只要主张行为刑法就必须排斥单一正犯体系的道理，这里的关键问题在于如何理解犯罪参与中的“行为”。①

众所周知，犯罪参与是共同合作的现象。既然如此，犯罪参与理论就必须根据这种共同合作现象的特点来建立。但是，在二元参与体系下，大多数学说仍仅仅将犯罪参与理论视为单独犯理论的修正，即实施构成要件行为的是正犯，实施教唆行为的是教

① 参见［日］高桥则夫：《共犯体系与共犯理论》，成文堂 1988 年版，第 11～12 页。

唆犯，实施帮助行为的是帮助犯，一一对应。因此，作为刑法评价对象的行为就变成了各参与者从一个行为中分割出来的自己的行为。但是，这就等于忽视了犯罪参与的共同合作现象与单独犯在构造上的差异。在犯罪参与的场合，首先必须将参与者作为一个整体来进行考察，换言之，刑法评价的对象首先不是各参与者所分割的行为，而是共同合作现象本身。各参与者的行为只有在共同合作现象内部的行为才有意义，其各自分割的行为并不是独立的行为。犯罪参与者无论是负责实施构成要件行为、教唆行为还是帮助行为，都不过是共同合作现象内部各人的某种态度而已。如果认为这种态度乃是犯罪参与者在共同合作中的责任基础，那么各犯罪参与者的态度无论是构成要件行为、教唆行为还是帮助行为，就不具有本质的意义了。换言之，构成要件行为、教唆行为和帮助行为这些概念，在犯罪是多人共同的作品的场合，就只具有行为样态的类型的意义。这正是在概念上、类型上对行为样态进行区别的功能的单一正犯体系所采用的思考方法，与行为刑法之间没有任何矛盾。进一步来看，如果将犯罪参与内部各参与者的行为视为各人的态度，那么仅仅区分行为样态就不是行为刑法的要求，只要共同合作中各人的态度并不违反"犯罪是行为"这一原则，那么与行为刑法就没有任何矛盾。在这个意义上，形式的单一正犯体系与行为刑法之间也不存在矛盾。①

二、单一正犯体系是否违背法治国思想

对于单一正犯体系所提出的最严厉的批判莫过于认为其违反了法治国思想。在批判者看来，单一正犯体系对参与程度不同的

① 参见［日］高桥则夫：《共犯体系与共犯理论》，成文堂 1988 年版，第 69～70 页。

行为在构成要件层次上赋予等价评价，而将如何制裁的问题舍弃法律明文之制约而完全放任由法官决定，明显抵触法治国思想。[①] 这种批判可以说没有任何道理。其一，单一正犯体系主要涉及的问题在于参与形态上进行统一处理，而将认定各参与者的归责问题交由刑罚裁量处理，但这并不表示单一正犯体系将行为在刑法上的所有评价事宜，诸如不法和罪责都加以统一，不加区分。事实上，在单一正犯概念下，与二元参与体系一样，对于各参与者的行为不法内涵以及其责任的认定是个别进行的。单一正犯体系虽然认为各参与者在参与形态上均为等价，而且在各参与行为不法的内涵上，也是相等范围内的关系，但其所指的“相等范围”，是就所实现的不法构成要件而言，至于其各自的程度，在这个范围内，仍然有轻重之别。[②] 其二，在现代司法理念中，法官早已不再是拿破仑法典时代只能机械适用法律的“自动售货机”了。虽然法官的形象和地位在两大法系间存在很大差异，但是对于法官自由裁量权的广泛承认，却是一个不争的事实。在具体案件中，法官在法定刑度的范围内就个案具体情节来评价特定参与行为的性质与程度，进而裁量刑罚，这不正是法官的职责之所在吗？为什么说违背了法治国思想呢？[③] 其三，“要‘先验地’决定各类共犯行为的意义，以及它们在具体犯罪实施

---

① 参见，例如，［韩］李在祥：《韩国刑法总论》，［韩］韩相敦译，中国人民大学出版社 2005 年版，第 367 ~ 368 页；郑善印：《正犯与共犯概念之修正对实务运作之冲击》，《刑法总则修正重点之理论与实务》，台湾刑事法学会主编，2005 年版，第 247 页以下；林钰雄：《新刑法总则》，元照出版公司 2006 年版，第 388 页。

② 参见柯耀程：《刑法总论释义》（修正法篇）（上），元照出版公司 2006 年版，第 319 页。

③ 参见陈友锋：《刑法上行为概念与行为之探索》，台湾辅仁大学法律学系博士论文，2002 年，第 292 页。

过程中对罪过的影响，在任何情况下都是一件非常困难的事情”,[①] 正是基于这种考虑，单一正犯体系放弃了硬性规定对某些参与者减轻处罚的做法，而将刑罚裁量的问题交由法官来处理。其四，对刑罚裁量进行硬性规定，正是二元参与体系顾此失彼的根本症结之所在：因为必须对某些参与者减轻处罚，因此就必须区分这些参与者与正犯之间的界限，而这种界限的区分，如果不是根本不可能，那么就是太模糊。[②] 其五，如果严格地以构成要件明确性为标准，那么二元参与体系下的间接正犯、正犯后正犯、共谋共同正犯等概念，又有哪一个经得起检验呢？此外，以行为支配说所确立的正犯形象也不一定符合构成要件的行为定型吧？[③]

三、单一正犯体系是否导致责任判断的后置性

单一正犯概念的另一饱受指责之处，在于其刻意在犯罪论上避开行为人刑罚资格的确立，将责任判断完全后移至刑罚裁量阶段。在刑法学理上，责任判断的前提在于行为所揭示的不法内涵，二元参与体系在不法层面即以参与形态的不同而区分出个别的不法内涵，从而得以对各参与者之责任进行较精致的判定。相比而言，单一正犯体系对于不法内涵的确立，并未提供任何判断的标准，将责任认定问题完全放在刑罚裁量之中。对此，我国台湾地区学者许玉秀批判道：“单一正犯概念标榜不区分正犯与共

① 参见［意］杜里奥·帕多瓦尼：《意大利刑法学原理》（注评版），陈忠林译评，中国人民大学出版社 2004 年版，第 296 页。

② 参见刘洪：《两类犯罪参与理论体系比较研究》，载《福建公安高等专科学校学报》2007 年第 5 期。

③ 刘洪：《两类犯罪参与理论体系比较研究》，载《福建公安高等专科学校学报》2007 年第 5 期。

犯，但究竟免不了在决定刑罚轻重时仍然要在犯罪参与的数人中，依各人的不法和罪责分别定其刑罚，这其实是将分界正犯与共犯的问题推移到量刑时考虑而已。”①

在这里涉及犯罪参与论在刑法中的定位问题。在传统的二元参与体系之下，“共犯理论是构成要件理论的一部分”，② 甚至可以说，犯罪参与论占据着犯罪论的“试金石”的地位，③ 因为在构成要件论中的诸多争议，包括限制的正犯概念与扩张的正犯概念、形式客观说与实质客观说、犯罪共同说与行为共同说，新派与旧派之间的对立在共犯论中都有直接的反映；在违法论中，行为无价值论与结果无价值论也直接地影响了共犯处罚根据论中的立场；在责任论中，虽然德国刑法明文规定了责任的个别化，其共犯论与责任论没有直接的联系；但在日本，由于在实务上共谋的共同正犯占据着支配性的地位，因此在其共犯论中，责任和量刑就扮演着重要的角色。此外，对于间接正犯的处罚根据，有的学者主张规范的障碍说，而这种观点是通过规范责任论来展开的。④ 在二元参与体系下，由于采用了限制的正犯概念，将犯罪参与论定位于犯罪论是有其必然性的，因为犯罪论的功能在于确立行为的可罚性（或应罚性），以及参与者到底是正犯还是共犯。但是，在单一正犯体系下，由于根本不需要区分参与形态，行为的可罚性就不需要在犯罪论中加以解决，而是法官在量刑阶段需要予以裁量的。换言之，在单一正犯体系下，应当将犯罪参

① 许玉秀：《实质的正犯概念》，载《刑事法杂志》1997 年第 6 期。

② ［德］汉斯·海因里希·耶赛克、托马斯·魏根特：《德国刑法教科书》（总论），徐久生译，中国法制出版社 2001 年版，第 775 页。

③ ［日］高桥则夫：《规范论与刑法解释论》，成文堂 2007 年版，第 164、165 页。

④ 参见［日］高桥则夫：《规范论与刑法解释论》，成文堂 2007 年版，第 166 页。

与论定位于刑罚论，因为对于单一正犯体系而言，更为重要的问题是根据各参与者的性质和程度进行适当量刑。① 从这个意义上，二元参与体系对单一正犯体系的批判仅仅是站在其固有的立场上的批判，并不妥当。

四、单一正犯体系是否导致处罚范围的不当扩大

如前所述，主张二元参与体系的学者认为单一正犯体系使得共犯并不必然从属于正犯，从而导致处罚范围的不当扩大，这恐怕是对单一正犯体系的批判中最为有力的一项。一般认为，单一正犯体系与从属性原则是相互排斥的。根据单一正犯体系，杀人教唆的未遂就是杀人罪的未遂，而犯罪参与的未遂都是可罚的。虽然采用单一正犯体系的《奥地利刑法典》规定帮助（援助正犯概念）的未遂不处罚，但其理论根据并不是很明确。如果从被帮助者的欠缺实行行为这一点来寻求帮助者不处罚的根据，显然与对帮助行为自身的评价不应当取决于其他行为人这个单一正犯体系的基本原理相悖。因为根据单一正犯体系，各参与者对其固有的不法和罪责以及固有的未遂和既遂承担责任。但是，虽然存在这个基本原理，但问题是是否仍然可以不处罚某些特定的参与行为的未遂。现在通说的理论认为对未遂犯的处罚根据在于行为所具有的法益侵害的客观危险性，如果将这样的行为评价为实行行为，那么由于某些参与行为本身对于法益侵害的危险性是间接的，因此也存在无法将其评价为实行行为的情况。在这样的情况下，仅仅实施某些参与行为还不值得处罚。教唆行为和帮助行为原则上就属于这种参与行为。因此，帮助未遂不处罚的根据在于帮助行为本身对法益侵害的危险性是间接的，无法将其评价为

① 参见陈友锋：《刑法上行为概念与行为之探索》，台湾辅仁大学法律学系博士论文，2002 年，第 292 页。

实行行为。即使采用单一正犯体系，不处罚某些参与行为的未遂仍然是可能的。同样，在单一正犯体系之下，教唆行为的未遂也并不必然受到处罚。① 因此，在单一正犯体系之下，即使按照传统二元参与体系的原理，也并不必然导致所有参与未遂可罚，因而也不会导致所谓的“处罚范围不当扩大”。

而且，共犯从属性原则本身并不是证明的根据（Beweisgrund），而是证明的对象（Beweisthema）。② 换言之，共犯从属性原则本身的正当性就是有待证明的，并不能作为论证其他问题的先验的根据。虽然该原则对于限制犯罪参与者的处罚范围有重要意义，但与现代刑法的个人责任原则始终存在一定的抵牾。③ 这是因为，现代刑法的个人责任原则认为个人只能因自己的行为固有的不法和罪责而承担责任，而共犯从属性或多或少认为某些犯罪参与者的可罚性建立在其他参与者的可罚性的基础之上。主张二元参与体系的学者之所以批判单一正犯体系必然放弃从属性的前提，原因就在于他们将共犯从属性原则当成了先验的真理，没有意识到这一原则本身的问题性。当然，由于在二元参与体系下，共犯从属性原则已经成了基本的原理，因此主张二元参与体系的学者从这个原理出发，先入为主地对单一正犯体系进行批判也是可以理解的。但是，既然要批判，那就要对批判的对象有全面的理解。事实上，在单一正犯体系之下，既无所谓共犯从属性，也无所谓共犯独立性，因此，无论从其中那个原则出发对之进行批判，都是无的放矢。

① 参见［日］高桥则夫：《共犯体系与共犯理论》，成文堂1988年版，第70～71页。

② ［日］西田典之：《新版共犯与身份》，成文堂2003年版，第143页。

③ 参见蔡墩铭：《刑法总论》，三民书局1988年版，第223页。

更为重要的是，是否处罚犯罪参与的未遂、预备甚至共谋的行为，这是由决定各国刑事立法的刑事政策所决定的，并不具有刑法教义上的逻辑必然性，何况在现代社会犯罪参与现象日益严重，集团犯罪、组织犯罪、恐怖主义犯罪等频繁发生的今天，共犯从属性理论在根本上已经无法对这些犯罪参与现象作出回应，甚至对这些犯罪的处罚造成了极大的障碍，那么固守这个近现代早期的、仅属于某些国家的“金科玉律”，难道是适当的吗？

五、单一正犯体系是否导致量刑规定的粗糙化

单一正犯体系的本质，一方面要求单一的参与形态，另一方面以单一刑度即在同一法定刑的刑度范围之中作为基础。然而单一正犯体系并没有像二元参与体系那样将参与形态的认定与不法和罪责的认定界定清楚，而只是将责任的认定问题交由刑罚裁量。由于单一正犯体系在不法层面上并不能通过参与形态的不同而区分个别参与者的不法内涵，从而促使其必须在刑罚裁量中对责任的量定事由另行作出规定。在单一正犯体系之下，由于所有参与者均被视为正犯，在参与形态上并不能根据角色的不同来认定其不法内涵的轻重程度，在罪责判断上，的确欠缺可以依据的标准。为了合理解决这一欠缺罪责明确判断前提的问题，金阿普费尔提出了所谓“刑罚裁量完全性考量”（Ganzheitsbetrachtung der Strafzumessung）的观点。对于罪责前提的认定，即不法内涵的认定，他认为虽然行为参与在犯罪事实实现上各自具有同等范围的价值，但是因为参与程度在各行为人之间有所差异，因此在构成要件层面，对于行为人作概念上的区分是有必要的，如此就可以凸显个别行为不法的程度，作为在刑罚裁量时判断罪责的整体考量依据。因此，虽然二元参与体系批评单一正犯体系欠缺罪责认定标准，并且据此认为其有违罪责原则，但这种批评并不正确。事实上，即使是在单一正犯体系下，也认为不法是各参与者

的不法，虽然他们的不法内涵在同一个层面上，但是也有轻重之别，如同二元参与体系下共犯是根据正犯的刑度为其罪责标准一样，两者并无差异。在单一正犯体系中认定罪责的标准，无异于仍然是个别行为的不法，这与单一正犯体系构想的虽有单一参与形态，但不法和罪责均为个别化的见解不谋而合。在单一正犯体系下，即使将责任认定问题推至刑罚裁量阶段，也并不表示责任的认定完全任由法官为之。量定责任的基础，仍在个别行为的不法内涵之中。①

此外，除了原则性的规定以外，为了更好地实现各参与者的刑罚个别化，无论是采用形式的单一正犯体系的《意大利刑法典》还是采取功能的单一正犯体系的《俄罗斯联邦刑法典》，均另行规定了犯罪参与的特别量刑事由，这说明二元参与体系的学者指责单一正犯体系量刑粗糙化是不正确的。事实上，量刑粗糙化甚至量刑僵硬化，正是二元参与体系的根本缺陷之一：硬性规定对某些参与者的处罚比正犯轻，造成大量没有必要的区分，或者导致不符合常理的处罚结论。②

六、单一正犯体系是否存在特别犯的处罚障碍

对单一正犯体系提出的一个最没有说服力的批判是认为在特别犯（包括自手犯、身份犯等）的情况下，单一正犯体系将无

① 参见柯耀程：《变动中的刑法思想》，中国政法大学出版社 2003 年版，第 196 页。

② 参见刘洪：《两类犯罪参与理论体系比较研究》，载《福建公安高等专科学校学报》2007 年第 5 期。

能为力，只有在刑法上规定特别的处罚规定，否则根本不能处罚。[①] 因为在二元参与体系的学者看来，既然在单一正犯体系下，各参与者根据其自身的不法和罪责来进行处罚，而在特别犯的情况下，由于特定的参与者根本无法直接侵害不法构成要件所保护的法益，因此在没有特别规定的情况下，这样的参与者就无法处罚了。对此，一个很简单的反驳是：在二元参与体系下，对于那些无法直接侵害特定不法构成要件的保护法益的参与者，如果缺乏特别的处罚规定，就可以对之进行处罚吗？答案当然是否定的。既然如此，那么，无论是在二元参与体系下，还是在单一正犯体系下，对于特别犯的参与者，均需要有刑法上的明文规定才能处罚，否则就是违反罪刑法定原则。这样一来，二元参与体系不就是等于在指责自己吗？

七、小结

由上可知，主张二元参与体系的学者对单一正犯体系的批判都无法成立。笔者认为，二元参与体系的学者之所以如此严厉地批判单一正犯体系，乃是由于对二元参与体系的前见以及在此基础上对单一正犯体系的偏见。他们的根本错误在于将二元参与体系以及与之相关联的限制正犯概念、共犯从属性等当成了先验的制度，殊不知二元参与体系本身虽然是历史演进的产物，但并不具有历史的必然性。在这个根本的前提下，就出现了“不识庐山真面目，只缘身在此山中”或“一叶障目，不见泰山”的情形。

---

① 参见，例如，［德］汉斯·海因里希·耶赛克、托马斯·魏根特：《德国刑法教科书》（总论），徐久生译，中国法制出版社 2001 年版，第 778 页；许玉秀：《实质的正犯概念》，载《刑事法杂志》1997 年第 6 期；［韩］李在祥：《韩国刑法总论》，［韩］韩相敦译，中国人民大学出版社 2005 年版，第 368 页。

第五节　小结

以上对单一正犯体系的历史、单一正犯体系的类型、单一正犯的理论基础进行了梳理，对主张二元参与体系的学者们对单一正犯体系所提出的批判进行了全面回应。从立法论上看，以《意大利刑法典》为代表的形式的单一正犯体系和以《奥地利刑法典》为代表的功能的单一正犯体系（或归责的单一正犯体系）是非常值得借鉴的立法例。特别是《奥地利刑法典》的功能的单一正犯体系（或归责的单一正犯体系）通过参与形态的设定，避免了形式的单一正犯体系仅以条件说为基础所导致的处罚界限不明确的问题，[①] 可以在相当程度上确保法治国的明确性和安定性。笔者认为，相对于二元参与体系而言，单一正犯体系具有如下难以比拟的优点：首先，正如日本学者平野龙一教授所指出的，面对现代复杂的犯罪参与现象，最为彻底和简便的处理方式是单一的正犯体系。[②] 应当指出的是，在传统的二元参与体系内部，对于许多问题的探讨充满了思辨和哲学的色彩，并没有从现代社会如何有效地处理犯罪现象这个角度来看待问题。这是单一正犯体系相对于二元参与体系最大的优势。其次，单一正犯体系明确了传统二元参与体系上没有充分意识到的共同合作的二重性

① 当然，如前所述，即使是采取形式的单一正犯体系的《意大利刑法典》，虽然立法者是以条件说来解释其基础的，但现在已经采用了相当因果关系说来作为基础。此外，在目前意大利的立法草案中，出现了明显地向功能的单一正犯体系迈进的趋势。

② 参见［日］平野龙一：《刑法总论Ⅰ》，有斐阁1975年版，第341页。

问题，即犯罪参与的问题分为两个层次：（1）构成要件的范围问题即在构成要件的层面谁是可罚的；（2）根据具体的情况考虑如何对可罚者进行适当处罚的量刑问题。前者即构成要件的范围问题是单一正犯体系与二元参与体系共通的问题，即如何区分参与者与非参与者的可罚性的外部界限问题；后者是如何处罚参与者的内部界限问题。无论采用哪一种立法体例，如何确定参与者都是共通的问题。但是，单一正犯体系优于二元参与体系之处在于理顺了外部界限和内部界限之间的关系，并且将体系的重点放在如何实现刑罚的个别化之上。再次，单一正犯体系认为，凡是对于不法构成要件在事实上有贡献者，在参与形态上均应当视为正犯，无须再对于因贡献程度的不同而区分参与形态，不但统一参与形态，也避免了区分参与类型的困难。事实上，要严格地对参与形态进行区分，特别是临界的形式，如教唆犯与间接正犯、共同正犯与帮助犯、教唆教唆犯、教唆帮助犯等一连串的参与问题，几乎是不可能的。特别是为了解决区分问题而提出的诸多理论，可谓汗牛充栋，而且体系相当混乱，对于司法实务来说不仅困难重重，而且没有必要。单一正犯体系不区分正犯与共犯，不仅可以避免区分不当所产生的错误（毕竟各种不同的参与形态是与不同的法定刑罚联系在一起的），而且可以避免引用理论失当的弊端。[①] 总之，无论是从体系的清晰程度还是刑罚适用经济性的角度看，单一正犯体系（尤其是功能的单一正犯体系）均不失为一种极为值得采用的立法体系。

① 参见［日］高桥则夫：《共犯体系与共犯理论》，成文堂 1988 年版，第 72 ~ 73 页。

第四章　我国犯罪参与体系的归属

如前所述，刑法犯罪参与论的根本问题在于集体行为中的个人责任问题。为了有效地解决这个根本问题，刑事立法上发展出两种不同的犯罪参与立法体系：一种是以德国和日本为代表的二元参与体系，不仅区分正犯与共犯，而且对正犯与共犯规定不同的刑罚；另一种是以意大利和奥地利为代表的一元参与体系，将所有参与犯罪的人均视为正犯，对于各个参与者，根据其参与的程度和性质来量刑；或者在形式上虽然区分犯罪参与形态，但其区分作用仅限于量刑。在这两种犯罪参与立法体系的背后，实际上隐藏着对于刑法上的行为人概念的不同认识，其中，二元参与体系是以限制行为人概念为理论前提的；一元参与体系则是以单一行为人概念为体系基础的。笔者认为，较之限制行为人概念而言，单一行为人概念更符合通过规范的预防性法益保护这一刑法目的，因此，从立法论的角度看，较之二元参与体系而言，一元参与体系（即单一正犯体系，特别是功能性单一正犯体系）是更加值得采用的立法体例。从解释论的角度看，一元参与体系从犯罪参与现象乃是从一种共同合作现象这一特征出发，将犯罪参与论的问题概括为“共同合作的二重性问题”即构成要件层面的问题与量刑问题：前者解决犯罪参与的外部界限问题，即哪些参与者是可罚的或者参与者与非参与者的区别；后者涉及如何根据这些参与者的不法和罪责对之进行适当的处罚。在这一解释论基本原理的指导之下，一元参与体系可以将二元参与体系下的各种难题一扫而空，更为有效地解决犯罪参与中的实际问题。

对于我国共同犯罪立法体系的归属问题，理论上一般是从共犯人的分类角度来加以说明的。我国刑法理论通说认为，我国共犯人的分类采用了分工分类法与作用分类法相结合、以作用分类法为主的方式。[①] 对此，有的学者提出了异议，认为对于共犯人的分类只能采取一种标准，因此否定教唆犯是我国刑法上独立的参与形态。[②] 对于这种观点，有的学者提出了反驳，指出在我国刑法明文规定教唆犯的情况下，否定其为一种独立的参与形态，理由显然不足。[③] 对于通说以及这些争议应当如何评价？最近，有些学者开始在二元参与体系与一元参与体系的比较中探讨我国共同犯罪立法的体系归属，但很遗憾的是，其中多数学者由于缺乏对一元参与体系的真正了解，对之采取了简单的否定态度，并想当然地认为我国共同犯罪立法属于二元参与体系；[④] 有些学者虽然意识到我国共同犯罪立法属于一元参与体系，但在论证上尚显粗疏。[⑤] 从总体上看，一方面，我国共同犯罪立法的体系归属

① 参见高铭暄、马克昌：《刑法学》（上编），中国法制出版社 1999 年版，第 303～304 页。

② 张明楷：《教唆犯不是共犯人中的独立种类》，载《法学研究》1986 年第 3 期。

③ 何荣功：《共犯的分类与解释论纲》，载《法学评论》2005 年第 3 期。

④ 参见，例如，参见张明楷：《刑法学》（第三版），法律出版社 2007 年版，第 315 页；陈家林：《共同正犯研究》，武汉大学出版社 2004 年版，第 5 页；叶良芳：《实行犯研究》，浙江大学出版社 2008 年版，第 33～35 页。

⑤ 参见，例如，刘洪：《两类犯罪参与体系理论比较研究》，载《福建公安高等专科学校学报》2007 年第 5 期；陈世伟：《论共犯的二重性》，中国检察出版社 2008 年版，第 135～137 页；闫二鹏：《扩张正犯概念体系的建构——兼评对限制正犯概念的反思性检讨》，载《中国法学》2009 年第 3 期。

仍然是一个悬而未决的问题；另一方面，我国共同犯罪理论上大量地采用二元参与体系下的各种概念和理论，如共犯从属性与独立性、间接正犯、共同正犯和共犯处罚根据论，并且围绕着这些概念和理论展开了广泛的争议。[①] 但是，应当指出的是，犯罪参与理论是以犯罪参与立法为前提的，在犯罪参与立法体系不明的情况下，这些概念和原理的引入是否适当和必要，这是非常值得思考的问题。如果我国共同犯罪的立法体系根本就不属于二元参与体系，那么对这些概念和原理又当如何评价？笔者认为，对于这些问题的回答，必须以明确我国共同犯罪立法的体系归属为前提。为了确定我国共同犯罪立法的体系归属，本章首先对我国共同犯罪立法史进行重新梳理，其次对我国理论上关于共同犯罪立法体系归属的讨论进行评述，最后提出对于我国共同犯罪立法体系归属的个人见解。

第一节　我国共同犯罪立法史与单一正犯体系

如何理解上述我国现行刑法的共同犯罪规定，并在此基础上建立符合我国刑法的共同犯罪理论，首先必须正确地认识这些规定的历史渊源。正如我国刑法学者陈兴良教授所言：“共犯理论是以共犯立法为依托的，因而共犯立法对于共犯理论具有重要意义。”[②] 共同犯罪作为一种犯罪现象，源远流长，共同犯罪制度

---

① 参见，例如，张明楷：《刑法学》（第三版），法律出版社 2007 年版，第 311 页以下；陈家林：《共同正犯研究》，武汉大学出版社 2004 年版；杨金彪：《共犯的处罚根据》，中国人民公安大学出版社 2008 年版。

② 陈兴良：《共同犯罪论》（第二版），中国人民大学出版社 2006 年版，第 521 页。

从其产生到成熟亦经历了一个漫长的历史演进过程。如果对于我国的共同犯罪立法史缺乏正确的认识，就无法真正地理解我国现行刑法上关于共同犯罪的规定。下面笔者将首先回顾我国共同犯罪的立法梗概，在此基础上分别阐述我国传统社会的共同犯罪立法模式、我党的惩办与宽大相结合的刑事政策以及外国共同犯罪立法对我国现行共同犯罪规定的影响，以便真正理解我国共同犯罪立法的体系归属。

一、我国共同犯罪的立法梗概

在我国革命根据地时代的共同犯罪立法中，一方面，一般将共犯人划分为实行犯、教唆犯、帮助犯和组织犯，但另一方面，为了对这些共犯人进行处罚，通常又按照其在共同犯罪中的作用区分为主犯和从犯（对于胁从犯一般不处罚），对于主犯的处罚重于从犯。[①] 因此，从整体上看，对于共犯人的划分主要是为了对共犯人进行适当地处罚，其根本目的仍在于量刑。新中国成立以后，中央人民政府颁行的各种单行刑事法规中，虽然没有对共同犯罪人的全面分类，但也有涉及共同犯罪人分类之处。例如，1951 年《中华人民共和国惩治反革命条例》在规定持械聚众叛乱罪和聚众劫狱或暴动越狱罪的刑事责任时，就对犯罪的组织者、主谋者、指挥者、罪恶重大者、积极参加者等不同情况加以区分。但这些对共同犯罪人的分类，主要是对某一个罪的具体规定，还没有上升为一般规范，而且各个单行刑事法规所使用的概念也比较混杂，并没有形成一个固定的模式。因此，在立法过程

① 关于中国革命根据地刑法中的共同犯罪规定，参见张希坡：《中华人民共和国刑法史》，中国人民公安大学出版社 1998 年版，第 319 ~ 329 页；陈兴良：《共同犯罪论》（第二版），中国人民大学出版社 2006 年版，第17 ~ 22 页。

中，共同犯罪人的分类就成为一个争论的热点，也是历次刑法草案修改中前后变动最大的问题之一。

（一）1950 年刑法草案中的共同犯罪人分类

1950 年中央人民政府法制委员会制定的《中华人民共和国刑法大纲草案》将共同犯罪人分为正犯、组织犯、教唆犯与帮助犯四类。该刑法草案规定：二人以上共同犯罪，而有下列情形之一者，皆为正犯。各按其社会危害性之轻重处罚之：（1）事前同谋，临事共同实施犯罪行为者；（2）事前同谋，临事未共同实施犯罪行为，而同意共谋人实施犯罪行为者；（3）事前主谋，临事未共同实施犯罪行为，而仅雇佣或派遣他人，实施犯罪行为者；（4）事前无预谋，临事同情，共同或分担实施犯罪行为者。建立犯罪组织，指导犯罪组织，制定实施犯罪计划或指导执行计划者，皆为组织犯。按其所组织的犯罪及犯人的社会危险性之重轻处罚之。教唆他人犯罪者为教唆犯，按其所教唆之罪处罚。提示方法供给工具，以及用其他方法便利他人遂行其犯罪者，为帮助犯，得从轻处罚，决定从轻与否及从轻程度，应审查帮助行为对于犯罪所生之作用及犯罪人之社会危险性。在共同犯罪人中增加组织犯一类，就当时来说，属于首创。因为《阿尔巴尼亚刑法典》是 1952 年才颁行的，它是世界上第一个规定组织犯从而创立四分法的国家，而我国在 1950 年刑法草案中就已规定共同犯罪人的四分法，这是难能可贵的。

（二）1954 年刑法草案中的共同犯罪人分类

1954 年中央人民政府法制委员会制定的《中华人民共和国刑法指导原则草案》（初稿）仍把共同犯罪人分为四类，即组织犯、实行犯、教唆犯与帮助犯。但是，明确指出组织犯是共同犯罪中的首要分子，并将实行犯定义为共同犯罪中直接实行犯罪的人，较之 1950 年刑法草案中正犯的范围有所缩小，也较为科学合理。该刑法草案还将实行犯分为罪恶重大的与罪行轻微的两类，对前者应当从重处罚，对后者可以从轻或者减轻处罚，体现了区别对待的原则。该刑法草案还列出了另一种写法，以犯罪分子在共同犯罪中的作用为主要标准，将共同犯罪人分为主犯、从犯与胁从犯，指出：组织、计划、指挥犯罪的人和实行犯罪的主要分子是主犯，对主犯应当比其他参加共同犯罪的罪犯，从重处罚，帮助犯罪和其他参加实行犯罪的人是从犯，对从犯应当比主犯从轻或者减轻处罚。对确实是由于被欺骗、被胁迫参加共同犯罪的人，应当按照情节给予适当处罚或者免予处罚。在上述分类中，虽然以作用分类法为基本框架，但还是涵括了分工分类法的内容。例如，组织犯与主要的实行犯归入主犯，帮助犯与次要的实行犯归人从犯，另立一类胁从犯。但因为没有给教唆犯留下恰当的位置，因而这种分类还是有缺陷的。以上这种两种写法并列在刑法草案中（该刑法草案共有四处两种写法并列，共同犯罪是其中一处）的情况表明，立法者对于是采分工分类法还是采修正的作用分类法是有争论的，存在势均力敌的两种方案。但分工分类法似乎稍占上风，因为修正的作用分类法是以另一种写法的形式出现的。

（三）1957 年刑法草案中的共同犯罪人分类

1957 年全国人大常委会法律室草拟的《中华人民共和国刑法草案》（初稿）即第 22 稿，对共同犯罪人实行三分法，即分为正犯、教唆犯和帮助犯。第 22 稿规定：直接实行犯罪的，是正犯。对于正犯，根据他在犯罪中所起的作用处罚。教唆他人犯罪的，是教唆犯。对于教唆犯，根据他所教唆的罪处罚；如果被教唆的人没有犯被教唆的罪，对于教唆犯可以减轻或者免除处罚。教唆不满 18 周岁的人犯罪的，从重处罚。用供给工具或者用其他方法帮助他人犯罪的，是帮助犯。事前通谋隐藏犯罪分子或者为犯罪分子毁灭、隐藏犯罪证据的，也是帮助犯。对于帮助犯，应当比正犯从轻或者减轻处罚。此外，第 22 稿还规定对于被胁迫、被欺骗参加犯罪的，应当按照他的犯罪情节，减轻或者免除处罚。相对于1954年刑法草案而言，第22稿具有以下几个特点：一是删除了对组织犯的规定，对此，立法者主要是考虑到在总则中规定组织犯，容易扩大组织犯的范围，倒不如只在分则的有关条文中对其规定较重的法定刑，这样既能使组织犯受到相应的刑罚，又能避免扩大组织犯的范围。[①] 但法律上没有明文规定组织犯，并不等于在理论研究和教学工作上就不可以讲组织犯，因为组织犯不仅在实际上是存在的，而且在我们的刑法草案中也是包含了的（如分则中的首要分子）。[②] 由此可见，组织犯作为共同犯罪人的种类不复存在，但其内容仍涵括在刑法草案中。二是将1954年刑法草案中的实行犯改称正犯，恢复了1950年刑法草案的称法。对此，立法者解释说：为什么在草案中用"正犯"这一名词，而不用"实行犯"？因为"实行犯"这一名称不科学，实际上不但实行犯去实行犯罪，其他共犯也是实行犯罪的，而用了"实行犯"这一名词就意味着其他的共犯好像坐在那里什么都没干似的，这与实际情况是不符的。同时正犯是共犯中的主体，是共同犯罪中对犯罪起决定作用的人，因此用"正犯"更能表现出他在共犯中的作用。[③] 从这种法律术语的变动可以看出，第22稿虽然采分工分类法，但仍力图体现犯罪分子在共同犯罪中的作用对共同犯罪人分类的影响，因此用更能表

---

① 参见高铭暄：《中华人民共和国刑法的孕育和诞生》，法律出版社1981年版，第51页。

② 参见李琪：《有关草拟中华人民共和国刑法草案（初稿）的若干问题》，载《我国刑法立法资料汇编》，北京政法学院刑法研究室1980年版，第124页。

③ 参见李琪：《有关草拟中华人民共和国刑法草案（初稿）的若干问题》，载《我国刑法立法资料汇编》，北京政法学院刑法研究室1980年版，第124页。

现在共同犯罪中的作用的正犯一词取代不能体现这种作用的实行犯一词。三是第22稿虽然规定了胁从犯，并删去了1954年刑法草案有关胁从犯的条文中的“不以共犯论处”的字样，但共同犯罪人的分类并不包括胁从犯。

（四）1963年刑法草案中的共同犯罪人分类

1963年刑法草案是在1962年对第22稿进行讨论修改的基础上产生的。关于共同犯罪人的分类问题，在此期间也展开了热烈讨论，提出了五种分类法，如果对这五种分类法进一步加以概括，大约可以分为以下三种意见：

一是根据犯罪分子在共同犯罪中所起的作用分类，将共同犯罪人分为主犯、从犯或在主犯与从犯之间增加一般犯。其主要理由在于：第一，这样分类符合我国的历史传统和司法习惯。自解放区时代到现在，审判实践中主要是根据犯罪分子在共同犯罪中所起的作用确定各个犯罪分子的刑事责任的。第二，这样分类明确地体现出党和国家对犯罪分子区别对待的政策和原则，根据犯罪分子在共同犯罪中所起作用的大小确定刑事责任和惩罚的轻重，策略性比较强。第三，对犯罪分子分清主次首从，便于分化瓦解犯罪集团，而犯罪集团是最危险的犯罪形式，是我们打击的重点。第四，共同犯罪人分类的主要目的在于区分共同犯罪人各自的刑事责任，便于分别量刑，而社会危害性的大小就是确定他们各自刑事责任，对他们分别量刑的重要根据。①

二是根据犯罪分子在共同犯罪中的分工分类，将共同犯罪人分为正犯、教唆犯、帮助犯或增加一类组织犯。其主要理由在于：第一，犯罪分子在共同犯罪中的分工，明确地显示出每类共同犯罪人在共同犯罪中的地位和所从事的活动，也就是说明了他

① 参见高铭暄：《中华人民共和国刑法的孕育和诞生》，法律出版社1981年版，第52页。

们各自的犯罪事实，而确定每一犯罪分子所起作用的大小，是不能脱离分工的犯罪事实的。第二，根据犯罪分子的分工行为，可以较好地解决定罪问题。例如，本人实行杀人与教唆他人杀人，行为是不同的，因而罪名也应有所不同：前者是故意杀人罪，后者是教唆杀人罪。单纯按作用分类，就显示不出这种区别。又如，教唆他人犯罪，当被教唆的人没有犯他教唆的罪时，教唆犯应该对他教唆的罪独立负责，单纯按作用分类，也解决不了这样的定罪问题。定罪问题是非常重要的，“共同犯罪”之所以列入“犯罪”一章，而不列入“刑罚的具体运用”一章，首先就是要解决定罪问题。第三，按分工分类，可以较好地反映共同犯罪中的复杂情况，避免非主犯即从犯的较粗略的划分方法，而且分类标准是一致的。①

三是折中分类法，其中又分为三种方案：第一是以分工分类为主，以作用分类为辅的方案。以按分工分类为主，划分为组织犯、实行犯、教唆犯和帮助犯，在这个分类的基础上再把主从的分类吸收进去，即肯定组织犯是主犯，肯定帮助犯是从犯，至于教唆犯，就要区分是主犯或不是主犯，对于实行犯，就要区分是主犯、从犯或一般犯。认为这样就能兼有上述两种分类法的优点，既解决定罪问题，又解决量刑问题，比较全面。第二是以作用分类为主，以分工分类为辅的方案，基本上按作用分类，但考虑到教唆犯在定罪上确有其特点，可以单写一条，将共同犯罪人分为主犯、从犯、教唆犯等。第三是两种分类并列的方案，即把共同犯罪分为两种类型：集团性的共同犯罪与一般的共同犯罪。对集团性的共同犯罪（如反革命集团、走私集团等）按犯罪分子在共同犯罪中的作用分类，认为过去我们政策中说的主犯、

① 参见高铭暄：《中华人民共和国刑法的孕育和诞生》，法律出版社1981年版，第52~53页。

从犯，主要是指集团性的共同犯罪。至于一般的共同犯罪，有一些很难说谁是主谁是从，勉强划分不太自然，所以应该按犯罪分子在共同犯罪中的分工分类，分为正犯、教唆犯、帮助犯。①

1962年7月16日关于《对中华人民共和国刑法草案（初稿）的修改意见》的修改意见报告在谈到共同犯罪时指出，这是争论比较多的一个问题。争论的焦点是究竟如何对共同犯罪人进行分类，并列举了上述三种意见，最后指出：目前这几种意见还没有统一起来。

1963年全国人大常委会起草的《中华人民共和国刑法草案》（修正稿）即第33稿，对共同犯罪人的分类基本上统一了起来，将共同犯罪人分为主犯、从犯、胁从犯、教唆犯，这是采纳了折中分类法中以作用为主、以分工为辅的分类方案。我国1979年刑法对共同犯罪人的分类，基本上是吸收了第33稿，从而正式确立了我国刑法中共同犯罪人的分类法。

（五）我国1979年刑法和1997年刑法的共同犯罪规定

我国1979年刑法首先规定了共同犯罪的概念："共同犯罪是二人以上共同故意犯罪。二人以上共同过失犯罪，不以共同犯罪论处，应当负刑事责任的，按照他们所犯的罪分别处罚。"其次，1979年刑法将共同犯罪人分为主犯、从犯、胁从犯和教唆犯四类：（1）主犯。第23条规定："组织、领导犯罪集团进行犯罪活动的，或者在共同犯罪中起主要作用的，是主犯。"对于主犯，除本法分则已有规定的以外，应当从重处罚。（2）从犯。第24条规定："在共同犯罪中起次要或者辅助作用的，是从犯。"对从犯，应当比照主犯从轻、减轻处罚或者免除处罚。（3）胁从犯。第25条规定："对于被胁迫、被诱骗参加犯罪的，

① 参见高铭暄主编：《刑法学》，法律出版社1982年版，第195页。

应当按照他的犯罪情节，比照从犯减轻处罚或者免除处罚。”（4）教唆犯。第26条规定了对教唆犯的处罚原则：教唆他人犯罪的，应当按照他在共同犯罪中所起的作用处罚。如果被教唆人没有犯被教唆的罪，对于教唆犯，可以从轻或者减轻处罚。教唆不满十八周岁的人犯罪的，应当从重处罚。

我国1997年刑法在1979年刑法的基础上对共同犯罪的规定进行了修改。1997年刑法第26条增加以下三款：（1）规定了犯罪集团的概念及其构成条件，即“三人以上为共同实施犯罪而组成的较为固定的犯罪组织，是犯罪集团”。（2）明确了犯罪集团首要分子的概念及处罚原则，即“对组织、领导犯罪集团的首要分子，按照集团所犯的全部罪行处罚”。（3）规定了对其他主犯的处罚原则，即“对于第三款规定以外的主犯，应当按照其所参与的或者组织、指挥的全部犯罪处罚”。同时，删除了1979年刑法中规定的“对于主犯，除本法分则已有规定的以外，应当从重处罚”。第28条修改了胁从犯的概念，将1979年刑法规定的“被胁迫、被诱骗参加犯罪的”中的“被诱骗”三字删除。在规定处罚原则时，删除了“比照从犯”四个字。

（六）小结

由上可知，我国现行刑法的共同犯罪规定是革命根据地时代的共同犯罪立法的延续。一方面，对于共犯人一般按照分工划分为实行犯、教唆犯、帮助犯和组织犯；另一方面根据共犯人在共同犯罪中的作用，将其划分为主犯、从犯和胁从犯。这就是所谓的分工分类法和作用分类法的结合。在这两种分类法中，将共犯人划分为主犯和从犯的作用分类法始终处于中心的地位。①

① 关于如何理解这两种分类法，请参见本章后面的论述。

二、我国共同犯罪立法的历史传统

我国革命根据地时代以来的共同犯罪立法（包括现行刑法共同犯罪规定）的历史来源是什么呢？为了回答这个问题，有必要考察我国传统社会的共同犯罪立法。我国古代共同犯罪制度经过漫长的历史演进，日臻完备。及至《唐律》，古代共同犯罪制度基本稳定下来，并为后世所沿袭。对共同犯罪立法沿革的考察，尤其是对体现了古代最高立法水准的《唐律》中共同犯罪制度的研究，对理解我国现行刑法的共同犯罪制度，发展和完善我国现代共同犯罪理论，有着极其重要的作用。从结构上看《唐律》中之共同犯罪制度不仅见于《名例》篇中，还散见于其他各篇中，形成总则性规定与分则性规定相结合的立法模式；从内容上看《唐律》中共同犯罪制度规定得相当全面、细致，体现了极高的立法水准，成为古代共同犯罪制度的立法典范。下面对《唐律》中共同犯罪的规定加以阐释。

（一）《唐律》中共同犯罪的构成类型

《唐律》对共同犯罪的规定采取了总分则相结合的立法体例。综合分析《唐律》中有关共同犯罪的规定，共犯构成类型可以分为三种：

1. 二人以上共同故意犯罪的共犯构成类型

《名例》第42条规定："诸共犯罪者，以造意为首，随从者减一等。"《疏议》说："'共犯罪者'，谓二人以上共犯。以先造意为首，余并为从。"即共同犯罪指二人以上共同故意犯罪，其中最先产生犯罪意图的为首犯，其余为从犯。由此不难看出，共同犯罪的成立必须具备三个要件：第一，人数在二人以上；第二，存在共同犯罪故意；第三，有共同犯罪行为。此为总则性规定，具有普遍性意义，若无例外规定，成立共同犯罪必须具备以上三个要件；否则，尽管行为人同时同地实施相同犯罪行为亦不构成共同犯罪。如《斗讼》不同谋殴伤人罪规定："其不同谋者，各依所殴伤、杀伤论。"《疏议》说："其不同谋者，假有甲、乙、丙、丁不同谋，因斗共殴伤一人，甲殴头伤，乙打脚折，丙打指折，丁殴不伤。若因头疮致死，甲得杀人之罪，偿死；乙为折支，合徒三年；丙为折指，合徒一年；丁殴不伤，合笞四十。是为'各依所殴伤、杀伤论'"。这说明了行为人若事前无谋议，没有形成共同犯罪故意，即使同时同地殴杀伤同一人，亦不以共同犯罪论，而是依各自行为所致危害结果以单独犯罪论。

有学者认为，《贼盗》共盗并赃论条之二的规定，即"若本不同谋，相遇共盗，以临时专进止者为首，余为从坐"乃是《唐律》中片面共同犯罪的规定，"这是指主观方面没有共盗的故意，只是相遇共盗，犯盗的行为又互相联系，唐律以之作为片面共犯罪，不按一般共犯罪论其首从，而以专进止的人为首，余为从，较专进止的人减一等处刑。"① 由此认为这是《唐律》中共同犯罪的例外规定，即将没有意思联络无共同犯罪故意的"片面共犯"以共同犯罪论。然而，这种观点是值得商榷的。首先，行为人行为前虽无同谋，但行为时可临时产生意思联络，形成共同犯罪故意。这种意思联络，可以通过语言形成，甚至可由一个眼神、一个手势心领神会而形成。该律文中"共同盗窃"的犯罪故意正是在这样的意思联络下形成的。因为犯罪过程中"专进止者"控制犯罪的进退、指挥共同盗窃人的行为，在这种指挥与被指挥的关系中，双方必定形成了某种认识上的一致，达成了某种默契。因此，这里的"共盗"相当于现代刑法理论中所称"事前无通谋（事中通谋）"的共同犯罪。其次，就律文

---

① 参见许利飞：《论〈唐律〉中的共同犯罪》，载《法学评论》1999年第4期。

看，行为人虽于盗窃前无通谋但“相遇共盗”，这里“共盗”即“共同盗窃”。由于没有例外的规定，因此认为这里所称的“共盗”即应是具备了《名例》第42条规定的共同犯罪成立所应具备的三要件的行为。

2. 二人以上过失犯罪的共犯构成类型

例如，《斗讼》：“共举重物，力所不制”，所谓“共举”即二人以上抬举重物；“力所不制”即由于力气所不能控制而重物落地；因此而杀伤人的，以过失杀伤人罪论处，成立过失共同犯罪。又如，《职制》漏泄大事罪规定：“诸漏泄大事应密者，绞。非大事应密者，徒一年半；漏泄于蕃国使者，加一等。仍以初传者为首，传至者为从。”“漏泄大事属于‘不意而犯’”，即为过失犯罪。根据该条的规定，二人以上漏泄大事者，罪分首从，成立过失共同犯罪。《卫禁》宿卫冒名相代罪规定：“主司不觉，减二等。”《疏议》解释：主司“不觉人冒名自代及代之者，减所犯人罪二等”，“若冒代之事，从府而来，即以府官所由为首，余官节级为从坐”，由此可知，如果冒代之情来自折冲府，折冲府官吏不知此冒代之情，就按冒名相代犯罪的本罪减二等处罚，并以折冲府主管的官员为首犯，府内其余的官员按级逐次以从犯论。可见，这种情况下折冲府各级官吏构成冒名相代罪的过失共同犯罪。《唐律》中有关类似过失共同犯罪的规定还很多，此处不再一一列举。

3. 混合型的共同犯罪构成类型

这种共犯构成类型的特点即在于诸共同犯罪人中部分人罪过形式为故意，部分人罪过形式为过失或根本无罪过。例如，《卫禁》宫殿作罢不出罪中规定：“将领主司知者，与同罪；不知者，各减一等”，即在宫殿内劳作完毕的人不出去，如果带领他进去的主管官员知情不说的则与不出去的人同样判罪；若主管官员不知情的，按知情的减罪一等处罚。这里主管官员与不出者构成混合型共同犯罪。就罪过形式而言，前者主管官员与不出者都为明知故犯，是共同故意的共犯类型；后者不出者为故意，而主管官员不知情，主观上为疏于职守之过失，两者构成混合型共同犯罪。又如，《贼盗》中规定："犯奸而奸人杀其夫，所奸妻妾虽不知情，与同罪。"这里通奸妻妾对奸夫杀死自己丈夫之事既无故意，也无过失，但仍与故意杀人之奸夫构成共同犯罪，这也属于混合型的共犯构成类型。

（二）《唐律》中的共同犯罪人及其刑事责任

1. 共同犯罪人首从划分的标准及首从犯刑事责任的承担

《唐律》中的《名例》篇将共同犯罪人分为两大类：首犯和从犯。就划分共同犯罪人首从的标准而言，《唐律》中的规定是十分杂乱的，归纳起来有如下几种：

（1）以是否创造犯意为划分首从的标准。《名例》第42条之一规定："诸共犯罪者，以造意为首；随从者减一等。"《疏议》说："'共犯罪者'，谓二人以上共犯。以造意者为首，余并为从。"这里以是否创造犯意将共同犯罪人分为首犯与从犯；造意者为首犯，其余的为从犯，且从犯减首犯一等处罚。这一分类标准被规定在《名例》篇中，相当于总则性规定。

（2）造意者是否为首犯，还需结合其是否实行犯罪及是否分赃为标准来进行判断。例如，《贼盗》共盗并赃罪规定："若造意者不行，又不受分，即以行人专进止者为首，造意者为从"，这里，造意者由于既未实施盗窃行为，也未分得赃物，因而不为首犯，只以从犯论处。这种情况下"专进止者"，即控制他人犯罪行为、指挥犯罪的人虽没有创造犯意，却以首犯论处。又如，《贼盗》共谋强窃盗罪规定："诸共谋强盗，临时不行，而行者窃盗，共谋者受分，造意者为窃盗首，余并为窃盗从；若不受分，造意者为窃盗从。"即行为人本共谋强盗，造意者却没有实施强盗行为，而行为人只进行偷窃，如果造意者事后分赃，则为共谋盗窃罪中的首犯；若没有分赃，则只是共谋盗窃罪的从犯。以上两例表明，造意者只有在实行犯罪并分得赃物后，才成为共同犯罪的首犯。

（3）事中通谋的共同犯罪以行为人是否专断进退为区分首从的标准。《贼盗》共盗并赃罪规定：“若本不同谋，相遇共盗；以临时专进止者为首，余为从坐。”即在事前无通谋的共同盗窃中，以在共同盗窃时控制他人犯罪行为、指挥犯罪进退的人为首犯，其余的共同犯罪人为从犯。

（4）以官职为标准确定共犯首从。例如，《名例》第42条之四规定：“即共监临主守为犯，虽造意，仍以监主为首，凡人以常从论。”当凡人与监临主守共同犯罪时，无论造意者是谁，都以监临主守为首犯，共同犯罪的凡人为从犯。又如，在《唐律》中多次出现“仍以纲为首，典为从”、“州、县皆以长官为首，佐职以下节级连坐”、“长官为首，佐职为从”、“州县以长官为首，以次为从”的规定，这些都是以官职为标准来划分共同犯罪人首从的。凡官阶高者，其权力大，相应所负责任也大，因而官阶高者为首犯，从重处罚；而官阶低者则以从犯论处。

（5）根据犯罪之先后划分首从。《职制》漏泄大事罪中规定：“以初传者为首，传至者为从。”这就是说，以第一个泄漏秘密之人为首犯，而将后来传送秘密的人作从犯论处。

（6）在驿使以书寄人罪中，根据所传递公文的性质确定共同犯罪人之首从。《职制》驿使以书寄人罪中规定：“若致稽程，以行者为首，驿使为从。军事紧急而稽留者，以驿使为首，行者为从。”即如果传递的是一般性公文，则以行者（受托人）为首犯，驿使为从犯；如果是紧急军事公文，则以驿使为首犯，行者（受托者）为从犯。

以上六种首从划分标准，第一种为一般性的分类标准，而其余五种为特殊性的分类标准，只适用于特定的具体罪名。将这些分类标准归纳起来，可以看出《唐律》首从的划分总体上遵循着这样一个原则，即根据当时统治阶级自身的政治与道德评价标准，以行为人行为的社会危害程度及其在共同犯罪中所起作用来划分共犯之首从。

2.《唐律》共同犯罪区别首从的例外规定

（1）几类特殊的犯罪中，共犯不分首从。《名例》第 43 条之三规定："即强盗及奸，略人为奴婢，犯阑入，若逃亡及私度、越度关栈垣篱者，亦无首从。"根据这一规定，在几种特殊的犯罪中，对共同犯罪人不区别首犯和从犯。之所以如此，是由该几种犯罪自身性质所决定的。例如，强盗及略人为奴婢是由共同犯罪人各自肆行威胁与暴力而为之，因而不分首从；而犯奸、阑入、逃亡、私度、越度关隘，是"身自犯"，即由行为人自身违律所致，因此也不分首从。此外，《名例》第 43 条之二规定："若本条言'皆'者，罪无首从；不言'皆'者，依首从法论。"根据此规定，《唐律》中谋反、谋大逆、谋叛（此罪中"上道者"仍分首从）、谋杀期亲尊长、谋杀缌麻以上尊长（此罪中伤者仍分首从）、杀一家非死罪三人、谋杀府主（此罪中伤者仍分首从）等犯罪，共同犯罪者也不分首犯与从犯。这是因为此类犯罪严重危及到统治阶级的利益和统治秩序，有严重的社会危害性，因此也不分首从犯，一律严惩。

（2）家人共犯，只处罚尊长。《名例》第 42 条之一规定："若家人共犯，止坐尊长……尊长谓男夫。"这是《唐律》中共犯分首从的又一例外规定，它是封建家长制的必然延伸。在封建社会，家属对家长有人身依附关系，不享有任何权利，而家长则有主宰家属的权力。与此相应，家长必须对家属的言行负责，而家属则不承担任何责任。因此，《唐律》规定：如果家人共同犯罪，只处罚家长。此外，《唐律》还规定如果家长中有老、废疾或笃疾的，则只处罚次尊长，这是唐朝恤刑政策在法律中的体现。处罚家长以处罚尊长为限，如果尊长为妇女，就只处罚次男性尊长，这体现了《唐律》对封建社会男尊女卑道德伦常的维护。只处罚尊长，是家人共同犯罪的一般性处罚原则，《唐律》对家人共犯的处罚还有一例外的规定，即“侵损于人者，以凡人首从论”，即对家人共同侵犯他人财产及人身权利的，仍依照对一般人共同犯罪分为首犯、从犯处罚的原则处理。

3.《唐律》中的教唆犯和帮助犯

第一，《职制》挟势乞索罪中规定：“将送者，为从坐。”这里“将送者”是带领强索财物的人去索取财物或交送所征收的财物的人，只是挟势乞索共犯中的帮助犯。又如，《斗讼》谋杀人罪中有：“从而加功者，绞。”所谓“加功者”是对被害者包围胁迫，从而帮助行凶者杀人的人，是谋杀人罪共犯中的帮助犯。可见，《唐律》有关共同犯罪的规定中，存在“帮助犯”的观念，且“帮助犯”被纳入从犯的范围，以从犯论处。

第二，《唐律》中存在教唆犯的观念。通览《唐律》可知，《唐律》中有“教令犯”的概念，且根据律文来看，教令犯包括的内容相当广泛，具体如下：①教令犯相当于现代刑法理论中的间接正犯。《名例》篇规定：“九十以上，七岁以下，虽有死罪不加刑……即有人教令，坐其教令者。”《疏议》曰：“悼耄之人，皆少智力，若有教令之者，唯坐教令之人。”《唐律》中九十岁以上七岁以下的人除反逆缘坐应行配设以外，对其他所有犯罪行为都不承担刑事责任，因而教令这一类人犯罪，只处罚教令者。这里教令者相当于间接正犯。②对教令人单独处罚。《贼盗》造畜蛊毒罪规定：“诸造畜蛊毒，及教令者，绞。”这里将教唆他人造畜蛊毒作为一种独立的犯罪行为予以处罚，以单独犯罪论。③教令犯即共犯中的教唆犯。《斗讼》教令人告事虚罪规定："诸教令人告；事虚应反坐，得实应赏，皆以告者为首，教令为从。"这里教令犯又有现在教唆犯性质，且在共同犯罪中以从犯论。又如，《诈伪》诈教诱人犯法罪："诸诈教诱人使犯法，及和令人犯法，即捕若告，或令人捕、告，欲求购赏；及有憎嫌，欲令入罪，皆与犯法者同坐。"即教令人单纯教唆他人犯罪或者教唆他人犯罪并与之一同实行犯罪的，教令人与被教令人构成共同犯罪，不分首从一并处罚。

第三，《唐律》中共同犯罪人不包括胁从犯。《户婚》嫁娶违律罪规定："其男女被逼，若男年十八以下，及在室之女，亦主婚独坐。"《疏议》解释说："'男女被逼'，谓主婚以威若力，男女理不自由，虽是长男及寡女，亦不合得罪。若男年十八以下及在室之女，亦主婚独坐，男女勿论。"根据《唐律》规定对于违反法律规定嫁娶的，主婚人及嫁娶之男女本构成共同犯罪（主婚人若为祖父母、父母则只处罚主婚人）并区别情况按首犯、从犯论处；但如果男女嫁娶是由于主婚人的逼迫，则只处罚主婚人，被逼迫之男女无罪。又如，《贼盗》谋叛罪中规定："谓协同谋计，乃坐。被驱率者非。余条被驱率者，准此。"其中所谓"被驱率者"即被胁迫参加犯罪的人，律文中明确规定，对这类人不以犯罪论。可见，《唐律》不处罚被胁迫参加犯罪的人，即不存在胁从犯的观念。

（三）小结

《唐律》是中国封建刑法的楷模，各种刑法制度在《唐律》中都发展到了登峰造极的地步，共同犯罪制度也不例外。《唐律》对共同犯罪采用总则性规范与分则性规范相结的立法方式：前者是对共同犯罪的一般规定，后者是对个别罪名的共同犯罪的规定。除去其中带有封建色彩的规定以外，《唐律》的共同犯罪规定达到了极其高超的水平，无愧于"古代民族刑法中一部最文明的刑法”。[①] 特别是“诸共犯罪者，以造意为首，随从者减一等”，更是成为我国传统社会共同犯罪的经典立法模式。

无可否认的是，我国现行刑法共同犯罪的规定受到了以《唐律》为代表的传统社会共同犯罪立法的强烈影响，[②] 这一点集中体现在现行刑法对共犯人以主犯和从犯为中心的分类法之上。晚近以来，之所以在我国共犯理论上产生诸多混乱和错误，其中重要原因之一在于许多学者不承认或者不愿意承认传统社会共同犯罪立法的影响。这种共犯研究上的“鸵鸟政策”的深层原因在于：第一，认为传统社会的法律制度都是封建的糟粕，不足为训。对此，我国台湾地区学者蔡墩铭指出：“中国固有法，自成一独立之法系，而与罗马、英美、印度等法系并存于世，已属公认之事实。中国法系自李悝法经以迄清季，一脉相承，虽间有增损，然在基本思想上，前后一贯，鲜有更易。惟自民国以来，中国固有法之传统，在中国法律之中逐渐褪色。盖清末首先仿照西洋法制而制定之刑律，经民国元年公布为中华民国暂行新刑律，我国则已显然舍弃固有之传统，致使以后相继制定之法律，均未能顾及本国固有之法系，于是所谓中国法系名存实亡，不复再受人之重视，良可慨也。”[③]“民国以来之立法所以模仿外国法制，改易旧观，实认为中国旧律封建思想浓厚，与现代社会情势不能适应，非无原因。倘专就旧律之缺点以观，固系如此，

---

① ［日］小野清一郎：《犯罪构成要件理论》，王泰译，中国人民公安大学出版社 2004 年版，第 152 页。

② 参见陈兴良：《共同犯罪论》（第二版），中国人民大学出版社 2006 年版，第 541 页。

③ 蔡墩铭：《唐律与近世刑事立法之比较研究》，台北汉苑出版社 1976 年版，第 1 页。

然若从其优点以观，则旧律之中亦富有进步之刑法思想，即使以现代刑法学之观点衡之，不但毫无逊色，转足以自豪，此为研究旧律之人不难觉察之事实。”① 第二，认为外国的法律制度比我国传统社会的法律制度更加先进，因此应当全盘西化。对此，我国台湾地区学者蔡墩铭指出：“惟自清末变法以来，国人普遍存在之错误观念，即蔑视本国固有法，极力推崇西洋法律，于是不但采用欧陆成文法典，且有时不惜继受其习惯法与判例，以为本国司法之用，故在法律领域内之全盘西化之程度，较在其他领域更加彻底。在此时尚之下，凡属本国固有法者，莫不被认为不屑一顾，不予理会，是其浸淫于律义者，可谓为凤毛麟角，寥寥无几，殊堪浩叹。然法律者非先于社会而存在，而系适应社会之物，有斯社会，始有斯法律，是则社会伦理应为法律所附，法律不但不能于社会伦理背道而驰，亦不能创造新社会伦理，他山之石，纵可攻错，但究非可以彼代此，是以对于西洋法律，虽可酌采其优点，却不宜全盘接受，否则在适用上，必致格格不入，欲益反损。”②

笔者认为，如果说我国台湾地区“刑法”由于采用了德日的二元参与体系，完全脱离了“共犯罪分首从”的传统，从而不太可能在解释论上运用以《唐律》为代表的传统社会共同犯罪立法；那么，在我国大陆刑法中，由于共同犯罪规定明显地受到以《唐律》为代表的传统社会共同犯罪立法，因此在解释论上就必须考虑传统社会立法的影响。这不是一个解释立场的问题，而是一个是否承认历史事实的问题。罔顾历史事实，脱离我

① 蔡墩铭：《唐律与近世刑事立法之比较研究》，台北汉苑出版社1976年版，第1～2页。

② 蔡墩铭：《唐律与近世刑事立法之比较研究》，台北汉苑出版社1976年版，第345～346页。

国共同犯罪立法本身，采用“鸵鸟政策”将共犯理论建立在德日的二元参与体系立法的基础上，这并非正确的研究态度和进路。当然，笔者并不反对借鉴德日的犯罪参与理论，但反对在对我国共同犯罪立法本身的归属缺乏明确认识的前提下盲目引进这些理论。在没有证明我国共同犯罪立法本身即属于二元参与体系的情况下，不假思索地采用二元参与理论，至少缺乏理论研究的严肃性。

三、我国共同犯罪立法的政策根据

除了以《唐律》为代表的传统社会的共同犯罪立法传统以外，我国革命根据地时代以来的共同犯罪立法（包括我国现行刑法共同犯罪规定）也充分体现了我党一贯的惩办与宽大相结合的刑事政策。早在第二次国内革命战争时期，针对当时肃反工作中的“左倾”错误，1931 年 12 月 13 日中央执行委员会非常会议通过的《中华苏维埃共和国中央执行委员会训令第六号》明确提出分别首要与附和，对首要分子应该严厉处置，对附和分子应该从宽处置。①

1940 年 12 月 25 日，毛泽东在《论政策》一文中提出镇压与宽大的政策，指出：应该坚决地镇压那些坚决的汉奸分子和坚决的反共分子，非此不足以保卫抗日的革命势力。但是绝不可多杀人，绝不可牵涉到任何无辜的分子。对于反动派中的动摇分子和胁从分子，应有宽大的处理。1942 年 11 月 6 日《中共中央关于宽大政策的解释》中，进一步重申和阐发了毛泽东同志提出的镇压与宽大两个政策的思想，指出：“在实施时，又必须区别首要分子与胁从分子，在首要分子中真正表示改悔者，也是可能

① 参见韩延龙、常兆儒：《中国新民主主义革命时期根据地法制文献选编》（第 3 卷），中国社会科学出版社 1981 年版，第 288 页。

的，也是有过的。但在胁从分子中真正表示改悔的可能性最大，过去经验证明也最多。根据此种情形，我们在惩治破坏分子时，主要的应是惩治那些首要分子，其次才是惩治那些胁从分子。同时，我们的宽大政策，主要的是施于胁从分子，其次才是施于首要分子。”①

1947 年 10 月 10 日发布的由毛泽东草拟的《中国人民解放军宣言》明确提出了对于国民党人员采取分别对待的方针，并将这一方针经典地概括为十五个字：首恶者必办，胁从者不问，立功者受奖。

新中国成立以后，毛泽东又多次阐述了对敌斗争的策略。②1950 年，毛泽东在《为争取国家财政经济状况的基本好转而斗争》一文中，把这一政策概括为镇压与宽大相结合，指出：必须坚决地肃清一切危害人民的土匪、特务、恶霸及其他反革命分子。在这个问题上，必须实行镇压与宽大相结合的政策，即首恶者必办，胁从者不问，立功者受奖的政策，不可偏废。后来，考虑到在镇反斗争中往往把镇压理解为杀头，为了避免这种误解，就改为惩办与宽大相结合。这一政策在前公安部长罗瑞卿 1956 年于党的八大会议上所作的题为《我国肃反斗争的主要情况和若干经验》的报告中得以完整地表述：“在对待反革命分子的政策上，就是惩办与宽大相结合的政策。它的具体内容就是：首恶必办，胁从不问，坦白从宽，抗拒从严，立功折罪，立大功受奖。”

1963 年 3 月 23 日中央政法小组关于修改《中华人民共和国刑法草案》（草稿）情况和意见的报告中指出：“根据党的‘首

① 韩延龙、常兆儒：《中国新民主主义革命时期根据地法制文献选编》（第 3 卷），中国社会科学出版社 1981 年版，第 54 ~ 55 页。

② 参见陈兴良：《共同犯罪论》（第二版），中国人民大学出版社 2006 年版，第 164 ~ 165 页。

恶必办、胁从不问’的刑事政策和审判实践的经验，分为主犯、从犯、胁从犯和教唆犯，规定对主犯从重处罚，对从犯从轻或者减轻处罚，对被胁迫、被诱骗参加犯罪的减轻或者免除处罚，并在分则许多条文中，对首要分子或者其他罪恶重大的，规定了更重的法定刑。这样就使打击锋芒更加明确，体现了惩办与宽大相结合的政策。”①

从上述党的惩办与宽大相结合政策的形成中可以看出，这一政策的核心思想是对犯罪分子要区别对待。② 毛泽东曾经表述过如下非常深刻的思想：我们的政策是建立在区分的基础之上的，没有区别就没有政策。只有在区分的基础上，才能决定是惩办还是宽大。在这一政策的指导下，我国刑法对共同犯罪人的分类，就不能不把重点放在区别共同犯罪人的社会危害性大小上，这样，刑法确立以作用分类为主、分工分类为辅的共同犯罪人的分类法也就是理所当然的了。③ 因此，我国刑法学者陈兴良教授指出，我国刑法对共同犯罪人的分类法虽然在一定程度上受历史传统的影响，但主要还是受惩办与宽大的政策的制约。如果不从惩办与宽大的政策人手，就难以揭示我国刑法关于共同犯罪人的分类法的深刻内涵。④ 在笔者看来，以《唐律》为代表的传统社会共同犯罪立法与我党的惩办与宽大相结合的刑事政策的精神是一致的，因此，以这种刑事政策为指导的革命根据地时代以来的共

① 《我国刑法立法资料汇编》：北京政法学院刑法教研室 1980 年，第 155 页。

② 参见陈兴良：《共同犯罪论》（第二版），中国人民大学出版社 2006 年版，第 165 页。

③ 参见陈兴良：《共同犯罪论》（第二版），中国人民大学出版社 2006 年版，第 165 页。

④ 参见陈兴良：《共同犯罪论》（第二版），中国人民大学出版社 2006 年版，第 165 页。

同犯罪立法，在某种程度上可以视为对传统社会共同犯罪立法的一种延续。

四、我国共同犯罪立法与外国共犯立法

除了以《唐律》为代表的传统社会共同犯罪立法模式和我国革命根据地时代以来的刑事政策以外，对于我国现行共同犯罪立法产生过影响的是清末法律改革中引入的、以德日为代表的二元参与体系立法和前苏联的共同犯罪立法。

（一）清末法律改革引入的二元参与体系立法

中国历史上的共同犯罪制度的重大变革始于1911年公布的《大清新刑律》。此前，1910年颁行的《大清现行刑律》关于共同犯罪的规定仍然沿袭《唐律》。而《大清新刑律》则引入了西方刑法中的共同犯罪制度，使共同犯罪制度从内容到形式都发生了深刻的变化。中国封建刑法对共同犯罪人的分类，都是按其在共同犯罪中的作用，分为首犯与从犯。这种两分法自《唐律》确定以后沿袭近千年而不改。但《大清新刑律》则完全摒弃了这种首犯与从犯的二分法，而按照德日的二元参与体系将共犯人分为正犯（实行犯）、从犯（帮助犯）和造意犯（教唆犯），并规定对教唆犯准正犯处罚、帮助犯得减正犯之刑。1912年中华民国成立以后公布的《暂行新刑律》以及此后的1928年和1935年《中华民国刑法》关于共同犯罪的规定，虽然在某些条文上对《大清新刑律》有所改动，但二元参与体系的立法模式一直延续下来。新中国成立后，1935年《中华民国刑法》一直为我国台湾地区所沿用。2005年，我国台湾地区对这部“刑法”进行了全面修订，虽然对其中共犯部分也进行了若干修订，但并未改变二元参与体系的立法模式。

这里的问题是，清末法律改革以来所引入的、以德日为代表的二元参与体系立法模式，对我国现行刑法共同犯罪的规定到底

有多大影响？在以往的研究中，有学者似乎想当然地认为，既然这种二元参与体系立法是我国共同犯罪立法史的一个部分，那么我国就必然会受到它的影响。有的学者甚至有一种错觉：既然二元参与体系立法在我国共同犯罪立法史出现过，那么我国现行共同犯罪立法就理所当然属于这种立法体系，因此运用二元参与理论对我国现行立法进行解释就是正当的。这无疑是对历史的误读。首先，不可否认的是，清末法律改革引入的二元参与体系立法曾经对我国革命根据地时期的共同犯罪立法产生过影响，特别是在革命根据地初创缺乏立法经验的时期和国共合作的特殊时期。① 其次，清末法律改革引入的二元参与体系立法中的某些规定被我国现行刑法所吸收，其中最为明显的是关于所谓教唆未遂的规定。例如，1935 年《中华民国刑法》第 29 条第 2 款规定："被教唆人虽未至犯罪，教唆犯仍以未遂犯论，但以所教唆罪之有处罚未遂犯之规定者为限。"② 而我国现行刑法第 29 条第 2 款则规定："如果被教唆的人没有犯被教唆的罪，对于教唆犯，可以从轻或者减轻处罚。"③ 除此以外，清末法律改革以来引入的二元参与体系立法对我国现行刑法共同犯罪规定似乎没有什么影响。从总体上看，我国现行刑法共同犯罪立法维持了我国传统社会的共犯立法模式和革命根据地时代以来的立法传统，而这种立法与二元参与体系立法显然有根本的区别。

（二）前苏联的共同犯罪立法

前苏联是世界上第一个社会主义国家，在苏维埃政权初期的

---

① 参见陈兴良：《共同犯罪论》（第二版），中国人民大学出版社 2006 年版，第 17～20 页。

② 这一条款已经在 2005 年我国台湾地区"刑法"修订过程中被删除。

③ 对于这一条款的理解，请参见本书最后一章的论述。

法令中，对共同犯罪的问题就十分注意。1919 年《苏俄刑法指导原则》首次在立法上明文规定了共同犯罪，此后，共同犯罪制度不断完善。1926 年《苏俄刑法典》对共同犯罪的规定，在总结前几次刑事立法经验的基础上，达到了较为完备和成熟的程度。1960 年《苏俄刑法典》对共同犯罪的规定作了进一步的补充，使之相对完善。1960 年《苏俄刑法典》关于共同犯罪的规定内容如下：（1）关于共同犯罪人的分类。1960 年《苏俄刑法典》将共同犯罪人分为四种：直接实施犯罪的，是实行犯。组织实施犯罪或领导实施犯罪的，是组织犯。怂恿他人实施犯罪的，是教唆犯。以建议、指点、供给工具和排除障碍等方法帮助实施犯罪，或者藏匿犯罪人或湮灭罪迹的，是帮助犯（第 17 条）。（2）关于共同犯罪的处罚原则。1960 年《苏俄刑法典》规定对共同犯罪人的处罚，应当依照共犯参加犯罪的程度和性质来决定（第 17 条），这是对共同犯罪人处罚的一般原则。① 共同犯罪人个别具有从重或者从轻情节的，《苏俄刑法典》在量刑的有关章节中加以相应规定。例如，第 39 条规定有组织地结伙犯罪的，是加重责任的情节。第 38 条规定，犯罪是由于受到威胁、强迫，或者受到物质上的、职务上的以及其他从属关系的影响而实施的，是减轻责任的情节。②

1960 年《苏俄刑法典》的这种共同犯罪立法模式，在刑法学说一般称为“包括的共犯体系”。对于“包括的共犯体系”是否等同于单一正犯体系，存在两种不同的观点：一种观点认为，

---

① 日本学者一般认为前苏联刑法典的共同犯罪规定属于单一的正犯体系立法，而且属于功能的单一正犯体系立法。具体参见第三章第一部分的内容。

② 参见陈兴良：《共同犯罪论》（第二版），中国人民大学出版社 2006 年版，第 33 ~ 35 页。

单一正犯体系本来以所有参与者的等置和等罚为原则，另外设置例外的规定，这与只是为了确定共犯参与者范围的“包括的共犯体系”有所不同；[①] 另一种观点认为，虽然名称上是“包括的共犯者”，但实际上与包括的正犯概念即单一的正犯概念没有区别。[②] 事实上，虽然在单一正犯体系下对各参与者实行等罚原则，但这里的等罚原则不应机械地理解为对各参与者适用完全相同的刑罚，而是要根据各参与者的参与性质和程度来实现刑罚的个别化。因此，1960 年《苏俄刑法典》的共同犯罪规定与单一正犯体系实际上没有区别。

从新中国刑法草案中的共同犯罪规定来看，前苏联的共同犯罪立法是有影响的。[③] 这种影响最集中地体现在于有些草案将共犯人区分为实行犯、组织犯、教唆犯和帮助犯。虽然这些草案采取了前苏联刑法对共犯人的分工分类法，但是我国传统的主从犯的分类法从来就没有被放弃过，而且这种主从犯分类法的核心地位也从来没有改变过。在笔者看来，我国现行刑法共同犯罪规定与 1960 年《苏俄刑法典》并没有本质上的差异。如果说有差异，那么这种差异仅在于我国现行规定没有在条文上明确地规定组织犯、实行犯和帮助犯。但事实上，无论是从立法原意、司法实践还是理论研究来看，对于这些犯罪参与形态都是广泛承认的。

① 参见［日］夏目文雄：《“共谋共同正犯理论”的批判性检讨》，载《爱知大学法经论集法律篇》，第 63 号，1971 年，第 68 页，注 1。

② 参见［日］木村龟二：《犯罪论的新构造》（下），有斐阁 1968 年版，第 518 页。

③ 在特定的历史时期，这种影响是完全可以理解的。虽然我国其他许多法律部分已经完全脱离了前苏联立法的影响，虽然继承了前苏联刑法的俄罗斯刑法也已经摒弃了许多带有强烈阶级色彩的内容，但是，我国现行刑法以及刑法理论仍然受到前苏联的强烈影响。

五、小结

从以上对我国共同犯罪立法史的梳理可以看出，我国现行共同犯罪规定主要受以《唐律》为代表的传统社会共同犯罪立法模式（共犯罪分首从）和革命根据地时期以来的刑事政策（惩办与宽大相结合）的影响。这些影响体现在新中国成立以后的各刑法草案之中，并最终演变成我国现行刑法的共同犯罪规定。就外国共同犯罪立法的影响而言，清末法律改革以来所引入的以德日刑法为代表的二元参与体系立法，除了某些历史沿革的意义以外，对我国现行刑法共同犯罪规定几乎没有太大的影响；而前苏联的共同犯罪立法与我国传统的共同犯罪立法模式并不存在根本的差异。

在笔者看来，对于以《唐律》为代表的传统社会共同犯罪立法模式的认识，对于理解我国现行共同犯罪规定的体系归属具有至关重要的作用。这是因为，革命根据地时期以来的惩办与宽大相结合的刑事政策并没有从根本上改变“共犯罪分首从”的立法传统，而不过是以另一种话语对这种立法传统进行了确认。从现代的眼光来看，以《唐律》为代表的传统社会共同犯罪立法到底属于哪种体系呢？对此，我国台湾地区学者蔡墩铭教授指出：“藉此以观，无论造意者抑或随从者应负之责任如何，二者所受之法律评价，原无不同。唐律所以在特定情形，依别种标准分别首从，实即不认为造意与随从之行为态样，在本质上有何不同之故。自此点观之，唐律显已采取统一正犯概念，非仅扩张正犯概念而已。统一正犯概念（Einheitstäterschaft）之特色在于对共犯不异其处罚，即就所有参与犯罪者，科以同一之刑罚。然观乎唐律之名例四二之一‘诸共犯罪者，以造意为首，随从者减一等’，似与此类共犯概念不甚相符，其实不然。夫造意者如前所述，系最先唱议者，则其人数目不至于太多，是其与随从者相比，后者可能有千百人，而前者可能仅有一人。果尔，千百人应受同一之刑罚，实不得因只有一人应受较重之刑罚，而认为共犯之刑罚，有轻重之分。况名例四三之二与三又曰‘若本条言皆者，罪无首从；不言皆者，依首从法。即强盗及奸、略人为奴婢，犯阑人、若逃亡及私度、越度关栈、桓篱者，皆无首从’。可知在唐律之罪名中，以同一之刑罚科处所有参与犯罪者之情形，实不乏其例。”[①] 日本刑法学家西村克彦也指出：在《唐律》里，除了“共（共同）犯罪者（正犯）”之外，并没有设立像人们所说的教唆或是帮助这样的与共犯罪者（正犯）相对立存在的概念，来作为一般的共犯类型。其原因，使用滋贺教授的话来说，就是：并不是嫌区别它们麻烦，而是在于要把更为广泛的犯罪的协力行为认定为“犯罪”行为。[②] 我国学者陈兴良教授也指出，在《唐律》中，由于教唆犯和帮助犯规定在分则之中，因此总则中的“共犯罪”相当于二元参与体系之下的共同正犯。[③] 这样一来，实际上所有犯罪的参与者均正犯化了，剩下的问题只是根据各参与者的不同作用进行量刑。由此可见，《唐律》中只有正犯的概念而没有共犯的观念，可以说是地地道道的单一正犯体系的立法。

对于我国传统的单一正犯体系以及以之为根基的我国现行刑法共同犯罪规定，应当如何加以评价呢？对此，我国刑法学者陈兴良教授指出，我们应当具有一种什么样的共犯观念，这是共犯

---

① 参见蔡墩铭：《唐律与近世刑事立法之比较研究》，台北汉苑出版社 1976 年版，第 208 页。

② 参见［日］西村克彦：《东西方的共犯论》，载《国外法学资料》，1982 年第 1 期，第 21 页。

③ 参见陈兴良：《共同犯罪论》（第二版），中国人民大学出版社 2006 年版，第 522～523 页。

立法首先需要解决的一个问题。我国关于共同犯罪的立法之所以疵误迭出，根本原因在于没有建立一种正确的共犯观念。[①] 大陆法系各国的共犯理论，基本上是沿着正犯与共犯两条线索建立起来的，实际上也就是以定罪为中心的。[②] 正确的共犯观念始于正犯与共犯的区分。换言之，正犯与共犯的区分是共犯观念成熟的标志。中国古代的共同犯罪制度，不存在正犯与共犯之分。[③] 按照这个标准，我国古代的共同犯罪立法并非成熟的制度。因此，以我国古代的共同犯罪立法为基础的现行刑法共同犯罪规定就存在根本缺陷。[④] 但是，这种理解存在以下几个问题：首先，这种

---

① 参见陈兴良：《共同犯罪论》（第二版），中国人民大学出版社 2006 年版，第 521 页。

② 参见陈兴良：《共同犯罪论》（第二版），中国人民大学出版社 2006 年版，第 524 页。

③ 参见陈兴良：《共同犯罪论》（第二版），中国人民大学出版社 2006 年版，第 522 页。

④ 当然陈兴良教授也正确地指出，在我国封建刑法中不存在共同犯罪的定罪问题，这个问题已经由各篇的具体规定而解决了。正因为如此，中国封建刑法对共同犯罪的一般规定，主要任务只能是解决共同实行犯的量刑问题。由这一任务所决定，对共同犯罪人的分类以犯罪分子在共同犯罪中的作用为标准，也就是顺理成章的了。由以上分析可知，中国封建刑法对共同犯罪人的作用分类法，重点是要解决共同犯罪的量刑问题，这无疑是正确的。但这是建立在已经解决了共同犯罪定罪问题的基础之上的。参见陈兴良：《共同犯罪论》（第二版），中国人民大学出版社 2006 年版，第 534 页。但是，这里的问题是，假设刑法总则和刑法分则均无共犯（教唆犯、帮助犯等）的规定，而只有主犯、从犯的规定，那么共犯就不受处罚了吗？从二元参与体系立法的角度上看，回答当然是肯定的，因为既然刑法分则的构成要件针对的只是正犯，那么，根据罪刑法定原则，如果没有关于共犯的特别规定（无论是总则规定还是分则规定），共犯当然就不应当受到处罚。然而，从一元参与体系立法的角度看，回答当然是否定的，

理解是一种立法论而非解释论的批判。仅仅对现行共同犯罪规定进行立法论的批判，对于合理地解释现行法是毫无益处的。更为重要的是，这种立法论的批判是否正确，还是一个很大的疑问。其次，从本书前两章的论述可以看出，在大陆法系不仅存在以德日为代表的区分正犯与共犯的二元参与体系立法，也存在以意大利和奥地利为代表的不区分正犯与共犯或者区分的意义仅限于量刑的一元参与体系立法。以往我们由于对一元参与体系立法一无所知，以为大陆法系各国刑法采用的均为二元参与体系立法，现在看来是不正确的，以往我们是犯了“一叶障目，不见泰山”的错误。最后，从本书前两章的论述也可以看出，区分正犯与共犯的二元参与体系立法存在难以克服的理论困境，因此并不是值得采用的犯罪参与立法体系。相反，不区分正犯与共犯的一元参与体系立法则可以说是符合现代刑法保护法益目的的、值得采用的犯罪立法体系。这样一来，我们就不能说正犯与共犯的区分是共犯观念成熟的标志了。与一元参与体系可以说存在不谋而合之处的我国古代共犯立法以及以之为基础的我国现行刑法共同犯罪规定，是否真的那么不堪一用，也不能一概而论。关键在于从哪个视角对之进行解释。为了更为清晰地理解我国现行共同犯罪立法体系的归属，下面笔者将对我国理论上关于共同犯罪立法体系的争论进行评述。

（接上页注①）因为刑法分则的构成要件不仅针对二元参与体系立法意义上的正犯，而且针对所有实现不法构成要件的参与者。这样，即使没有关于共犯处罚的特别规定，这些参与者仍然要受处罚。由此可见，二元参与体系与一元参与体系对于构成要件的理解是完全不同的：前者是一种完全形式化的理解，而后者才是符合刑法法益保护目的的实质化理解。在以往我国的共犯研究中，由于对二元参与体系立法比较熟悉而且推崇备至，因此就当然地以为其关于构成要件的理解是唯一真理，事实上并非如此。

第二节　我国刑法理论上关于共同犯罪立法体系的争论

我国刑法理论上关于共同犯罪立法体系的讨论，是与新中国成立以来各刑法草案中对共同犯罪人分类的讨论密切相关的。换言之，立法草案中关于分工分类法和作用分类法的二分法直接为刑法学界所采用，在此基础上形成了关于我国共同犯罪人分类的通说，即认为我国关于共同犯罪人的规定采取了以作用为主、以分工为辅的混合分类法，而且这种分类法既解决了共同犯罪人的量刑问题，又解决了共同犯罪人的定罪问题。对于这一通说，有学者提出了异议。例如，张明楷教授认为教唆犯不是我国刑法上独立的共犯人类型。但是，无论是通说还是与通说不同的见解，都是从分工分类法和作用分类法的二分法出发的。问题是，对这种二分法应当如何评价呢？最近，有些学者开始从二元参与体系与一元参与体系的角度出发研究我国的共同犯罪立法体系，但绝大多数学者对二元参与体系采取了简单肯定、对一元参与体系采取了简单否定的态度。只有少数学者明确意识到我国共同犯罪立法体系与二元参与体系存在根本差异。这些观点无疑使我国关于共同犯罪立法体系的讨论更加深入，但不可否认的是，其中又夹杂着大量似是而非的内容。以下，笔者将对这些理论争议进行全面梳理。

一、从分工分类法还是作用分类法出发的讨论

在1979年刑法颁行以后，我国刑法学界关于共同犯罪人分类的认识大体上得到了统一，即认为我国刑法关于共同犯罪人的分类是两种分类法的统一，这种分类法既解决了共同犯罪人的量

刑问题，又解决了共同犯罪人的定罪问题。按照这种分类法，将共同犯罪人分为主犯、从犯、胁从犯，使共同犯罪人的量刑问题得以圆满解决。而对教唆犯单独规定一条，组织犯、实行犯、帮助犯在条文中已涵括了，也解决了共同犯罪人的定罪问题。因此，从刑法理论上分析，这种分类法主要是以共同犯罪人在共同犯罪中所起的作用为分类标准，同时也照顾到共同犯罪人的分工情况，特别是1979年刑法第26条划分出教唆犯这一类，有利于正确地定罪。而且该条又明确规定，对教唆犯应当按照他在共同犯罪中所起的作用处罚。这样就将教唆犯这一分类纳入到以在共同犯罪中所起的作用为分类标准的分类体系中，从而获得了分类的统一性。[①] 在1997年刑法颁布以后，通说对于我国共同犯罪人分类的认识也没有任何改变。[②]

首先对通说提出质疑并主张单一的作用分类法说是张明楷教授。他指出："共犯人的分类与其他分类一样，是一种逻辑方法，理当遵循分类的逻辑规则。根据逻辑规则，每一种分类只能根据同一标准，绝不能同时采取两种以上的标准"。[③]"若按照有的同志说，我国刑法在给共犯人分类时，把上述两种分类方法结合起来了，从而把共犯人分为主犯、从犯、胁从犯和教唆犯四类。在我们看来，上述两种不同的分类方法是不能同时结合采用的。因为划分的标准不同，划分出来的子项不同，将不同标准划分出来的共犯人并列在一起，必然会出现一个罪犯同时具有双重身份的混乱现象……只有当教唆犯分别划入主犯与从犯而不与主

① 参见陈兴良：《共同犯罪论》（第二版），中国人民大学出版社2006年版，第541页。

② 参见高铭暄、马克昌：《刑法学》（上编），中国法制出版社1999年版，第303～304页。

③ 张明楷：《刑法学》（第二版），法律出版社2003年版，第339页。

犯、从犯相并列时，才能避免这一逻辑错误”。[①]“世界各国刑事立法对共犯人的分类，无论是二分法、三分法还是四分法，尽管五花八门，但其分类标准无非是两种。一是按照共犯人行为的性质与活动分工的特点，把共犯人分为实行犯、教唆犯、帮助犯，有的国家还加上一个组织犯。二是按照共犯人在共同犯罪中的作用，把共犯人分为主犯、从犯，有的国家还加上一个胁从犯。……第二种分类法是比较科学的，这一分类法能够说明各共犯人行为的社会危害性程度，能正确的解决刑事责任问题。我国刑法就是采取的这一分类法，把共犯人分为主犯、从犯、胁从犯的。”[②] 而“教唆犯，应当根据情况，分别归入主犯与从犯。那么，他就不能与主犯、从犯相并列而成为共犯人中的独立种类。”[③]

张明楷教授的这种观点，受到了许多学者的批判。例如，陈兴良教授指出：“两种分类法能否结合，关键是要看两者在内容上是否互相排斥，如果内容上不是互相排斥，那么，尽管采用不同的分类标准，也是可以结合的。”[④] 而分工分类法和作用分类法在内容上并不互相排斥：分工分类法解决定罪问题，而作用分类法解决量刑问题，“作用分类法能根据罪犯所起的作用，说明其社会危害性的程度，能正确圆满地解决刑事责任问题，是一种科学的分类方法。对于这种贬分工分类法褒作用分类法的观点，

---

① 张明楷：《教唆犯不是共犯人中的独立种类》，载《法学研究》1986年第3期。

② 张明楷：《教唆犯不是共犯人中的独立种类》，载《法学研究》1986年第3期。

③ 张明楷：《教唆犯不是共犯人中的独立种类》，载《法学研究》1986年第3期。

④ 参见陈兴良：《共同犯罪论》（第二版），中国人民大学出版社2006年版，第166页。

我不敢苟同。因为论者对这两种分类法的优劣未能作出科学评价，尤其是没有看到作用分类法的局限性，因而这样贬低分工分类法褒扬作用分类法是片面的。事实上，抛开作用分类法的局限性不说，分工分类法有利于解决共同犯罪的定罪问题，作用分类法有助于解决共同犯罪的量刑问题。而定罪与量刑，构成刑事责任的完整内容：定罪是解决刑事责任的有无问题，量刑是解决刑事责任的大小问题。因此，定罪与量刑是刑事责任的两个互相联系而又互相区别的环节，并且存在严格的时间顺序，即定罪在先，量刑在后。只有在解决了定罪问题的基础上，才有量刑可言。依论者之见，对共同犯罪人分类的目的是为了解决刑事责任问题。但又以为作用分类法能解决量刑问题，就是正确圆满地解决了刑事责任问题，明显地忽视了刑事责任中定罪这一在某种意义上说更为重要的环节，把量刑等同于刑事责任，这不能不认为是以偏概全。”[①] 从这个意义上说，陈兴良教授实际上是赞成通说的，但是，由于刑法规定本身的不明确，因此造成了一些混乱，[②] 因此他建议我国刑法首先明确地按照分工分类法将共犯人划分为实行犯、组织犯、教唆犯和帮助犯，然后规定按照作用分类法将这些共犯人分为主犯和从犯，以便对之进行量刑。[③]

马克昌教授则从教唆犯的法定性角度对张明楷教授的观点进

① 参见陈兴良：《共同犯罪论》（第二版），中国人民大学出版社2006年版，第157页。

② 例如，一个深受诟病的司法解释是最高人民法院2000年6月30日《关于审理贪污、职务侵占案件如何认定共同犯罪几个问题的解释》，其中指出：“公司、企业或者其他单位中，不具有国家工作人员身份的人与国家工作人员勾结，分别利用各自的职务便利，共同将本单位的财产非法占为己有的，按照主犯的犯罪性质定罪。”

③ 参见陈兴良：《共同犯罪论》（第二版），中国人民大学出版社2006年版，第543页。

行了批判。他指出："法定自然是指刑法规定；刑法对教唆犯也作了规定，为什么被排除在'法定'之外呢？实在难以理解。"[①] 何荣功博士对马克昌教授的观点表示赞同，他指出："共同犯罪是一种社会现象，更是一种法律现象，因此，教唆犯是否属于我国刑法中独立的共同犯罪人种类以及我国刑法对共同犯罪人之划分采取的是何种标准的问题，必须以刑法对共同犯罪人的具体规定为前提，即当某一共同犯罪人形态被规定在我国刑法中时，其就是我国刑法中独立的共同犯罪人种类；反之，就不能说该种共同犯罪人形态属于我国刑法规定的独立共同犯罪人种类。对教唆犯地位的认识同样也应当遵循这一标准。众所周知，无论是我国1979年刑法还是现行刑法，教唆犯都是明确作为一种法定的共同犯罪人类型被规定的，因此，可以说我国刑法对共同犯罪人采取的并非是单一的作用分类法，而是同时也兼顾了共同犯罪人的行为分工，这应当说是一个显而易见的问题。"[②] 何荣功博士进一步指出，张明楷教授之所以认为教唆犯不是我国刑法规定的一个独立的共犯人类型，乃是出于解释论上的考虑，避免因承认教唆犯属于我国刑法上的独立共犯人类型而导致的我国共同犯罪人分类标准之逻辑混乱问题。但是，刑法解释是有限度的，必须以立法本身为前提，"在遵循刑法规定的前提下，若能够运用刑法解释弥补刑法立法的漏洞和不足，当然值得肯定，但我们绝不能为了弥补刑法立法的缺陷与不足而背离刑法的规定对刑法条文进行解释。既然我国刑法明文规定了教唆犯，教唆犯便理所当然地应被视为我国刑法规定的一种独立共同犯罪人形态。无视我国刑

① 马克昌：《共同犯罪理论中若干争议问题》，载《华中科技大学学报》（哲学社会科学版）2004年第1期。

② 何荣功：《共犯的分类与解释论纲》，载《法学评论》2005年第3期。

法对教唆犯的明确规定，坚持认为教唆犯不是我国刑法共同犯罪人中独立类型，不能说这是与罪刑法定主义的精神相吻合的。”①因此，何荣功博士指出，必须承认我国刑法的共同犯罪规定采取的是混合分类法，但他同时指出，这种混合分类法并不像通说所说的那样吸取了两种分类法的优点并且避免了两种分类法的缺点，实际上，混合分类标准的采用，在吸收了分工分类法和作用分类法各自的优点的同时，也一并兼有了各自存在的缺陷，各自的缺陷并不会因为混合分类标准的采用而得到完全的克服。此外，从罪刑关系的立场看，刑法上主犯、从犯、胁从犯的概念重视的是对共同犯罪人刑事责任轻重的评价，而非侧重对行为性质的界定。但定罪是量刑的前提和基础，对行为人刑事责任轻重的评价必须是以对行为人性质的认定为基础，跳跃了对行为人性质的认定而径自对行为人刑事责任的轻重作规定，也难以符合罪刑关系的基本要求。②

上述关于我国刑法共同犯罪人分类的争议可以归结为单一的作用分类法与混合分类法之争。其中，张明楷教授主张前者，而通说以及对张明楷教授进行批判的观点采取后者。通说与对张明楷教授进行批判的观点的差别仅在于刑法的共同犯罪规定本身是否明确：通说认为分工分类法已经包含在现有规定之中，没有进一步明确的必要；而对张明楷教授进行批判的观点则认为由于刑法对共同犯罪人的分工规定得并不明确，产生了一些混乱，因此有必要在刑法规定上更为明确地将两种分类法区分开来。

---

① 何荣功：《共犯的分类与解释论纲》，载《法学评论》2005 年第 3 期。

② 何荣功：《共犯的分类与解释论纲》，载《法学评论》2005 年第 3 期。

笔者认为，产生以上诸多争议的原因在于分工分类法和作用分类法的二分法本身就存在问题。首先，只有分工分类法才是对共犯人的分类，而所谓的作用分类法只能是对共犯人的量刑的规定。换言之，如果存在对共犯人的分类，那么只能是根据其分工进行分类，不可能根据作用来进行划分。其次，以往常常认为分工分类法的主要作用在于定罪，而作用分类法的主要作用在于量刑，但事实并非如此。第一，采用分工分类法的德日刑法，正犯与共犯的区分主要功能在于定罪，而且法律根据不同的分工设定了不同的法定刑，即不同的分工就意味着不同的作用（量刑）；第二，采用分工分类法的《法国刑法典》则规定正犯与共犯同等处罚（司法实践中的情况另当别论），即不同的分工意味着相同的作用（量刑）；第三，采用分工分类法的《奥地利刑法典》而言，其对参与者的分工固然首先在于确定可罚者的范围，但其更重要的意义在于根据参与者的分工所体现的不法和罪责来量刑，即不同的分工并不必然意味着不同的作用（量刑）；第四，虽然我国刑法表面上主要按照作用来划分共犯人，但这种作用的背后也潜藏着共犯人的分工。这就意味着，在不同的犯罪参与体系之下，分工和作用的意义是不同的。这种分工和作用的不同意义，又对应着各犯罪参与体系所采用的迥然不同的基本原理。如果根据我们以往的标准，看到某个国家的刑法采取了某种共犯分类法，就以为其必然采取了哪一种原理，就会犯形式主义的错误。最后，与前一点相联系，研究某个国家的犯罪参与立法对参与者到底采用了哪一种分类法，其根本目的在于了解这种分类背后的原理，如果只是单纯地讨论是分工分类法还是作用分类法，对于理解这个国家的犯罪参与原理并不具有太大的价值。由此可见，以往我国刑法学上的分工分类法与作用分类法的二分法是将不同犯罪参与体系之间的差异简单化了。事实上，这两种所谓的分类法之间的关系可以说错综复杂，而作为分类标准则必须彼此之间具有相当明确的差异性。在这个意义上，笔者认为，分工分类法和作用分类法并不足以作为区分不同国家犯罪参与体系的参照系。

二、从二元参与体系还是一元参与体系出发的讨论

由于上述分工分类法与作用分类法的二分法存在问题，因此最近我国学者开始从二元参与体系与一元参与体系的二分法对我国共同犯罪的立法体系归属进行探讨。从目前来看，刑法学界存在两种针锋相对的观点，即二元参与体系说和一元参与体系说。

（一）二元参与体系说

从目前来看，很多学者对于我国共同犯罪的体系归属问题的认识还非常模糊。首先，大多数学者是在根本没有研究这个问题的前提下就直接采用二元参与体系之下的各种概念和原理。这一点从国内共犯研究大量充斥着的共犯从属性和共犯独立性、间接正犯、共同正犯、共谋共同正犯、承继的共同正犯、犯罪共同说和行为共同说以及最近兴起的共犯处罚根据论就可以看得非常清楚。而这些概念和原理都属于二元参与体系，在没有证明我国共同犯罪属于二元参与体系的情况下就贸然采用，就是非常值得怀疑的。其次，有些学者虽然认为犯罪参与体系是一个问题，但是为了自己论证问题的便利，就武断地认为我国共同犯罪立法属于二元参与体系。例如，我国学者王昭武博士指出：“日本与我国一样采取二元论的共犯体系。”[①] 对此，王昭武博士没有给出任何解释。最后，有些学者虽然对单一正犯概念进行了介绍，但是马上指出单一正犯概念并不可取。例如，一方面，张明楷教授指

---

① 王昭武：《论共犯的最小从属性说：日本共犯从属性理论的发展与借鉴》，载《法学》2007 年第 11 期。

出，单一的正犯概念认为，凡是参与犯罪的人是正犯。单一的正犯概念将因果关系的起点视为构成要件的实现，既无限扩张了刑事可罚性的范围，也有违反罪刑法定原则之嫌。① 但是，另一方面，如前所述，张明楷教授认为我国共同犯罪人只有主犯、从犯，如果他的观点成立，难道我国共同犯罪规定不就是地地道道的（形式的）单一正犯体系立法吗？

最近，在我国刑法学界，有些学者开始意识到犯罪参与体系的问题。在对正犯—共犯分离体系（即二元参与体系）与单一正犯体系进行评述之后，我国学者陈家林博士认为，根据罪刑法定原则与罪刑相适应原则，正犯—共犯分离体系是可取的。由于我国刑法承认了教唆犯的存在，便意味着认同分工分类法的价值，从这个意义上说，我国刑法在共犯领域是倾向于区分制的。② 笔者认为，这种观点是有问题的：首先，根据罪刑法定原则与罪刑相适应原则，正犯与共犯区分的二元参与体系是可取的，反过来说，一元参与体系是违背罪刑法定原则与罪刑相适应原则的。这显然是从二元参与体系的限制正犯概念本身出发所作的批判，因为在限制正犯概念之下，只有自己亲自实施构成要件行为的人才是正犯，而其他的参与者均为共犯。由于共犯并未实施构成要件行为，因此其可罚性就必须由刑法明文加以规定，否则就违反了罪刑法定主义。但是，必须明确的是，即便是主张单一正犯概念，也不可能会抹杀“构成要件”的重要性。在罪刑法定原则之下，各种犯罪类型的成立要件当然必须由立法者尽可能明确地规定在法典中，这是在一个民主法治国家中不容置疑的命题。因此，“造成犯罪结果即等于实现法定构成要件”的说法

---

① 参见张明楷：《刑法学》（第三版），法律出版社 2007 年版，第 315 页。

② 陈家林：《共同正犯研究》，武汉大学出版社 2004 年版，第 5 页。

是正确的。但应当特别注意的是，从这句话应该也只能推导出，所谓真正的正犯，应该是“实现法定犯罪构成要件的人”，而不是仅限于“亲自”实施法定构成要件行为的人。[①] 从所谓违反罪刑法定主义的角度来批判一元参与体系，无非是从二元参与体系的“偏见”出发的批判。换言之，我们不能说因为一元参与体系对构成要件的理解与二元参与体系不同就违反了罪刑法定主义，对于是否违反罪刑法定主义的考察只能在一个体系内部进行：正如我们不能说日本刑法规定了共同正犯而我国没有规定，就说我国刑法对共同正犯的处罚违反了（日本的）罪刑法定主义！[②] 至于所谓根据罪刑相适应原则，应当采用正犯与共犯区分

① 参见蔡圣伟：《刑法问题研究》（一），元照出版公司 2008 年版，第 156 页。

② 这种高举违反罪刑法定主义的大旗，对我国刑法共同犯罪的规定进行批判的学者不在少数。例如，日本学者大谷实从罪刑法定主义的角度对中国刑法有关共同犯罪人的分类进行了评论，他认为要在犯罪成立意义上区分我国刑法上的主犯、从犯，在实践中非常困难，而且容易导致区分标准的随意化，有违反罪刑法定主义之嫌。参见［日］大谷实：《日本刑法中正犯与共犯的区别》，载《法学评论》2002 年第 6 期。换言之，在大谷实教授看来，与作用分类法相比，对共同犯罪人进行分工分类更加符合罪刑法定主义的要求。笔者认为，这种理解首先是建立在二元参与体系的“偏见”基础上的；其次是建立在对中国刑法共同犯罪人分类的表面肤浅理解基础之上的。大谷实教授的这种观点得到了我国学者何荣功博士的支持，他指出：“大谷实教授的评价，为我们研究共同犯罪人的分类问题提供了新思路。我们知道，在当今世界，特别是以德日为代表的大陆法系各国和我国刑法中，刑法体系无不是以单独犯（除必要共犯外）的实行行为为中心而构建的，因此，原则上只有单个行为人实施了刑法分则规定的实行行为时才能成立犯罪，要想对单独犯以外的人动用刑罚权，必须要有刑法的特别规定。为此，德日等大陆法系国家或地区的刑法都在总则中特设共同正犯、教唆犯和帮助犯条款，以处罚共同犯罪场合下的共同正犯、教

的二元参与体系，更是无稽之谈。可以说，不能很好地贯彻罪刑相适应原则，正是二元参与体系的根本缺陷之一，因为在这种体

(接上页注①) 唆犯和帮助犯。相对于刑法分则以单独犯的实行行为为中心所规定的基本犯罪构成，这些特别条款在理论上一般称为是修正的犯罪构成，符合了这些条款的行为在理论上被认为是符合了修正的犯罪构成。其中，共同正犯是二人以上共同实行犯罪，是对单独犯的行为主体的修正；教唆犯是教唆他人实行犯罪，主要的是对单独犯行为形态的修正；帮助犯是帮助正犯的情况，也主要是对单独犯行为形态的修正。由于共同正犯、教唆犯和帮助犯在构成要件上符合了修正的犯罪构成，因而受处罚符合罪刑法定主义的要求。我国刑法以共同犯罪人在共同犯罪中的作用为标准将共同犯罪人分为主犯、从犯、胁从犯，由于主犯、从犯、胁从犯并非是按照共同犯罪人行为形态区分的，那么，在构成要件上主犯、从犯、胁从犯如何实现对单独犯实行行为的修正？但从立法规定上看，确实不如德日刑法按照分工那样明确。若从这个角度理解我国共同犯罪人之分类，大谷实教授提出的我国刑法对共同犯罪人的分类有违罪刑法定主义之嫌，不是完全没有道理的。”（何荣功：《共犯的分类与解释论纲》，载《法学评论》2005 年第 3 期）。首先，对于我国刑法分则是否以单独既遂犯为标本，已经有学者提出了异议。其次，所谓的修正构成要件理论，只能是在二元参与体系之下的理论（即使在二元参与体系之下，这种修正的构成要件理论也是值得怀疑的，既然所有人犯罪都必须符合构成要件，那么正犯与共犯的构成要件不同的正当性理由何在？修正的构成要件的含义到底是什么？对此，我国学者陈璇有非常好的论述，参见陈璇：《修正的犯罪构成理论之否定》，载《法商研究》2007 年第 4 期），因为在一元参与体系之下，所有的参与者都适用同一套犯罪成立标准，即行为具备不法和罪责，我国的共同犯罪立法是二元参与体系吗？对此，笔者相信何荣功博士也会作出否定的回答。相反，如果我国共同犯罪立法是一元参与体系，那么修正的构成要件根本就没有存在的根基了，那么何荣功博士的整个论述岂不是完全崩溃了？最后，总是以德日的共犯规定和理论为参照，而不从我国共同犯罪的规定本身出发，这种研究的方法论是否值得怀疑？另外，作为参照系的德日共犯论就真的那么完美吗？难道德日的共犯理论就没有违反罪刑法定原则吗？

系下，对正犯与共犯均规定了机械的法定刑，对实践中需要比正犯处罚更重的共犯（如犯罪集团背后的大人物）就无能为力，最后不得不将这些共犯解释为正犯。在笔者看来，这才是真正地违反罪刑法定主义了！其次，我国刑法规定了教唆犯，就意味着我国采取了正犯与共犯区分的二元参与体系吗？显然不是这样，事实上，在功能的单一正犯体系之下，对各参与者也是区分的，其中的诱发正犯就包含教唆犯。最后，姑且不论我国是否“认同分工分类法的价值”，即使从通说的角度上看，我国刑法上共同犯罪人的分类法也是以作用分类法为主的混合分类法，那么，是否可以说我国共同犯罪立法更加认同作用分类法即单一正犯体系呢？

与陈家林博士类似，在对两种犯罪参与立法体系进行比较之后，我国学者叶良芳博士单一制犯罪参与立法体系并不可取，这是因为：第一，单一的正犯模式虽然在概念上标榜不区分正犯与共犯，所有的共同犯罪人均称为正犯，均以正犯之刑处断。但在具体对各犯罪人适用刑罚时，却又做不到完全等同、不加区别，而是依各共犯人的不法和罪责分别决定其处刑轻重。这其实是把共犯分界问题推移到量刑阶段考虑而已，并不是完全不区分各共同犯罪人对基本构成要件事实的作用大小。而区别模式，不过是将区分各共同犯罪人对实现基本构成要件事实——如何实现、作用大小，提前到定性阶段进行而已。第二，单一模式不利于对各共同犯罪人的定性。现代刑法体系是一个以犯罪构成为中心的体系。在罪刑法定原则之下，任何一个行为均不能脱离构成要件而被认定为犯罪。实行行为也好，教唆、帮助行为也好，均必须符合构成要件，才能构成犯罪。但是，刑法分则体系中规定的具体犯罪又是以实行行为为模版的，实行犯的行为自然与这种模版相契合，因此对其按刑法分则的条文规定定性即可。但教唆、帮助行为并不与这种模版相契合，单一模式规定对这类行为以实行犯论处，实际上是认为教唆犯、帮助犯的构成要件与实行犯的完全相同，无视其客观上的差别性。而且各共同犯罪人均被认为是正犯，那么按照哪一个犯罪人的行为定性：是按实行行为定性呢，还是按教唆行为、帮助行为定性呢，抑或按任意一种行为定件呢？如按第一种方法处理，尚可以解决各共同犯罪人的定性问题；如按后两种办法处理，则可能无法解决各共同犯罪人的定性问题，或者所得出的结论相互矛盾。第三，单一模式不利于对共同犯罪人的量刑。单一模式分离了实行犯的量刑功能，使其只负有定性功能，这是应当肯定的。但是，在总则中对各共犯人的量刑不作统一规定，而是留待分则中解决，则在立法技术上是值得商榷的，因其无疑会使问题变得更加复杂、烦琐，更不利于矛盾的解决，实行犯、教唆犯、帮助犯均是一种客观行为类型，因而对其量刑宜在总则中作出一般性的规定。如果在分则中针对个罪一一规定，则肯定相当累赘，使法典内容臃肿，规定内容也难保一致；如果在分则中不作任何规定，一切委诸法官裁量时决定，则又有违罪刑法定主义，有害刑法的保障机能实现。第四，区别模式的缺陷不是不可弥补的。首先，对于间接实行犯的实行行为性可以通过解释来加以说明；其次，虽然将共犯类型固定可能导致量刑失衡，但是概念分类是必需的；最后，虽然实行犯与共犯的界分标准难以确定，但分界是概念精致化的必然结论，分界有其程序目的，即在于更有效地发挥体系功能。因为分界困难而放弃分界是逃避问题，而不是解决问题。分界其实是进化的当然现象，文明的进化就是不断分界的过程。① 在笔者看来，以上叶良芳博士对一元参与体系的批判，基本没有超出一元参与体系下的学者对二元参与体系的批判。对于这些批判，笔者在前面的章节

---

① 参见叶良芳：《实行犯研究》，浙江大学出版社2008年版，第33～35页。

中已经进行了充分地反驳，在此不再赘述。

笔者认为，之所以大多数学者认为我国共同犯罪规定属于二元参与体系，大致有三个主要原因：第一，对一元参与体系和二元参与体系都缺乏深刻了解。首先，我国刑法学界绝大多数学者以为大陆法系中以德日为代表的二元参与体系是唯一的犯罪参与体系，因此在很多著作中，往往大而化之地说大陆法系采取的是正犯与共犯区分的二元参与体系，殊不知在大陆法系还存在与二元参与体系平分秋色的一元参与体系。与此相应，迄今为止，我国还没有关于一元参与体系的详细研究。其次，我国学界在大量采取二元参与体系立法之下的概念和原理的时候，对其存在的根本逻辑缺陷没有认真思考过。第二，由于对一元参与体系非常陌生，而对二元参与体系相对熟悉，因此就犯了“路径依赖”的错误，对于犯罪参与论涉及的各种问题当然就采用了这些相对熟悉的概念和原理。第三，虽然有的学者已经明显地感觉到二元参与体系与我国共同犯罪规定之间的抵牾，也意识到采用二元参与体系之下的概念和原理来解释我国共同犯罪规定总有一种“削足适履”的感觉，但总以为是我们的脚有问题，而不去考虑鞋子的尺寸是否适合。

（二）一元参与体系说

从立法论角度认为我国应当采用单一正犯体系的是陈世伟博士。在对两种犯罪参与体系进行比较之后，陈世伟博士指出：“共同犯罪中各个共同犯罪行为人由于相互利用对方的行为作为自己行为的一部分而成为独立存在的行为。共同实施犯罪行为的人皆为正犯。这才是共同犯罪的本质所在。在此基础上，各个行为人主观罪过的内容决定了正犯的性质和成立范围。在这种共犯人的体系中，正犯的确定并不意味着就确定了其责任的大小，其责任大小应当依据其在共同犯罪中的作用大小来加以确定。只有坚持通过各个共同犯罪人的‘行为—罪过—作用大小’的路径才能真正探求到共同犯罪的本质，也才可能真正解决各个共同犯罪行为人的罪责根据。当然，从这一角度来看，单一正犯体系相较于正犯与共犯分离体系更具前瞻性和合理性。”① 由此可见，陈世伟博士已经真正理解了一元参与体系的原理，只可惜在其著作中并没有将这一体系的原理运用到对共犯论中具体问题的论述中，其所采用的仍然是正犯与共犯区分的二元参与体系之下的各种理论。②

从解释论角度认为我国采用的是单一正犯体系的是刘洪和闫二鹏博士。刘洪赞同前述张明楷教授对我国共同犯罪人分类法的观点，即对于教唆犯应视作用大小分别按主犯或从犯论处，因此教唆犯可以归入主犯或从犯（特殊情况下还可能是胁从犯），既然如此，教唆犯就不可能与主犯、从犯、胁从犯并列。刘洪同时指出，我国刑法关于教唆犯的规定，只是“造意者为首”的传统法律文化的一种惯性而已。③ 在此基础上，刘洪认为，在确立了共犯分类方法之后，我国犯罪参与体系的性质也就不难判定了：既然我国刑法不区分不同的犯罪参与形式，更未对不同的参与形式配置轻重有别的刑度，那么我国采行的只能是单一正犯体系。不同于传统的单一正犯体系，我国虽然不在形式上区分共同犯罪人，但却以作用大小将犯罪人划分为主犯、从犯、胁从犯，

---

① 陈世伟：《论共犯的二重性》，中国检察出版社 2008 年版，第 135～136 页。

② 参见陈世伟：《论共犯的二重性》，中国检察出版社 2008 年版，第 137 页以下。

③ 刘洪：《两类犯罪参与体系理论比较研究》，载《福建公安高等专科学校学报》2007 年第 5 期。在此，刘洪对于我国教唆犯规定的理解是错误的，我国古代刑法中的“造意者”并不是现代刑法中的教唆犯，相当于现代刑法中教唆犯中的教令犯（当然，教令犯也包括现代刑法中的间接正犯）。

并据此确定他们的刑罚资格。这是我国单一正犯体系的特色，也使得我国犯罪参与体系较之其他单一行为人立法体例的国家更加精致与科学。① 但是，刘洪的观点存在以下问题：首先，主犯、从犯、胁从犯更多是对参与者刑罚轻重的规定，其目的并不在于确定参与者的刑罚资格；其次，认为我国单一正犯体系较之其他采取单一行为人立法体例的国家更加精致与科学，理由并不充分，至少他在文中并没有加以任何说明。与刘洪相同，闫二鹏博士也是在赞同张明楷教授关于我国共同犯罪人分类的基础上主张单一正犯体系的，他首先指出我国共同犯罪立法体系不属于二元参与体系，因为我国刑法上并不存在正犯与共犯的区分，对共同犯罪人的规定主要是为了解决量刑问题，因此我国共同犯罪立法体系应当属于单一正犯体系。② 由此可见，无论是刘洪还是闫二鹏博士，均认为我国的共同犯罪立法属于形式的单一正犯体系。虽然他们的论证尚显粗疏，但应当指出的是，迄今为止，他们是仅有的两位明确主张我国的共同犯罪立法属于单一正犯体系的学者，因此值得重视。

三、小结

由上可知，从目前来看，对于我国共同犯罪立法体系归属的认识还比较混乱，传统上，绝大多数学者是从分工分类法和作用分类法的角度来加以理解的，据此认为我国共同犯罪人的分类是以作用分类法为主的混合分类法。对此，有的学者提出了不同观点，认为我国共同犯罪人的分类仅采用了作用分类法，并不包括

---

① 刘洪：《两类犯罪参与体系理论比较研究》，载《福建公安高等专科学校学报》2007 年第 5 期。

② 闫二鹏：《扩张正犯概念体系的建构——兼评对限制正犯概念的反思性检讨》，载《中国法学》2009 年第 3 期。

分工分类法；甚至有的学者认为我国共同犯罪的规定有违罪刑法定原则之嫌。但是，从整体上看，这样的观点并没有获得广泛的认同和支持。最近，有些学者开始从犯罪参与立法体系的角度来理解我国共同犯罪的立法体系归属，其中大多数学者（如我国学者王昭武、杨金彪等）是在对我国共同犯罪的立法体系缺乏任何论证的情况下，想当然地认为我国采取的是以德日为代表的二元参与体系。某些学者（如我国学者陈家林、叶良芳）虽然对二元参与体系与一元参与体系进行了初步的比较，但就此断言二元参与体系较之一元参与体系更为优越。在这种未经证实的立法论（而非解释论）前提下，这些学者运用二元参与体系的理论展开了对我国刑法上共同犯罪问题的研究。只有少数学者（如我国学者刘洪、闫二鹏）主张我国共同犯罪立法应当采取（如陈世伟）或者属于单一正犯体系（形式的单一正犯体系），遗憾的是，他们的论证尚显粗疏。

第三节　我国犯罪参与的体系归属：以功能的单一正犯体系为视角

共同犯罪立法是共同犯罪理论的前提，在没有确定我国共同犯罪立法的体系归属的情况下，所有的共同犯罪理论都是盲目的甚至是错误的。虽然以德日为代表的二元参与体系发展出了蔚为奇观的理论，其中不乏值得借鉴之处，但是，如果在没有证明我国共同犯罪立法属于二元参与体系的情况下就盲目地照搬照抄，那么，从刑法体系性思考的角度来看，就是非常值得怀疑的。毫不客气地说，我国的共同犯罪理论研究中大量充斥着这种在未经证实的前提下所作的研究，这使得我国的共同犯罪理论比德日刑法的“绝望之章”更加绝望。为了改变这种状况，首先有必要确定我国现行共同犯罪规定的体系归属。笔者认为，我国现行共同犯罪规定不属于二元参与体系，而是可以从一元参与体系加以论证。但是，从表面上看，我国现行共同犯罪规定并不是彻底的一元参与体系，因为一元参与体系主张“体系一元论”，即对于故意犯和过失犯均适用一元参与体系；而我国现行刑法第 25 条明确规定：“共同犯罪是指二人以上共同故意犯罪。二人以上共同过失犯罪，不以共同犯罪论处；应当负刑事责任的，按照他们所犯的罪分别处罚。”从而明确排斥了共同过失犯罪构成共同犯罪的可能性，即立法似乎主张“体系二元论”。要回答这个问题，必须厘清共同犯罪与犯罪参与之间的关系。在此基础上，笔者将对我国犯罪参与体系的构想提出一些看法。

一、我国共同犯罪立法与二元参与体系

首先，从上述我国共同犯罪立法史的梳理来看，我国现行刑法延续的是以《唐律》为代表的传统共同犯罪立法模式和革命根据地时代以来的共同犯罪立法模式，其核心在于“共犯罪分首从”。如果不承认这一点，不在这个基础上探讨我国现行刑法共同犯罪的立法体系归属，不在这个前提之下建构我国的共同犯罪理论，只能是一种脱离历史事实的“鸵鸟政策”。其次，在我国现行刑法上，并不存在一个作为二元参与体系之核心的“正犯”概念。但是，应当指出的是，从我国现行刑法共同犯罪的立法史来看，在 1979 年刑法以前的草案之中，的确反复出现过

“正犯”概念,[①] 但这些草案中的“正犯”是与实行犯同义的,与二元参与体系之下的“正犯”只能说存在含义上的交叉而并不等同。这是因为,如前所述,从二元参与体系目前的状况来看,其“正犯”概念已经不是指实行犯,而是相当于我国刑法上的“主犯”。许多学者之所以误以为这里的“正犯”是二元参与体系之下的“正犯”,实际上是被概念蒙蔽了。此外,许多学者还犯了形式主义的错误,以为只要有正犯与共犯的区分,就以为是二元参与体系。[②] 殊不知,在功能的单一正犯体系之下也对犯罪参与者进行区分,难道能够因为其进行了区分就认为其为二元参与体系吗?答案显然是否定的。当然,如前所述,之所以造成这种认识上的偏差,一个重要的原因在于我们以往所采用的分工分类法与作用分类法的二分法是有问题的,它过分简化了各种犯罪参与体系之间的差异。再次,即使承认我国刑法上存在正犯

---

① 中华人民共和国自1949年成立以后,直至1979年才制定第一部刑法典。此前,中华人民共和国刑法草案共经历了33稿,此间变动最大的就是关于共同犯罪人的分类问题。在最初的数稿中,都是以共同犯罪人在共同犯罪中所作的分工进行分类的。但在用语上,到底是称正犯还是称实行犯,前后存在反复。1950年刑法大纲草案称为正犯,1954年刑法指导原则草案改称实行犯,1957年刑法草案第22稿又恢复正犯的概念,规定:直接实行犯罪的,是正犯。对于正犯,根据他在犯罪中所起的作用处罚。对此,立法者解释说:为什么在草案中用正犯这一名称而不用实行犯,是因为实行犯这一名称不科学,实际上不但实行犯去实行犯罪,其他共犯也是实行犯罪的,而用了实行犯这一名称就意味着其他的共犯好像坐在那里什么都不干,这与实际情况是不符的。同时,正犯是共犯中的主体,是共同犯罪中对犯罪起决定作用的人,因此,用正犯更能表现出他在共同犯罪中的作用。参见李琪:《有关草拟中华人民共和国刑法草案(初稿)的若干问题》,载《中国刑法立法资料汇编》,1980年印行,第124页。

② 参见张明楷:《刑法学》(第三版),法律出版社2007年版,第315页。

与共犯的区分，区分的意义也完全不同于二元参与体系之下的正犯与共犯的区分。在我国刑法上，即使区分正犯与共犯，但并不意味着正犯与共犯在价值上有任何差异，彼此之间不存在位阶关系，二者的不法内涵是等价的，至于具体不法程度的高低，则在量刑阶段通过认定为主犯和从犯来加以解决；在二元参与体系之下，正犯乃是犯罪的核心，而共犯只不过是犯罪的边缘，在正犯与共犯之间存在严格的位阶关系，这就是所谓的“正犯的优越性”。而且，某个参与者一旦被认定为正犯，其刑罚必定重于其他共犯。换言之，正犯与共犯在价值上和不法内涵上存在根本差异。这样一来，正犯与共犯的区分就成为至关重要的问题。最后，在我国现行刑法上，即使承认“正犯”概念，采取彻底的形式客观说也不会有任何问题，因为我国刑法上的“正犯”与量刑是分离的；但在二元参与体系之下，如前所述，根本不可能维持形式客观说，因为一旦贯彻形式客观说，将会出现大量的处罚漏洞。① 因此，我国现行刑法共同犯罪采取的不是二元参与体系。

二、从共同犯罪到犯罪参与

以上只是大致说明了我国现行共同犯罪的立法体系不属于二元参与体系而属于一元参与体系，但还没有完全证明我国的犯罪参与体系是一元参与体系。如果不能说明我国的犯罪参与体系是一元参与体系，那么即使主张现行共同犯罪的立法体系是一元参

① 我国学者一般认为对于“正犯”，我国刑法采取的是形式客观说，但并不明白为什么我国刑法可以采用形式客观说，而二元参与体系之下不可能贯彻形式客观说。此外，这些学者一方面主张形式客观说，另一方面又承认间接正犯等概念。这实际上是自相矛盾的。参见张明楷：《刑法学》（第三版），法律出版社 2007 年版，第 315 ~ 316 页。

与体系，也还不算是完整意义上的一元参与体系。因为一元参与体系的真谛在于对所有数人参与犯罪的情形进行体系化的说明，而不是仅限于解释二人以上共同故意犯罪的情形。在此有必要指出的是，“共同犯罪”与“犯罪参与”是两个不同的概念。所谓犯罪参与，是指二人以上基于单向或双向的加工，对于同一利益侵害结果都有因果关系，因此都可能涉及犯罪问题的情形。① “犯罪参与”并不是一个刑法概念，而是一个事实概念而已，这里对犯罪参与的界定，只是为了大致了解所要处理的问题范围。② 由此可见，“犯罪参与”的范围包含了“共同犯罪”的领域，而且远比“共同犯罪”的领域要宽泛得多。在我国，由于刑法上对共同犯罪作出了界定，因此在研究犯罪参与问题之时，通常首先将构成共同犯罪的犯罪参与与不构成共同犯罪的犯罪参与严格区分开来，然后再分别讨论两种情形之下各参与者的刑事责任。从一元参与体系来看，这种处理方式是存在疑问的。

首先，虽然我国刑法规定了共同犯罪的定义，但这并不构成将共同犯罪的犯罪参与与不构成共同犯罪的犯罪参与区别处理的正当化理由。这是因为，我国刑法虽然规定了共同犯罪的定义，但并没有规定共同犯罪的法律后果。③ 有些学者指出，在共同犯罪的情况下（特别是在所谓共同正犯的情况下），刑法的基本原则是“部分实行全部责任”，并认为这就是共同犯罪的法律后果

---

① 参见黄荣坚：《基础刑法学》（第3版）（下），中国人民大学出版社2009年版，第487页。

② 参见黄荣坚：《基础刑法学》（第3版）（下），中国人民大学出版社2009年版，第488页。

③ 参见黄荣坚：《基础刑法学》（第3版）（下），中国人民大学出版社2009年版，第488页。

或者归责原则。[1] 但是，应当指出的是，这个“原则”至多只是二元参与体系之下对“共同正犯”的法律效果的一种规定，而不是一个归责原则。而且，这种规定本身存在严重的问题：（1）这个规定违反了刑法的个人责任原则，因为在刑法上，个人只能就自己的行为及其结果承担责任，而不能对他人的行为及其结果承担责任，因此，为什么仅仅实施了部分行为的行为人却要为他人的部分行为承担责任呢?[2] 对此，这一原则或者规定无法作出回答。（2）根据这一原则，一方面，似乎只有部分“实行”才要承担全部责任，但事实上，在二元参与体系之下，根本没有“实行”的行为人。例如，重要的共谋者或者负责放风的行为人，也往往可以作为共同正犯来处罚。另一方面，对于整个犯罪结果而言，事实上没有任何实行行为的教唆犯或者帮助犯也要承担全体责任，只是在刑罚上有所减轻而已。因此，所谓的“部分实行”根本就是没有意义的。（3）根据这一原则，部分实行要承担“全部责任”，这就给人造成一种误解，以为在共同正犯的情况下，各正犯承担相等的责任，但事实并非如此，即使在共同正犯的情况下，各正犯的刑罚仍然要根据其自身对犯罪的贡献来进行裁量。因此，所谓的“全部责任”，至少是容易令人误解的说法。因此，即使在明确规定了“部分实行全部责任”的二元参与体系之下，这一规定尚且存在以上疑问，在我国刑法没有对这个所谓的原则作出规定的情况下，就更不能贸然认为它就是我国刑法共同犯罪的法律后果或归责原则了。笔者认为，共同犯罪只是一种犯罪的方法类型，而不是一种归责类型，即在共同

① 关于“部分实行全部责任”，参见张明楷：《刑法学》（第三版），法律出版社2007年版，第326～327页。

② 参见黄荣坚：《基础刑法学》（第3版）（下），中国人民大学出版社2009年版，第500页。

犯罪的情况下，行为人可以利用（通过）他人来实现自己的犯罪，仅此而已，至于各参与者的刑事责任，则必须通过对其行为是否具备不法和罪责来加以判断。[①] 正如俄罗斯学者所指出的那样，虽然共同犯罪是犯罪活动的一种特殊形式，它反映出几个人为达到共同犯罪人统一的犯罪结果而作出的共同努力，但是共同犯罪并不构成刑事责任的任何特殊根据。对共同犯罪人仍然必须适用刑事责任的一般原则，即刑事责任的根据是实施含有刑法典规定的全部犯罪构成要件的行为。这一规定既对确定个人行为的刑事责任，也对确定共同犯罪的刑事责任具有原则性的意义。[②] 在这个意义上，在刑法上根本就没有什么“部分行为”全部责任，只有全部行为全部责任。

其次，过分强调共同犯罪与其他犯罪参与形式（如同时犯等）之间的区别，不但没有任何意义，而且有负面的效果。无论是在共同犯罪还是其他数人参与犯罪但不构成共同犯罪的情况下，个人责任的判断标准都根本没有任何改变，即行为具备不法和罪责。过分强调共同犯罪与其他数人参与犯罪但不构成共同犯罪的情形之间的差异，会让人产生一种错觉，以为共同犯罪是一种特别的归责类型。更为严重的是，在我国，由于过分强调共同犯罪的定义，以致造成了另外一个误解，即以为不构成共同犯罪，就不构成犯罪。这种误解最为典型地体现在对于片面共犯的认定上。[③] 此外，过分强调共同犯罪与其他数人参与犯罪但不构成共同犯罪的情形之间的差异，不仅人为地缩小了犯罪参与论本

---

① 参见黄荣坚：《基础刑法学》（第3版）（下），中国人民大学出版社2009年版，第488、500页。

② 参见［俄］库兹涅佐娃、佐日科娃：《俄罗斯刑法教程》（总论）（上卷·犯罪论），黄道秀译，中国法制出版社2002年版，第424～425页。

③ 关于片面共犯的处理，请参见本文下一章相关内容。

来的研究范围，而且在是否构成共同犯罪的边缘地带，由于需要准确地加以区分，从而造成了诸多混乱。

最后，过分强调共同故意犯罪与共同过失犯罪之间的区别，不仅造成“体系的二元论”,① 而且将关于共同过失犯罪的处罚问题引入歧途。在共同过失的情况下，各行为人是否要对法益侵害结果负责，并不在于其是否构成共同犯罪，而在于其各自的行为是否具备不法和罪责。因为共同犯罪不是一种归责类型，而只是一种实现犯罪的方法类型或者一种实现犯罪的典型方式，但典型方式并不意味着唯一方式。在论证共同过失犯罪中各行为人的刑事责任之时，不去探讨各行为人的行为是否具备不法和罪责，而是去争论共同过失犯罪是否构成共同犯罪，这是一种缘木求鱼的论证方式。在笔者看来，刑法上关于共同过失犯罪是否构成共同犯罪的讨论是一场被误导的讨论，因为从根本上说，任何行为人是否构成犯罪，并不以其是否与他人构成共同犯罪为前提。②

综上所述，在犯罪构成的意义上，刑法上规定的共同犯罪与不构成共同犯罪的犯罪参与没有本质的区别。如果说共同犯罪这种犯罪参与有什么特殊性，那么其特殊性首先在于其典型性，即通常的犯罪参与是二人以上共同故意犯罪；其次在于其名称是“共同犯罪”，而其他的犯罪参与没有这一名称。将共同犯罪与

① 所谓“体系的二元论”是指对故意犯采取二元参与体系而对过失犯采取一元参与体系的做法，这是二元参与体系的一个难以解决的矛盾；与之相对是“体系的一元论”，是指对故意犯和过失犯的犯罪参与采取同一体系的做法，这是一元参与体系的立场。无论是采取二元参与体系还是一元参与体系，均普遍公认对于过失犯采取的是一元参与体系。但是，二元参与体系无法说明“体系的二元论”，即无法解释为什么对故意犯和过失犯的犯罪参与采取不同的标准。

② 关于共同过失犯罪的处理，请参见本书下一章相关内容。

不构成共同犯罪的犯罪参与截然分开，是被这种典型性和“共同犯罪”的名称所蒙蔽了。在刑法归责的意义上，这些所谓的特殊性都不具有实质的意义。任何行为人要构成犯罪，只有一个标准，即行为具备不法和罪责。

三、我国一元犯罪参与体系的构建

现代刑法坚持个人责任原则，即个人只能对自己的行为及其结果承担责任，而不能对他人的行为及其结果承担责任。但是，个人除了自己亲自实施犯罪以外，当然可以利用（通过）他人来实现犯罪。然而，应当注意的是，在犯罪参与的情况下，直接行为人与间接行为人的行为构造是不同的：直接行为人以自己的行为来实现犯罪，而间接行为人则是利用（通过）他人来实现自己的犯罪。但是，虽然存在这种行为构造上的差异，但无论对于直接行为人还是对于间接行为人，在刑法上判断其是否构成犯罪的标准应当相同，即个人的行为必须具备不法和罪责。质言之，在犯罪参与的情况下，各参与者之间在犯罪成立上存在事实的依存性，但各参与者的不法和罪责必须予以独立判断。至于各参与者对同一犯罪结果的“贡献”，则属于量刑的问题。犯罪参与者是否可罚的问题是构成要件层面的问题，即犯罪参与者的外部界限问题；犯罪参与者如何处罚的问题是量刑层面的问题，即犯罪参与者的内部界限问题。笔者认为，我国的犯罪参与体系可以在上述一元参与体系的基本原理上加以建构。

（一）犯罪参与的外部界限（构成要件层面）

1. 直接行为人（正犯）与间接行为人（正犯）

既然坚持犯罪是行为人的行为这个基本原则，那么在设定犯罪实现的方法类型上，首先可以大致将行为人划分为直接行为人（正犯）与间接行为人（正犯）。所谓直接行为人（正犯）是指自己直接实现犯罪的人，这里的直接行为人（正犯）相当于二元参与体系下的直接正犯（形式客观说）。在包含部分的实行行为的多行为犯的情况下，实施部分的实行行为人也是多行为犯的直接正犯，因此二元参与体系之下的共同正犯概念没有存在的必要，因为所有的参与者都是相同的正犯，只要将多行为犯之下的多数参与者作为多数的直接行为人（正犯）来理解就可以了；所谓间接行为人（正犯），① 是指通过行为媒介者实现自己的犯罪的人，包括二元参与体系之下教唆犯和帮助犯等。通过区分直接行为人（正犯）与间接行为人（正犯），不仅可以维持传统构成要件的明确性，而且可以明确二者在行为构造上的差异。但是，无论是直接行为人（正犯）还是间接行为人（正犯），彼此之间在价值上是相同的，并不存在位阶关系。所有的参与者根据其固有的不法和罪责承担责任：对于间接行为人（正犯）而言，直接行为人（正犯）是否有罪责，是故意还是过失，是否实施了符合客观不法构成要件的行为，甚至是否是行为，对于间接行为人（正犯）的可罚性没有任何影响。

2．行为与实行行为的关系

虽然直接行为人（正犯）与间接行为人（正犯）在价值上是相同的，并不存在位阶关系，均根据自身的不法和罪责承担责任，但二者的行为构造是不同的。直接行为人（正犯）是通过自己亲自实施行为来实现犯罪的正犯，而间接行为人（正犯）则是利用（通过）他人来实施犯罪的正犯。但是，这种存在论的行为构造上的差异，并不表明二者在规范论层面上有任何差

① 须注意，二元参与体系之下的“间接正犯”与一元参与体系之下的“间接行为人（正犯）”在用语上虽然一致，但含义是完全不同的。一元参与体系之下的“间接行为人（正犯）”是一个包含除直接行为人以外的其他参与者的上位概念。

异。我们可以对两种行为人的行为进行规范考察，通过实行行为性来统一说明它们。换言之，行为性的问题属于行为论，而实行行为性的问题属于不法客观构成要件的问题。这样一来，所有的实行行为都是行为，但是并非所有的行为都是实行行为。从规范的角度来看，行为≥实行行为这个公式就产生了。[①] 例如，从存在论的角度上看，教唆行为已经成立，但在可罚的评价层面上看却不可罚。这里的问题是是否可以将教唆行为评价为实行行为的问题。关于正犯行为与实行行为，日本学者平野龙一指出："本来实行的着手这一概念就是划定到了这一阶段就要处罚的概念，因此，在逻辑上并没有与正犯行为一致的必然性。即使实施了正犯行为，但只要没有产生值得作为未遂来处罚的危险性就不处罚，采取这种态度当然是非常可能的。相反，不是正犯者的行为人的行为也并非不可能是实行行为。因为所谓实行行为是指伴随着值得处罚之危险的发生的行为。"[②] 在这个意义上，就间接行为人（正犯）而言，虽然其利用行为在行为论的阶段存在行为性，但还需要对之进行是否具有实行行为性（法益侵害的现实危险性）这种规范的、可罚的考察。笔者认为，间接行为人（正犯）的实行着手的时间是比行为的着手时间更加接近于法益侵害或者法益侵害危险性的时间。

3. 犯罪参与者之间的事实依存性

由于直接行为人（正犯）与间接行为人（正犯）在价值上相同，彼此不存在位阶关系，因此彼此之间并不存在从属关系。然而，如前所述，毕竟间接行为人（正犯）的行为构造不同于

① 参见［日］金子正昭：《刑法上多数参与犯的理论》，载《第一经大论集》第23卷别册，1993年，第183页。

② ［日］平野龙一：《犯罪论的诸问题》（上），有斐阁1981年版，第130～131页。

直接行为人（正犯），因此也不能无视行为媒介者的存在。但是，行为媒介者的存在并不表明一种从属性，而只是一种事实的依存性或者现实的依存性。

4. 间接行为人（正犯）的类型化

为了保障法治国家的明确性，有必要在间接行为人（正犯）内部进行类型化。根据我国刑法的规定和刑法理论，可以对间接行为人（正犯）进行初步的类型化，将之划分为组织犯、教唆犯、帮助犯、二元参与体系意义上的间接正犯、共同正犯等。但是，必须注意的是，组织犯、教唆犯、帮助犯、二元参与体系意义上的间接正犯、共同正犯等都是正犯，对它们的类型化只是为了更好地确定犯罪参与者的外部界限，其彼此之间并不存在非常精确的界限，而是可以自由流动的。由于我国采取的是一元参与体系，因此完全没有必要沉迷于对直接行为人（正犯）与间接行为人（正犯）内部的类型化。毋宁说，这些正犯的类型化是为了给法官提供各行为人之不法的一个参照（外观），至于各行为人具体的不法和罪责对于犯罪的贡献，则需要在量刑阶段予以个别考察。

（二）犯罪参与的内部界限（量刑层面）

在确定了具有可罚性的行为人的范围之后，应当根据各行为人的行为性质与作用来量刑。与外部界限主要解决行为人的可罚性不同，内部界限主要解决行为人的当罚性。在量刑阶段，最根本的原则是刑罚个别化，即根据各参与者的不法和罪责、参与的性质与作用以及相关的犯罪情节来决定其刑罚。为了实现对各参与者的刑罚个别化，首先，我国刑法上对量刑的一般原则作出了规定，《刑法》第 61 条规定：对于犯罪分子决定刑罚的时候，应当根据犯罪的事实、犯罪的性质、情节和对于社会的危害程度，依照本法的有关规定判处。其次，我国刑法对主犯、从犯、胁从犯以及教唆犯的处罚作出了规定。《刑法》第 26 条规定：

组织、领导犯罪集团进行犯罪活动的或者在共同犯罪中起主要作用的，是主犯（第1款）。对组织、领导犯罪集团的首要分子，按照集团所犯的全部罪行处罚（第3款）。对于第三款规定以外的主犯，应当按照其所参与的或者组织、指挥的全部犯罪处罚（第4款）。第27条规定：在共同犯罪中起次要或者辅助作用的，是从犯（第1款）。对于从犯，应当从轻、减轻处罚或者免除处罚（第2款）。第28条规定：对于被胁迫参加犯罪的，应当按照他的犯罪情节减轻处罚或者免除处罚。第29条规定：教唆他人犯罪的，应当按照他在共同犯罪中所起的作用处罚。教唆不满十八周岁的人犯罪的，应当从重处罚（第1款）。如果被教唆的人没有犯被教唆的罪，对于教唆犯，可以从轻或者减轻处罚（第2款）。[①] 再次，我国相关司法解释和指导性意见对某些特定犯罪的参与者的刑罚裁量也作出了规定。例如，《全国法院审理毒品犯罪案件工作座谈会纪要》（2000年4月4日）对涉及毒品

① 应当指出的是，我国现行刑法关于共同犯罪的这些规定与《奥地利刑法典》第33条和第34条“关于共同合作的量刑事由”具有极大的相似性。对于我国刑法这些规定的性质，以前并没有太多的探讨。在笔者看来，可以将这些规定理解为关于犯罪参与的量刑规定。

共同犯罪的各参与者作用的认定作出了规定。[①] 最后，我国刑法理论上对于如何区分各行为人在犯罪参与中的作用也已经有相当多的研究，[②] 这些研究对于法官在实践中如何对不同的参与者进行适当的量刑也具有重要的参考价值。

① 《全国法院审理毒品犯罪案件工作座谈会纪要》（2000 年 4 月 4 日）指出：毒品共同犯罪是指二人以上共同故意实施走私、贩卖、运输、制造毒品等犯罪行为。共同犯罪不应以案发后其他共同犯罪人是否到案为条件。仅在客观上相互关联的毒品犯罪行为，如买卖毒品的双方，不一定构成共犯，但为了诉讼便利可并案审理。审理毒品共同犯罪案件应当注意以下几个方面的问题：一是要正确区分主犯和从犯。在共同犯罪中起意贩毒、为主出资、毒品所有者以及其他起主要作用的是主犯；在共同犯罪中起次要或者辅助作用的是从犯。对于确有证据证明在共同犯罪中起次要或者辅助作用的，不能因为其他共同犯罪人未归案而不评定为从犯，甚至将其共同认定为主犯或按主犯处罚。只要认定了从犯，无论主犯是否到案，均应依照并援引刑法关于从犯的规定从轻、减轻或者免除处罚。二是要正确认定共同犯罪案件中主犯和从犯的毒品犯罪数量。对于毒品犯罪集团的首要分子，应按集团毒品犯罪的总数量处罚；对一般共同犯罪的主犯，应当按其组织、指挥的毒品犯罪数量处罚；对于从犯，应当按其个人直接参与实施的毒品犯罪数量处罚。三是根据行为人在共同犯罪中作用和罪责的大小确定刑罚。不同案件不能简单地类比，这一案件的从犯参与毒品犯罪的数量可能比另一案件的主犯参与毒品犯罪的数量大，但对这一案件从犯的处罚不是必然重于另一案件的主犯。共同犯罪中能分清主从犯的，不能因为涉案的毒品数量特别巨大，就一律将被告人认定为主犯并判处重刑甚至死刑。受雇于他人实施毒品犯罪的，应根据其在犯罪中的作用具体认定为主犯或从犯。受他人指使实施毒品罪并在犯罪中起次要作用的，一般应认定为从犯。

② 参见，陈兴良：《共同犯罪论》（第二版），中国人民大学出版社 2006 年版，第 170 页以下；阴建峰、周加海：《共同犯罪适用中疑难问题研究》，吉林人民出版社 2001 年版，第 221 页以下；冯英菊：《共同犯罪的定罪与量刑》，人民法院出版社 2002 年版，第 220 页以下。

四、小结

由上可知，我国现行共同犯罪规定显然不是以德日为代表的二元参与体系，而是可以从一元参与体系的角度加以理解。但是，仅仅认为我国现行共同犯罪规定属于一元参与体系还不够，必须将之扩展到对于整个犯罪参与体系的认知。在这个基础上，笔者探讨了我国犯罪参与体系的基本原理，即区分犯罪参与的外部界限与犯罪参与的内部界限，前者解决犯罪参与者的可罚性问题，后者处理犯罪参与者的量刑问题。

第四节　小结

我国现行刑法的共同犯罪规定是革命根据地时代的共同犯罪立法的延续。一方面，对于共犯人一般按照分工划分为实行犯、教唆犯、帮助犯和组织犯；另一方面根据共犯人在共同犯罪中的作用，将其划分为主犯、从犯和胁从犯。这就是所谓的分工分类法和作用分类法的结合。在这两种分类法中，将共犯人划分为主犯和从犯的作用分类法始终处于中心的地位。通过对我国共同犯罪立法史的考察可以看出，我国现行共同犯罪规定主要受以《唐律》为代表的传统社会共同犯罪立法模式（共犯罪分首从）和革命根据地时期以来的刑事政策（惩办与宽大相结合）的影响。这些影响体现在新中国成立以后的各刑法草案之中，并最终演变成为我国现行刑法的共同犯罪规定。就外国共同犯罪立法的影响而言，清末法律改革以来所引入的以德日刑法为代表的二元参与体系立法，除了某些历史沿革的意义以外，对我国现行刑法共同犯罪规定几乎没有太大的影响；而前苏联的共同犯罪立法与我国传统的共同犯罪立法模式并不存在根本的差异。无论是

《唐律》还是前苏联的共同犯罪立法，都是单一正犯体系的立法。因此，在某种程度上，至少可以说我国现行刑法共同犯罪规定受到单一正犯体系的强烈影响。从刑法理论上关于犯罪参与体系的讨论来看，以往我国关于犯罪参与体系的争论是围绕分工分类法和作用分类法的二分法展开的，但是，这种二分法本身存在问题，其过分简化了各种犯罪参与体系之间的差异。为此，最近有些学者开始从二元参与体系与一元参与体系的角度来探讨我国的犯罪参与体系。但是，由于绝大多数学者对一元参与体系缺乏了解，因此简单地认为我国的犯罪参与体系不是一元参与体系而是二元参与体系。只有少数学者意识到我国现行共同犯罪规定是一元参与体系，但他们的论述还比较粗疏。笔者认为，我国现行共同犯罪规定显然不是以德日为代表的二元参与体系，而是可以从一元参与体系角度加以论证。在此基础上，笔者将对于共同犯罪立法体系的认知扩展为对于我国整个犯罪参与体系的认知，并初步阐述了我国犯罪参与体系的基本原理。

第五章 我国犯罪参与问题的具体解决

从犯罪参与立法体系上看，存在两种迥然不同的立法模式：一种是以德日刑法为代表的二元参与体系，不仅区分正犯与共犯，而且对二者设置轻重不同的刑罚；另一种是以意大利刑法和奥地利刑法为代表的一元参与体系（或单一正犯体系），对犯罪参与者不予区分，凡是参与犯罪者皆为正犯（行为人），或者虽然区分行为人的参与形态，但在不法的价值上并不加以区分，至于各参与者对于不法构成要件结果的实际重要性，则留待量刑阶段由法官根据各参与者的性质与作用予以裁量。从前面的章节可知，从立法论上看，由于正确地把握了现代社会犯罪参与现象本身并且可以更彻底地贯彻刑法的个人责任原则，因此一元参与体系是更加值得采用的立法例。更为重要的是，从解释论上看，我国现行刑法的共同犯罪规定不是二元参与体系而是可以从一元参与体系加以论证。在此基础上，笔者认为，我国的整个犯罪参与体系可以从一元参与体系而不是从二元参与体系加以论证。既然如此，我国的共同犯罪问题以及所有犯罪参与问题应当从一元参与体系而不是二元参与体系来进行解释。

晚近以来，我国的犯罪参与理论可以说被笼罩在二元参与理论的阴霾之下。一方面，二元参与体系之下的各种概念（如共谋的共同正犯、间接正犯）、原理（如共犯从属性与共犯独立性、共犯的处罚根据论）和学说（如部分实行全部责任）被不假思索地大量引入我国参与理论之中；另一方面，我国犯罪参与体系中的问题并没有因为二元参与理论的引入而有更好的解决，相反，由于二元参与理论的引入，我国的犯罪参与体系更加混乱，形成了比德日的“绝望之章”更加绝望的局面。在笔者看来，造成这种状况的原因在于，很多学者想当然地认为在大陆法系以德日为代表的二元参与体系是唯一的，而且，在他们看来，只有这种二元参与体系才是文明的、先进的。基于这种认识，有些学者虽然隐隐约约地意识到我国犯罪参与体系与二元参与体系之间的巨大差异，但他们并没有认真对待这种差异，而是直接采用了二元参与理论。从前面的章节可知，在大陆法系，二元参与体系并非唯一的立法体例，而是存在足以与之分庭抗礼的一元参与体系。而且，这种一元参与体系更能适应现代社会处理纷繁复杂的犯罪参与现象的要求。正是在这个意义上，即使在二元参与体系之中，一些学者（如我国台湾地区学者黄荣坚、柯耀程，日本学者平野龙一、高桥则夫、金子正昭）也开始意识到二元参与体系的根本缺陷，而主张将一元参与体系的基本原理引入二元参与体系之中，以便建立更符合逻辑和更为有效的犯罪参与体系。既然我国刑法犯罪参与体系可以从一元参与体系加以论证，难道不更应该采用一元参与理论来处理犯罪参与问题吗？本章笔者将从一元参与理论（单一正犯理论）出发，对我国犯罪参与体系中争议较多的一些问题进行初步探讨。

第一节　犯罪共同说与行为共同说

所谓共犯，就是数人共同协助，共同完成某种犯罪的社会现象。那么，这种社会现象的核心内容何在，即参与共犯现象的各个行为人之间必须具备什么样的关系和条件，才能成立共同犯罪呢？关于这个问题，在德日刑法理论和我国刑法理论中均存在争议。

一、德日刑法理论上的学说

（一）犯罪共同说

犯罪共同说从古典学派的立场出发，强调构成要件的定型性，认为共犯就是数人共同实施特定犯罪，如就构成要件被特定的盗窃罪而言，二个以上的人出于实现盗窃罪的构成要件的意思，共同实施该犯罪的构成要件行为的场合，就是共同犯罪。[①]按照这种观点，是否成立共犯，除了应考虑各犯罪行为人是否具有共同犯罪的意思之外，还应当考虑客观的犯罪事实是否在同一犯罪构成范围之内；各个共犯人的犯罪意思和客观行为，如果分别属于不同的犯罪构成，则无法成立共犯关系，即各个共犯人的罪名必须同一，因此，在犯罪共同说看来，所谓共同犯罪，就是“数人一罪”。犯罪共同说分为“完全犯罪共同说”和“部分犯罪共同说”。

完全犯罪共同说主张，数人共同实施一个或者同一的故意犯的场合，才是共同犯罪（同一罪名的共犯）。具体来说，包括以下内容：第一，强调相同的犯罪事实。如果二人以上共同实施某种行为，但各人的行为意义不同，则不成立共犯。如二人共同朝被害人所在方向射击，一个出于杀人意思而射中了被害人的头部，另一个出于伤害意思而打中了被害人的腿部，尽管二人同时实施了侵害被害人的犯罪行为，但由于所实施的犯罪行为的性质不同，一个是杀人，一个是伤害，因此，二者之间不能成立共同犯罪，而只能分别构成故意杀人罪和故意伤害罪。第二，强调相同的犯罪意思。即成立共犯，各个行为人之间必须具有相同的犯

① 参见［日］木村龟二主编：《刑法学词典》，顾肖荣、郑树周译校，上海翻译出版公司1991年版，第347页。

罪意思（故意的共同），否则就不成立共犯。在共同正犯的场合，各个行为人之间除了彼此分担行为的实施之外，还必须具有共同实施特定犯罪的意思联络，因此，过失共同正犯没有存在的余地。数人之间有共同的犯罪行为，但没有共同的犯罪意思的场合，分别成立单独犯。例如，在甲以伤害的故意，乙以杀人的故意，共同向丙施加暴行，结果将丙打死的场合，尽管二人之间具有共同施暴的行为，但由于在主观上没有共同的犯罪故意，因此，不成立共同犯罪，而分别成立故意伤害罪和故意杀人罪。

但是，将本来属于一个整体的共同实施犯罪的人的行为分别开来，按照单独犯处罚，存在明显的不妥。[①] 从上述案例来看，丙的死亡是由于甲、乙二人的共同行为引起的，并不是其分别造成的。事实上，甲、乙的行为，单独看都不足以引起丙的死亡，只有在将二者的行为合并起来一体看待的场合，才能说该行为是致使丙死亡的原因。因此，在上述场合下，并不具备将甲、乙的行为分别作为单独犯处理的前提，而且，这样做只能得出很不合理的结论。有鉴于此，在具体的应用当中，主张上述观点的多数学说重视数人之间共同实行的事实，认为在上述场合，仍然成立较重犯罪的共同正犯，只是在处罚上，对于具有较轻犯罪意图的人，按照较轻犯罪的刑罚加以量刑而已。[②] 如就上例而言，甲、乙因为具有共同施暴，导致丙死亡的事实，因此，二人成立故意杀人罪的共同犯罪，只是在处罚上，对于不具有杀人意图的甲，应当在故意伤害（致死）罪的限度之内进行量刑而已。但是，这种将定罪和量刑分离的做法，又引出了新的问题。因为任何犯

① 参见黎宏：《刑法总论问题思考》，中国人民大学出版社 2007 年版，第 467 页。

② 参见黄村力：《刑法总则比较研究》，台北三民书局 1997 年版，第 196 页以下。

罪都是主客观要件的统一，在行为人没有犯重罪的故意的时候，仍然处以重罪，这是违反刑法中的责任原则的；同时，上述观点在主张对于共犯人以较重的罪名定罪，而以较轻的刑罚量刑的一点上，也存在将定罪和量刑分离的弊端。①

由于上述问题的存在，因此，完全犯罪共同说逐渐失去了支持者，取而代之的是部分犯罪共同说。这种学说继承了完全犯罪共同说的理念，强调共同犯罪就是数人共同实施具有相同犯罪构成的行为，所不同的是，部分犯罪共同说并不要求数人所实施的犯罪完全相同，而是只要具有部分一致就够了，即数人所共同实施的不同犯罪之间，如果具有构成要件上的重合的话，在此重合的限度之内，可以成立共同犯罪。② 如在甲以伤害的故意，乙以杀人的故意，共同向丙施加暴行，结果将丙打死，但到底是谁的行为引起了死亡结果，在无法查清的场合，按照部分犯罪共同说，尽管因为甲不具有杀人罪的犯罪故意，因此，不能和乙一起成立故意杀人罪的共同犯罪，但是，杀人罪的故意当中包含有较轻的伤害罪的故意，杀人的行为当中也包含有伤害行为在内，因此，甲和乙之间，在故意伤害（致死）罪的范围之内具有重合，二者之间可以成立故意伤害（致死）罪的共同正犯。其中，由于乙的行为具有超出了甲乙之间二者重合的范围，因此，乙除了和甲一起成立故意伤害罪的共同正犯之外，还要对其所引起的杀人结果承担责任，即成立故意杀人罪的单独犯。由于乙的故意杀人罪的实行行为和与甲之间所成立的故意伤害罪的共同正犯的实行行为实际上是一个行为，二者之间存在想象竞合犯的关系，按

① 参见黎宏：《刑法总论问题思考》，中国人民大学出版社 2007 年版，第 467 页。

② 参见［日］大谷实：《刑法总论》，黎宏译，法律出版社 2003 年版，第 302 页。

照“从一重处罚”的原则，最终只能认定为一个是故意杀人罪。因此，按照部分犯罪共同说，上述举例当中，甲最终成立故意伤害罪（共同犯罪），而乙成立故意杀人罪。①

（二）行为共同说

行为共同说认为，所谓共犯，就是数人根据共同行为来实现各自所追求的犯罪，它是实施犯罪的一个方法类型，是为了实现自己的犯罪而利用他人行为，因此而扩大自己行为的因果影响范围的一种形式，完全属于共犯人相互之间的“个别利用关系”。由于主张二个以上的人根据共同的“行为”实现各自的犯罪意思，就成立共同犯罪，不要求是就同一“犯罪”而共同进行，也不要求具有共同犯罪的意思即共同故意，因此，在行为共同说看来，共同犯罪，实际上就是“数人数罪”。②

行为共同说之中，存在“主观主义的行为共同说”和“客观主义的行为共同说”之分。“主观主义的行为共同说”主要为早期的主观主义犯罪论所提倡，如日本学者牧野英一博士认为：“恶性表现为犯罪时，并不意味着数人共犯一个罪；在主观上理解犯罪时，认为共犯是由数人的共同行为来完成那种犯罪，应该说是妥当的。依照这种思路想下去的话，首先要有共同预谋的事实，并根据这种事实来论述犯罪的成立。共同的事实并不等于所考虑的法律上构成的犯罪事实，这种事实常会跨越几个犯罪事实，或者可能仅限于一个犯罪事实中的一小部分。而且，并非一定需要那些人具有同样的故意。在他们的共同行为中，对于甲的

① 参见黎宏：《刑法总论问题思考》，中国人民大学出版社 2007 年版，第 468 页。

② 参见黎宏：《刑法总论问题思考》，中国人民大学出版社 2007 年版，第 468 页。

犯意来说，应构成甲罪，而对于乙的犯意则应构成乙罪。”① 在牧野英一看来，客观上先预定一个“共同事实”，以此事实为基础，讨论犯罪的成立。作为共同犯罪的主观要件，对于各个共犯人来说，只要具有共同的意思就足够，并不一定需要使故意共同化，因此，不要说故意的共同正犯，即便是过失的共同正犯，故意犯和过失犯之间的共同正犯也能成立。同时，由于犯罪是行为人的社会危险性的表征，因此，共同犯罪中的“共同”，就是与构成要件无关的自然行为的共同，或者说前构成要件或者前法律的自然行为的共同，在二个以上的行为人，为了实现各自的犯罪意图而共同实施行为的场合，仍可成立。如甲出于杀人、乙出于放火的故意而共同实施行为的时候，不管两个行为是否符合同一个构成要件，二者都是共犯，只是在定罪上，再按照各自的主观意思，确认各自的犯罪而已。行为共同说的目的在于避免犯罪共同说所引起的团体责任的嫌疑，彻底贯彻近代刑法所坚持的个人责任原则。但是，如将“偏离构成要件行为的共同”也理解为共犯，会造成共同犯罪认定上的肆意性，也不符合各国刑法有关共同犯罪是“二人以上共同（故意）犯罪”的界定或者规定，因此，这种“主观主义的行为共同说”现在已经没有支持者了。②

从客观主义刑法观出发所提倡的是“客观主义的行为共同说”。这种观点认为，从参与共同犯罪的各个人来看，共犯的本质是共同实行各自的犯罪，各个共犯人之间并不要求具有罪名的同一性，也不要求具有共同的犯罪意思，换言之，共同犯罪，并

---

① 参见［日］木村亀二主编：《刑法学词典》，顾肖荣、郑树周译校，上海翻译出版公司 1991 年版，第 348 页。

② 参见黎宏：《刑法总论问题思考》，中国人民大学出版社 2007 年版，第 468 ~ 469 页。

不是因为借用他人的可罚性或者与他人共同负担责任而受罚，而是因为为了实现自己的犯罪而利用他人的行为，扩大自己的因果性的影响范围，即根据行为的共同，相互将他人的行为视为自己行为的延伸而纳入自己的行为，正因为如此，对于所发生的结果也能全部归责于各个参与人。① 因此，对于各个参与者而言，共同实施符合构成要件的违法行为是完全可能的，而不是什么构成要件之前的自然行为的共同。换言之，行为共同说和构成要件论之间并不矛盾。成立教唆犯、帮助犯之类的狭义共犯，必须具有符合共犯构成要件的违法行为，这是理所当然的，在共同正犯中，所有的参与者也必须具有符合构成要件的实行行为，因此，在古典的构成要件论的立场上采用行为共同说，并没有什么理论上的相互矛盾之处。② 在日本，从客观主义立场出发提倡行为共同说，已经成为一种趋势。例如，日本学者佐伯千仞从共犯是一种方法类型的立场出发，认为参与共犯的各个人的行为是各自的独立犯罪，是各自通过事实上的共同来实现自己的犯罪。因此，片面共犯和过失共犯是可以成立的。③ 日本学者平野龙一从没有必要坚持认为共犯就是在犯罪行为的各个方面都共同、共犯只有在与正犯完全相同罪名的情况下才能成立的“罪名从属性”的立场出发，主张行为共同说。④

按照客观主义的行为共同说，可以得出以下几点结论：首

① 参见陈子平：《刑法总论》（下），元照出版公司2006年版，第102页。

② 参见［日］山中敬一：《刑法总论Ⅱ》，成文堂2000年版，第751页。

③ 参见［日］佐伯千仞：《三订刑法讲义总论》，有斐阁1978年版，第332页。

④ 参见［日］平野龙一：《刑法总论Ⅱ》，有斐阁1978年版，第364页。

先，共同犯罪不一定仅在具有刑事责任能力的行为人之间发生。二人以上只要具有共同行为，即便其中一人没有责任能力或者缺乏罪过，具有责任阻却事由，也不影响共同犯罪的成立。只是其中一方要承担刑事责任，而另一方不承担刑事责任而已。其次，共同犯罪不一定在同一特定的犯罪构成范围之内发生。在各个共犯人所意图实现的犯罪事实之内，只要彼此之间具有共同关系，即便在不同的犯罪构成之内，也能成立共犯。直接实现犯罪行为的正犯固然能独立成为犯罪主体；实施教唆行为、实施帮助行为的人，也都能独立成为犯罪主体，各自对自己的行为承担责任。最后，作为共同犯罪的主观要件，共犯人之间，只要具有共同行为的意思就够了，不要求具有相同的犯罪故意。因此，不用说故意犯之间，故意犯与过失犯之间，或者二个以上的过失犯之间也可以成立“共同正犯”。在定罪的时候，如果行为是共同进行的，那么只要按照各行为人的故意、过失的程度来确认各自的犯罪即可。①

根据行为共同说，在甲基于伤害的意思，乙基于杀人的意思，二人共同袭击丙，致丙死亡，但谁的行为引起了死亡结果，无法查清的案件当中，既然甲、乙二人具有共同加害于丙的行为，则不问其二人之犯罪意思是否相同，均可以共同正犯处理。只是，二人在实施行为时的主观意思不同，因此，甲对丙要承担故意伤害致死的罪责（因为甲虽然没有杀人的故意而只具有伤害的意思，但伙同他人即乙对丙进行砍杀，则表明其处于对丙的死亡难以预料的状态，对丙之死应当能够预见），乙对丙应当承

① 参见黎宏：《刑法总论问题思考》，中国人民大学出版社 2007 年版，第 470 页。

担故意杀人罪既遂的罪责。[①]

（三）共同意思主体说

共同意思主体说是从日本的判例中发展出来的共犯学说，最初是作为说明仅仅参与共谋而没有着手实行的人也要作为共同正犯处理的所谓“共谋共同正犯”的原理而提出来的。但是，后来成为适用于包括教唆犯、帮助犯在内的广义共犯的一般原理。[②] 共同意思主体说着眼于异心别体的两个以上的人为了实现同一目的而结合成为一体的社会现象，认为共同犯罪就是两个以上的人为实现一定的犯罪目的，通过共同谋议而形成的“共同意思主体”。作为共同意思主体的活动，共同体中的一个以上的人在共同目的之下实施了犯罪，就视为共同意思主体的活动，所有的共同人都成为共同正犯，依照民法中的合伙理论，共同意思主体当中的每个人，对于共同意思主体中的其他人所引起的结果，承担共同正犯的刑事责任。因此，就刑事责任的归属而言，本应归责于由各个共犯所形成的、超越于各个共犯的共同意思主体，但由于“共同意思主体”是各个共犯者为实现犯罪的目的而暂时形成的不法存在，无法对其科处刑罚，因此，只能对构成该“共同意思主体”的个人追究其罪责。[③]

根据共同意思主体说，可以得出以下观点：首先，成立共同犯罪，各参与者主观上必须具有彼此共同的犯罪故意。按照共同意思主体说，正犯是一种团体现象，处于这种团体之中的个人，

① 参见黎宏：《刑法总论问题思考》，中国人民大学出版社 2007 年版，第 470 页。

② 参见［日］曾根威彦：《刑法总论》（第 3 版），弘文堂 2003 年版，第 273 页。

③ 参见黎宏：《刑法总论问题思考》，中国人民大学出版社 2007 年版，第 470 页。

不仅在内心上有共同犯罪的认识与希望（即犯意必须一致），而且各参与者之间存在相互利用和共同协力分工合作之心理，分担犯罪构成要件以内或者以外的行为。换言之，成立共同正犯，各参与者之间必须事先具有犯意联络和共同，然后再将彼此的犯意融为一体，根据这种犯意，各参与者彼此分担犯罪构成要件内外之行为的实施。相互之间没有意思联络的片面共犯，以及不可能具有主观意思沟通的过失共犯，当然不在共同犯罪之列。其次，各个共犯人之间，必须有犯罪行为的分担。当然，不是所有分担行为的人都能构成正犯，还必须考虑行为人分担该行为的目的和意图，即首先考察其分担犯罪行为的意思，究竟是为实现自己的犯罪的意思，还是出于教唆、帮助他人实现犯罪的意思；然后再观察其所参与的犯罪行为，究竟是参与犯罪构成要件以内的行为，还是参与犯罪构成要件以外的行为，或者是引起、教唆他人的犯罪行为。在将这些因素综合评价之后，分别以共同正犯、教唆犯与帮助犯论处：以自己共同犯罪的意思联络，分担犯罪构成要件以内之行为者是实行共同正犯；以帮助他人犯罪的意思联络，分担犯罪构成要件以外之行为的轻微、从属角色者，是帮助犯；以教唆他人犯罪之意思联络，分担教唆他人犯罪之行为者，是教唆犯。①

按照共同意思主体说，在甲基于伤害的意思，乙基于杀人的意思，二人共同袭击丙的案件中，甲、乙二人的犯意各不相同，欠缺共同犯罪的意思联络（即犯罪目的不同），因而无法形成犯罪的同心一体。因此，即便具有共同袭击丙的行为，也不能视为共同意思主体的活动。因此，甲、乙二人不能成立共同正犯，至多成立“同时犯”而已，甲的行为构成故意伤害（致死）罪，

---

① 参见黎宏：《刑法总论问题思考》，中国人民大学出版社 2007 年版，第 471 页。

而乙构成故意杀人罪。[①]

由于共同意思主体说的基础是团体责任，与现代刑法的个人原则背道而驰，因此此说虽然在日本曾经一度很风行，但现在基本上已没有太多学者主张这种学说。[②]

二、我国刑法理论上的争议

（一）完全的犯罪共同说

我国刑法理论和判例[③]的通说是完全的犯罪共同说。通说的观点认为："二人以上实施犯罪时故意内容不同的，不构成共同犯罪。共同犯罪故意是二人以上共同实施同种犯罪的故意。如果实施犯罪时故意的内容不同，就背离了共同犯罪故意的本意，因此不能成立共同犯罪。例如一人是伤害的故意，一人是杀人的故意，即使是同时或先后对同一对象实施的，也不能视为共同犯罪，只能按照各自的罪过和行为分别处理。"[④] 但是，通说并没有说明在故意内容不同的情况下如何根据各行为人的罪过和行为进行处理。例如，在甲乙二人基于共同的意思联络对丙实施暴

① 参见黎宏：《刑法总论问题思考》，中国人民大学出版社 2007 年版，第 472 页。

② 参见黎宏：《刑法总论问题思考》，中国人民大学出版社 2007 年版，第 472～473 页。

③ 参见，例如，"高海明绑架、郭永杭非法拘禁案"，载国家法官学院、中国人民大学法学院编《中国审判案例要览》（2001 年刑事审判案例卷），中国人民大学出版社 2002 年版，第 57～61 页。关于该案的分析，参见陈兴良：《共同正犯：承继性与重合性：高海明绑架、郭永杭非法拘禁案的法理分析》，载陈兴良主编：《刑事法评论》（第 21 卷），北京大学出版社 2007 年版。

④ 参见高铭暄、马克昌：《刑法学》（上编），中国法制出版社 1999 年版，第 293 页。

力，但甲是杀人的故意，而乙是伤害的故意，最终导致丙死亡的情况下，如果查明是甲的行为导致被害人死亡，那么甲定故意杀人罪，而乙构成故意伤害罪，这当然没有问题。但是，如果查明是乙的行为导致被害人死亡，那么甲只能定故意杀人罪（未遂），乙构成故意伤害（致死）罪；如果无法查明到底是甲还是乙的行为导致被害人死亡的情况下，按照通说的观点就只能认定甲构成故意杀人罪（未遂），认定乙构成故意伤害罪。事实上，通说自身也不可能接受后两种情形下的结论。

在对犯罪共同说和行为共同说进行批判的基础上，我国学者陈兴良教授主张主客观相统一说。他指出："共同犯罪是犯罪的一种特殊形态，而刑法中的共同犯罪制度不过是共同犯罪现象在法律上的反映。"①"共同犯罪的范围应当决定于社会上存在着的共同犯罪现象以及处理共同犯罪的司法实践的客观要求。我国刑法从共同犯罪的实际情况和司法实践的客观要求出发，既不像行为共同说那样，不适当地扩大共同犯罪的范围，也不像犯罪共同说那样，不适当地缩小共同犯罪的范围，而是以主观和客观相统一为原则，认为共同犯罪是共同的犯罪故意和共同的犯罪行为的辩证统一。在此基础上，科学地确定共同犯罪的范围。从这个意义上说，我们可以建立共同犯罪的主客观统一说。"② 陈兴良教授认为，《刑法》第 25 条关于共同犯罪的概念是共同犯罪的主客观相统一说的法律根据，而主客观相统一原则则是共同犯罪的主客观相统一说的理论根据。虽然陈兴良教授强调主客观统一说与完全犯罪共同说不同，但事实上，其所主张的主客观统一说与

---

① 陈兴良：《共同犯罪论》（第二版），中国人民大学出版社 2006 年版，第 56 页。

② 陈兴良：《共同犯罪论》（第二版），中国人民大学出版社 2006 年版，第 57 页。

完全的犯罪共同说在认定共同犯罪的范围上没有差异。

（二）部分犯罪共同说

首先对通说提出异议的是我国学者张明楷教授。张明楷教授指出，二人以上虽然共同实施了不同的犯罪，但当这些不同的犯罪之间具有重合的性质时，则在重合的限度内成立共同犯罪。例如，甲以杀人的故意、乙以伤害的故意共同加害于丙时，在故意伤害罪的范围内成立共同犯罪。但由于甲具有杀人的故意与行为，对甲应认定为故意杀人罪（不成立数罪）。再如，A教唆B敲诈勒索他人财物而B实施了抢劫行为时，A、B在重合的限度内即敲诈勒索罪的限度内成立共同犯罪。但由于B具有抢劫的故意与行为，对B应认定为抢劫罪（不成立数罪）。在上述场合，并不意味着甲同时构成了故意杀人罪与故意伤害罪、A同时构成了抢劫罪与敲诈勒索罪，也不意味着甲、A的行为成立想象竞合犯。相反，甲只构成故意杀人罪，但故意杀人罪中包含了故意伤害；A仅成立抢劫罪，但抢劫罪中包含了敲诈勒索。①

张明楷教授认为，部分犯罪共同说可以比较合理地认定现实中的共犯现象。例如，甲邀约乙为自己的盗窃行为放风，乙同意，并按约定前往丙的住宅外放风；但甲在盗窃时，为窝藏赃物、抗拒抓捕或者毁灭罪证而当场使用暴力或者以暴力相威胁，乙却对此一无所知。显然，甲的行为构成了抢劫罪。如果否定甲与乙成立共同犯罪，则意味着乙的行为不能作为犯罪处理。其不合理性比较明显：假如甲在丙家仅实施了盗窃行为，乙属于共犯，受到刑罚处罚；而甲现实上在丙家实施了更为严重的犯罪（事实上乙的放风行为也为甲的抢劫行为起到了促进作用），乙的行为反而不成立犯罪。这难以被人接受。或许有人认为，对乙的行为可单独认定为盗窃罪。但将乙作为单独的盗窃犯处理，就

① 张明楷：《刑法学》（第三版），法律出版社2007年版，第319页。

要求乙实施了盗窃罪的实行行为，而乙没有实施任何实行行为。按照完全犯罪共同说的观点，甲与乙成立抢劫罪的共同犯罪，但对乙适用盗窃罪的法定刑。相信没有人会接受这种观点。如果采取部分犯罪共同说，甲与乙便在盗窃罪的范围内成立共同犯罪。既然如此，对乙就应以盗窃罪论处，但由于甲的行为另成立抢劫罪，故对甲的行为只能认定为抢劫罪。或许有人认为，部分犯罪共同说实际上也是对乙单独定罪。但根据部分犯罪共同说，将乙的行为认定为盗窃罪，是以乙与甲构成盗窃罪的共犯为前提的；没有这一前提，就不能认定乙的行为构成盗窃罪。再者，如果对甲、乙完全分别按抢劫罪与盗窃罪论处，而不考虑乙在盗窃罪中的共犯关系，就不可能认定乙为从犯（因为单独犯罪是无所谓主犯与从犯之分的），因而对乙不能从轻、减轻或者免除处罚；按照部分犯罪共同说，甲与乙在盗窃罪的范围内成立共犯，乙便是盗窃罪的从犯，故应当根据刑法总则的规定从轻、减轻或者免除处罚。①

张明楷教授指出，虽然刑法第 25 条第 1 款规定，只有二人以上以共同的故意实施了共同的犯罪行为，才可能成立共同犯罪，但这并不意味着只有当二人以上的故意内容与行为内容完全相同时，才能成立共同犯罪。因为许多犯罪之间存在交叉与重叠的关系，或者表现为甲罪是乙罪的一部分，或者乙罪的一部分是甲罪的一部分，这便导致甲罪与乙罪具有部分重合的性质；当重合的部分本身也是刑法所规定的一种犯罪时，就说明二人以上就重合的犯罪具有共同故意与共同行为。换言之，即使二人以上分别持甲罪与乙罪的故意，但当甲罪与乙罪的重合部分属于刑法所规定的独立犯罪（既可能是甲罪或者乙罪，也可能是丙罪）时，

① 张明楷：《刑法学》（第三版），法律出版社 2007 年版，第 319 ~ 320 页。

他们至少就重合部分的犯罪具有共同故意与共同行为；既然如此，就应当根据共同犯罪的成立条件，认定其为共同犯罪。[①]

张明楷教授还具体说明了部分犯罪共同说适用的情形：根据部分犯罪共同说，只要二人以上就部分犯罪具有共同的行为与共同的故意（具有重合性质），便成立共同犯罪；在成立共同犯罪的前提下，又存在分别定罪的可能性。具有重合性质的情况大体如下：（1）当两个条文之间存在法条竞合的关系时，其条文所规定的犯罪一般存在重合性质。例如，规定盗窃、抢夺武器装备、军用物资罪的法条与规定盗窃、抢夺罪的法条，是特别法条与普通法条的关系。（2）当两种犯罪所侵犯的同类法益相同，其中一种犯罪比另一种犯罪更为严重，从规范意义上说，严重犯罪包含了非严重犯罪的内容时，也存在重合性质（可能属于法条竞合，也可能是想象竞合犯），能够在重合范围内成立共同犯罪。比较典型的有：生产、销售假药罪与生产、销售劣药罪，生产、销售不符合卫生标准的食品罪与生产、销售有毒、有害食品罪，故意杀人罪与故意伤害罪，强奸罪与强制猥亵、侮辱妇女罪，绑架罪与非法拘禁罪，抢劫罪与抢夺罪，抢劫罪与盗窃罪，抢劫罪与敲勒索罪等。（3）两种犯罪所侵犯的同类法益不完全相同，但其中一种罪所侵犯的法益包含了另一犯罪所侵犯的法益，因而存在重合性质时（也可能属于法条竞合，也可能属于想象竞合犯），也能够在重合范围内成立共同犯罪。例如，为境外窃取、刺探、收买、非法提供国家秘密、情报罪与非法获取国家秘密罪的同类法益不同，甲不知道乙是为境外的机构、组织、人员非法提供国家秘密，而为乙窃取了国家秘密，甲与乙在非法获取国家秘密罪的范围内成立共同犯罪，但对乙的行为应另认定为为境外窃取、刺探、收买、非法提供国家秘密罪。（4）在犯

① 张明楷：《刑法学》（第三版），法律出版社2007年版，第320页。

罪性质转化的情况下，如果数人共同实施了转化前的犯罪行为，而其中的部分人实施了转化行为，但他人不知情的，应就转化前的犯罪成立共同犯罪。①

在张明楷教授提出部分犯罪共同说以后，在学界产生了巨大的影响，几乎有取代通说的完全共同犯罪说之势。最近，陈兴良教授也开始主张部分犯罪共同说。陈兴良教授主要是从法条竞合的角度来论证部分犯罪共同说的。他认为，在张明楷所指出的上述四种情况中，第一种情形与第三种情形属于法条竞合。第一种是从属关系的法条竞合，第三种是交叉关系的法条竞合。第二种情形所谓严重犯罪包含非严重犯罪的内容时出现的重合性质，情况较为复杂。在笔者看来，其中大部分仍然属于法条竞合，如强奸罪往往包含强制猥亵罪的内容、抢劫罪往往包容抢夺罪的内容等，但也存在想象竞合的情形，如故意杀人罪与故意伤害罪。至于第四种情况，是在共同犯罪中，部分共同犯罪人发生转化而另定他罪。此种情形还出现在实行过限的场合。在共同犯罪中，部分共同犯罪人实行过限，如果这种过限是一种重合性的过限，在重合部分也存在是否构成共同正犯的问题。②

（三）行为共同说

对于通说的完全犯罪共同说和部分犯罪共同说，我国学者黎宏教授提出了反对意见。黎宏教授指出，从近代刑法所坚持的客观危害和主观责任的判断严格区分的立场来看，共同犯罪的责任大小判断应当属于犯罪构成当中，表明行为人的行为所具有的社

---

① 张明楷：《刑法学》（第三版），法律出版社 2007 年版，第 320 ~ 321 页。

② 陈兴良：《共同正犯：承继性与重合性：高海明绑架、郭永杭非法拘禁案的法理分析》，载陈兴良主编：《刑事法评论》（第 21 卷），北京大学出版社 2007 年版，第 43 页。

会危害性或者说违法性大小的客观方面的内容，它与在确定客观危害之后，再考虑行为人是不是具有主观责任以及主观责任大小的判断应当分开进行。既然是否共同犯罪的判断是确定各个参与者客观责任大小的判断，是客观判断，那么，在社会危害性大小的判断上，当然只能考虑客观方面的内容，将行为人主观方面的内容暂时排除在外，而犯罪共同说恰好在这一方面存在不足，其在对参与共同犯罪的个人归责的时候，要求考虑行为人是不是与其他人之间具有共同意思，是不是与其他人之间具有意思联络，即在共犯人的客观责任判断当中混入了主观意思内容，当然难以说妥当。①

在黎宏教授看来，现行的犯罪共同说（包括部分犯罪共同说）由于没有意识到上述问题所在，因此，在具体问题的分析上，就不可避免地出现问题。例如，在甲出于杀人故意，乙出于伤害故意，共同向丙开枪，结果只有甲的子弹射中了丙，致其死亡的场合，按照部分犯罪共同说，乙尽管没有射中甲，但也必须在故意杀人罪和故意伤害致死罪的重合限度即故意伤害（致死）罪的范围内，与甲成立共同正犯，对丙的死亡结果承担全部责任。但是，故意伤害（致死）罪和故意杀人罪作为两种不同的犯罪，二者之间并不是包含和被包含的关系，而是对立、择一的关系，即行为人的主观心态既然被认定为故意杀人，就不可能同时又是故意伤害，反之亦然，否则刑法中所规定的犯罪故意的内容就无法认定。这样一来，故意杀人罪当中包含有故意伤害致死罪的说法，只是一种拟制而已。实际上，从犯罪构成来看，故意伤害（致死）罪和故意杀人罪之间，共同的只是“致人死亡”这种客观的结果事实。在这种结果事实范围内，甲、乙的行为可

① 参见黎宏：《刑法总论问题思考》，中国人民大学出版社 2007 年版，第 474 ~ 475 页。

以成立共同正犯，这是完全没有问题的。但这样理解的话，那么故意伤害（致死）罪和故意杀人罪之间之所以成立共同正犯，是因为存在共同的“事实”即“致人死亡的结果”，而不是因为共同的主观意思即故意杀人的意思当中包含有相同的故意伤害的意思。换言之，是因为客观上具有共同行为，而不是因为具有包含主观意思在内的共同“犯罪”。①

黎宏教授进一步指出，部分犯罪共同说的上述不足还体现在其他案件中。例如，在甲出于杀人故意，乙出于伤害故意，共同向丙开枪致丙死亡，但到底是谁的子弹打中了丙，无法查清的场合，按照部分犯罪共同说，由于故意杀人罪和故意伤害（致死）罪在故意伤害（致死）罪的限度之内具有重合，因此，甲、乙在此范围之内成立共同正犯。其中，甲因为具有杀人故意，因此其除了成立故意伤害（致死）罪的共同正犯之外，还成立故意杀人罪（既遂）的单独犯，二者之间是竞合关系，最终成立故意杀人罪（既遂）一罪。但是，这种结论存在重复评价之嫌。因为按照犯罪共同说，甲的行为实际上是符合了故意杀人罪和故意伤害（致死）罪两个罪名，但是，既然在认定甲构成故意伤害（致死）罪的共同正犯的时候已经将丙的死亡结果评价在甲的伤害行为之内了，那么，按照刑法上所坚持的禁止重复评价的原则，接下来在对甲的杀人行为进行评价的时候，就不得将被害人死亡的情节再次评价，因此，对甲的超出故意伤害限度的故意杀人行为，只能考虑为故意杀人（未遂），这是部分犯罪共同说的当然结论，否则就没有彻底贯彻部分犯罪共同说的立场。由此可见，上述主张“甲除了成立故意伤害（致死）罪的共同正犯之外，另外还成立故意杀人罪（既遂）的单独犯”的观点是有

① 参见黎宏：《刑法总论问题思考》，中国人民大学出版社 2007 年版，第 475 ~476 页。

问题的。同时，故意伤害（致死）罪和故意杀人罪（既遂）在刑法上是两种不同的犯罪。不能将同一个行为认定其既符合故意伤害（致死）罪的犯罪构成，同时又符合故意杀人罪（既遂）的犯罪构成。①

为此，黎宏教授认为，除了坚持只要行为在具体犯罪构成的实行行为范围内共同，不管各行为人主观上是否一致都能成立共同犯罪的行为共同说的观点之外，是无法得出上述结论的。根据行为共同说，在两个以上的人故意实施犯罪的实行行为，该行为在犯罪构成要件上重合或者和结果之间具有因果关系的时候，就可以成立共犯，而不是先考虑二者所存在的重合关系，然后根据想象竞合犯的原理加以处罚。例如，甲出于杀人故意、乙出于抢劫故意，对他人实施暴行，致人死亡之后，由于甲、乙互相利用了对方的暴力行为来实现自己犯罪，因此，甲、乙分别构成故意杀人罪和抢劫罪的共同正犯，对所引起的杀人结果和抢劫结果要承担全部责任；同样，在甲教唆乙盗窃，乙实施了抢劫的场合，由于甲、乙互相利用了对方的行为（盗窃教唆和抢劫实行）来实现自己的犯罪，因此，二者分别构成盗窃罪（教唆）和抢劫罪。②

三、本书的观点

由上可知，关于共同犯罪的范围，在目前德日共犯理论上主要是部分犯罪共同说与构成要件的行为共同说之争。在我国刑法理论上，则存在完全犯罪共同说、部分犯罪共同说与构成要件的

① 参见黎宏：《刑法总论问题思考》，中国人民大学出版社 2007 年版，第 477～478 页。

② 参见黎宏：《刑法总论问题思考》，中国人民大学出版社 2007 年版，第 480～481 页。

行为共同说之争。但是，完全犯罪共同说、部分犯罪共同说与构成要件的行为共同说之间的差异真的有它们的主张者所说的那么大吗？在笔者看来，这场争论本身就是一场没有意义的虚假争论，通过对下面的案例就可以说明这一点：甲以杀人的故意、乙以伤害的故意对丙实施暴力，最后导致丙死亡，但无法查明是谁的行为导致被害人死亡。根据完全犯罪共同说，甲和乙不成立共同犯罪，因此，根据疑罪从无原则，甲构成故意杀人罪未遂，而乙构成故意伤害罪（但不构成故意伤害致死罪）。从理论的逻辑上看，这个结论毫无破绽。但是，恐怕没有任何一个法官会这样判决，因为一个人是否对一个结果承担责任与一个人是否与他人构成共同犯罪之间，没有丝毫的逻辑关联。换言之，共同犯罪只不过是一种实现犯罪的方法类型，而绝不是一种归责原理。因此，即使不承认甲和乙构成共同犯罪，但毫无疑问的是，甲和乙均需为丙的死亡结果承担责任；即使坚持所谓的完全犯罪共同说，最后甲仍然构成故意杀人罪（既遂），乙则构成故意伤害（致死）罪。这样的处理结果，与部分犯罪共同说以及构成要件的行为共同说又有什么分别呢？笔者认为，之所以产生这些学说的原因在于，二元参与体系之下的学者以为在上述案例之中，只有认定甲和乙构成共同犯罪，他们才能为最后的死亡结果负责，这实际上是混淆了共同犯罪与刑法归责之间的关系：一个人是否需为一个结果承担责任，其唯一标准在于其行为是否具备不法和罪责，而与其是否与他人构成共同犯罪没有任何关系。

从单一正犯概念来看，对于不法构成要件，行为人永远都可以通过他人来实现。当然，这里的不法要件是指客观的不法要件，主观的不法要件（故意与过失）则必须亲自具备。因为，就犯罪预防的目的而言，由于一个人本身在欠缺故意与过失的情况下，根本就欠缺回避可能性而起不了预防的功能，因此对于犯罪的故意或过失的要求，无论如何必须就行为人本身的情况进行独立判断。如果不是行为人本身具备故意与过失，而是所谓的正犯或者其他正犯具备故意或过失，行为人本人依然不可能通过从属概念而构成任何形式的犯罪。[①] 其次，罪责要件必须亲自具备。因为罪责在概念上就是对于行为人个人的期待可能性的判断，因此当然无法与其他的不法要件一样可以通过他人来实现。因此，对于不法构成要件（客观的不法构成要件），行为人可以利用他人来实现，而对于主观的不法构成要件和罪责要件，则必须就各行为人本身进行判断。就上述案例而言，由于甲利用了作为乙的故意伤害罪的客观不法构成之一部分的暴力行为，实现了自己的故意杀人罪的不法构成要件，因此当然构成故意杀人罪（既遂）；而乙由于利用了作为甲的故意杀人罪的客观不法构成要件之一部分的暴力行为，实现了自己的故意伤害罪的不法构成要件，因此当然构成故意伤害（致死）罪。至于甲和乙的主观不法构成要件是故意还是过失，根据单一正犯体系的原理，本来就是应该单独予以判断的。[②]

第二节　共犯从属性与共犯独立性

关于正犯与共犯的关系，在我国刑法理论界主要是围绕教唆犯与实行犯的关系而展开讨论的。主要观点如下：

① 参见黄荣坚：《基础刑法学》（第3版）（下），中国人民大学出版社2009年版，第507页。

② 参见黄荣坚：《基础刑法学》（第3版）（下），中国人民大学出版社2009年版，第507页。

一、独立性说

此说认为，教唆犯在共同犯罪中处于独立的地位，教唆犯并不从属于实行犯。教唆行为本身就是独立的犯罪，被教唆人是否实施犯罪，对教唆犯的成立不发生影响。例如，余淦才教授指出："独立性说和从属性说的基本理论表明，对于认定教唆犯的刑事责任，从立法根据、分析方法乃至如何适用刑罚，都是根本不同的；应用到具体案件上，结论有时甚至是相反的。在一部刑法里，要么采取独立性说，即完全以教唆人所教唆之罪作为定罪基础；要么采取从属性说，即完全以被教唆人所教唆之罪作为定罪基础。很难想象，在一部刑法里可以合二为一，或所说具有所谓'二重性'。……根据刑法第 26 条（指 1979 年《刑法》）第 2 款规定：'如果被教唆的人没有犯被教唆的罪，对于教唆犯，可以从轻或者减轻处罚。'这里，教唆犯不具有从属性，大概没有人会提出异议。根据刑法第 26 条第 1 款的规定：'教唆他人犯罪的，应当根据他在共同犯罪中所起的作用处罚。'从文字表面上看，处罚根据明明是指他在共同犯罪中所起的作用，这种作用，无疑是指教唆犯的作用，而不是指实行犯的作用，教唆人是被处罚的独立主体，而没有丝毫从属于被教唆人的含义。从内容实质看，所谓按照他（教唆犯）在共同犯罪中所起的作用处罚，就是要看教唆犯所提供的犯罪意图究竟对实行犯发生多大影响力来决定处罚的轻重。……刑法第 26 条第 1 款的立法精神，同该条第 2 款一样，都是体现确定教唆犯刑事责任的独立性，并不对实行犯存在任何从属性。"①

---

① 余淦才：《试论教唆犯的刑事责任》，载《安徽大学学报》（哲学社会科学版）1983 年第 2 期。

二、两重性说

该说认为教唆犯既有从属性，又有相对的独立性。两重性说的首倡者是伍柳村先生，他根据教唆犯的一般特性论述教唆犯具有两重性，故又被称为抽象的两重性说。他指出：“教唆犯的犯罪意图既然必须通过被教唆人的决意，并且去实施他所教唆的犯罪行为，才能发生危害结果或者达到犯罪目的，否则，是不可能发生危害结果或者达到犯罪目的的；所以，就教唆犯与被教唆人的关系来讲，教唆犯处于从属地位，教唆犯具有从属性。但是，教唆犯给予他人以犯罪意图这一行为，它与单个人犯罪的犯意表示，其危害性是不相同的。单个人犯罪的犯意表示还没有发生社会关系，只是个人犯罪意思活动的流露而已，所以不能认为犯罪；而在共同犯罪中，教唆犯的教唆行为则是教唆犯与被教唆人已经发生了人与人之间的社会关系，而且在这种社会关系中，又已显示出教唆他人犯罪这一行为本身对社会危害的严重程度。无论被教唆人是否去实行犯罪，教唆行为本身都应该认为犯罪，当然在处罚时也必须考虑被教唆人已否犯了被教唆的罪这一事实。因此，从这个意义上说，教唆犯在共犯中又处于相对的独立地位，教唆犯又具有相对的独立性。”①

马克昌先生也主张两重性说，但他不是抽象地讨论，而是具体地说明，故又被称为具体的两重性说。马克昌先生指出：“教唆犯固然是一种社会现象，但它毕竟是一个法律概念，论证它的独立性或从属性，不能不结合一个国家刑法规定来进行。……教唆犯的从属性或独立性往往因刑法对教唆犯规定的不同而不同。其次，要论证教唆犯的从属性或独立性，应当了解从属性指的是

① 伍柳村：《试论教唆犯的二重性》，载《法学研究》1982 年第 1 期。

什么？从属性通常包括犯罪的从属性与处罚的从属性两个方面。前者是指教唆犯因被教唆人实施犯罪而构成，被教唆人未实施犯罪，教唆犯即不成立。被教唆人犯罪既遂、未遂或预备，教唆犯也是犯罪既遂、未遂或预备。后者指对教唆犯依照实行犯的刑罚来处罚。刑法规定的教唆完全符合上述情况的，就是具有从属性，不符合或不完全符合上述情况的，就是具有独立性或一定的独立性。据此，我们认为我国刑法规定的教唆犯，确实具有两重性，但独立性是主要的。具体言之，刑法第 26 条（指 1979 年《刑法》）第 1 款规定的教唆犯，只有在被教唆人实施犯罪时才能成立。这时教唆人与被教唆人构成共同犯罪关系，被教唆人实施的犯罪行为是犯罪预备、未遂或既遂，教唆犯也是犯罪预备、未遂或既遂，这就是教唆犯犯罪的从属性。但这一规定的教唆犯的刑事责任，则是依其在共同犯罪中的作用处罚，而不是依照实行犯的刑罚处罚，这就是教唆犯处罚的独立性。第 26 条第 2 款规定的教唆犯，是被教唆人没有犯被教唆之罪的情况。在这种情况下。教唆犯与被教唆人不构成共同犯罪关系，刑法却仍然对之规定了刑事责任。这里的教唆犯既无犯罪的从属性，也无刑罚的从属性，亦即只有独立性。”①

赵秉志教授等也认为教唆犯具有两重性，并阐述了其具体表现。教唆犯的从属性主要表现在：（1）教唆行为的社会危害性程度，受被教唆人的犯意是否产生、实行行为的有无以及发展进程和危害结果大小等因素的影响和制约。（2）被教唆人是否实施被教唆罪的犯罪行为，对教唆结果的产生起着非常重要的作用。如果被教唆人没有着手实施犯罪，教唆犯的犯罪意图就不会实现。（3）教唆犯所追求的最终犯罪结果是由于被教唆人因为教唆而实施了被教唆之罪的犯罪行为产生的，被教唆人是“内

① 马克昌：《论教唆犯》，载《法律学习与研究》1987 年第 5 期。

因”，教唆犯的教唆行为仅是“外因”。教唆犯的独立性主要表现在：（1）教唆犯出于故意实施了教唆他人犯罪的行为，本身具有主观恶性与社会危害性，从而成为其构成犯罪并承担刑事责任的主客观依据。（2）教唆行为是危害结果产生的前提和基础，没有教唆犯的教唆行为，就不会有被教唆人实施所教唆之罪的行为以及因此而生的危害结果。（3）教唆犯有自己相对独立的构成要件。（4）教唆犯有自己的犯罪形态。（5）教唆犯通常以其所教唆之罪为依据来确定其触犯的罪名。①

陈兴良教授在批判共犯从属性说和共犯独立性说的基础上，借鉴伍柳村先生提出的教唆犯的两重性说，提出共犯从属性与独立性统一说，认为不仅教唆犯具有两重性，而且组织犯与帮助犯等非实行犯都具有这种两重性。他指出：“根据共犯从属性说，犯罪构成的客观要件只能是刑法分则所规定的实行行为，共犯的犯罪构成的客观要件是在教唆或帮助下的实行犯的实行行为，而共犯的行为不是直接破坏法律规范的犯罪行为，不属于犯罪构成的客观案件。这样，共犯从属性说就必然把共犯的可罚件完全建立在实行犯的实行行为之上。而根据共犯从属性与独立性统一说，作为犯罪构成客观要件的行为并不限于刑法分则所规定的实行行为。共犯行为，例如组织行为、教唆行为与帮助行为，在刑法总则中加以规定，从而使共犯在犯罪构成客观方而得到补充。这样，就使共犯的可罚性奠基于自身的行为，因为这些行为本身就是具有社会危害性的犯罪行为，这就体现了共犯的相对独立性。具体地说，共犯的独立性是指共犯具备独立的主客观相统一的承担刑事责任的根据，因而其构成犯罪并不取决于实行犯是否

① 参见赵秉志、魏东：《论教唆犯的未遂》，载《法学家》1999 年第 3 期。

实行犯罪。”[①]“根据共犯独立性说，共犯完全独立于实行犯的实行行为，共犯构成独立的犯罪，不受实行犯的影响，甚至根本否认正犯与共犯的区别，因而否定了整个共同犯罪制度。而根据共犯从属性与独立性统一说，共犯的行为毕竟不是刑法分则所规定的犯罪实行行为，它只有与实行行为有机地结合在一起，才能构成犯罪，这就体现了共犯的从属性。具体地说，共犯的从属性是指共犯所构成的具体犯罪和罪名，取决于实行犯所实施的特定犯罪，没有抽象的脱离具体犯罪的共犯。”[②]

三、从属性说

（一）张明楷教授的观点

张明楷教授曾经认为，二重性说是不可思议的观点，独立性说缺乏实质根据，结论应当是：既非独立性，也非从属性，更非二重性。讨论我国刑法所规定的教唆犯是具有从属性、独立性还是具有二重性的问题，没有任何理论与实际意义。相反，只能把问题搞得混乱。[③] 但是，最近张明楷教授开始明确指出，我国刑法采用了共犯从属性说。

张明楷教授指出，我国刑法理论之所以采取二重性说与独立性说，实际上是因为就教唆犯的处罚根据，基本上采取了责任共犯论的立场。例如，我国刑法理论一般认为，教唆犯是犯罪的病源，教唆犯制造了犯罪意图，并通过他人实现其犯罪意图。但

---

① 陈兴良：《共同犯罪论》（第二版），中国人民大学出版社 2006 年版，第 42 页。

② 陈兴良：《共同犯罪论》（第二版），中国人民大学出版社 2006 年版，第 42 ~ 43 页。

③ 参见张明楷：《刑法的基本立场》，中国法制出版社 2002 年版，第 329 ~ 331 页。

是，责任共犯论与犯罪的本质、刑法的目的不相符合，因此按照责任共犯论得出的结论也难以被人接受。在对责任共犯论进行批判的基础上，张明楷教授指出，之所以处罚教唆犯，是因为教唆犯通过使正犯实施实行行为，参与引起了法益侵害的结果。正犯的实行着手，不是单纯的因果关系发展过程中的一个阶段，而是从实质上看必须产生了发生结果的具体的、紧迫的危险；处罚未遂不是因为该行为是行为人的危险性或反道义性的定型的征表，而是因为产生了发生结果的具体的、紧迫的危险。因此，将正犯着手实行犯罪作为处罚教唆犯的条件，意味着发生了法益侵害的具体的、紧迫的危险才处罚，这不仅没有不妥之处，而且理所当然。据此，只有当被教唆犯着手实行犯罪，使法益受到具体的、紧迫的危险时，才处罚教唆犯。这正是教唆犯从属性说的结论。①

在张明楷教授看来，坚持教唆犯从属性说，就使罪刑法定主义得以坚持，构成要件的机能得以维护，教唆犯的处罚界限得以明确，“避免刑法将所有与结果具有因果性的行为都视为狭义的共犯，以致造成刑法界限之过度泛滥，严重破坏法的安定性(Rechtssicherheit)”。坚持教唆犯从属性说，有利于防止处罚不当罚的行为。②

但是，主张教唆犯从属性说，就必然面临着如何解释刑法第29条第2款的问题。因为该款规定“如果被教唆的人没有犯被教唆的罪，对于教唆犯，可以从轻或者减轻处罚”，从字面含义来说，该规定是教唆犯独立性说的重要根据，因而成为坚持教唆

① 参见张明楷：《刑法学》（第三版），法律出版社2007年版，第341页。

② 参见张明楷：《刑法学》（第三版），法律出版社2007年版，第341页。

犯从属性说的重大障碍。刑法第29条第2款规定的是未遂犯的教唆犯，即可以将其中的“被教唆的人没有犯被教唆的罪”解释为“被教唆的人没有犯被教唆的既遂罪”或“被教唆的人没有犯罪既遂”。详言之，该款的基本含义是，如果被教唆的人着手实行犯罪后，由于意志以外的原因未得逞（未遂）或者自动放弃犯罪或有效地防止结果发生（中止），对于教唆犯，可以从轻或者减轻处罚。这一解释不仅维持了教唆犯从属性说，使教唆犯的处罚根据明确、得当，而且在解释论上具有根据。①

首先，从文理解释来看。“犯罪”或“犯……罪”这一用语具有多种含义，有时仅指客观行为（如刑法第115条第2款中的“犯前款罪”），有时指排除了犯罪预备情形的犯罪（如刑法第22条第1款中的“为了犯罪”），有时指符合犯罪成立条件的一切形态的犯罪（如刑法第13条、第14条中的“犯罪”）。刑法理论一般认为，刑法分则规定的犯罪是以既遂为模式的，既然如此，就不可避免地会出现“犯罪”或“犯……罪”仅指既遂犯罪或犯既遂罪的情形。因此，将刑法第29条第2款所规定“被教唆的人没有犯被教唆的罪”解释为“被教唆的人没有犯被教唆的既遂罪”，不存在文理上的障碍。

其次，从教唆犯的特点来看，也可以作出上述解释。因为教唆犯唆使被教唆的人犯罪，旨在唆使被教唆的人犯罪既遂。在此意义上说，被教唆的人着手实行犯罪但未能既遂，就没有实现教唆犯的旨意，因而可以解释为“没有犯被教唆的罪”。

最后，从论理解释来看，作出上述解释也不存在疑问。(1)将刑法第29条第2款作出上述解释，避免了教唆犯独立性说导致的处罚不协调现象。根据张明楷教授的观点，教唆者唆使

① 参见张明楷：《刑法学》（第三版），法律出版社2007年版，第342页。

他人犯罪，他人没有实施犯罪的，教唆者不成立犯罪；教唆者唆使他人犯罪，他人实施了犯罪预备行为的，如果需要处罚预备犯，则对于教唆犯同时适用刑法第 29 条第 1 款与第 22 条，对于教唆犯，可以从轻、减轻处罚或者免除处罚；教唆者唆使他人犯罪，他人已经着手实行犯罪，但由于意志以外的原因而未遂或者自动中止的，对于教唆犯，同时适用刑法第 29 条第 1 款与第 2 款的规定，可以从轻或者减轻处罚；教唆者唆使他人犯罪，他人着手实行犯罪后既遂的，对于教唆犯适用刑法第 29 条第 1 款。（2）作出上述解释，使对未遂教唆的处罚更为合理。亦即，正犯的未遂是“比照”既遂犯从轻或者减轻处罚。而未遂的教唆是在“按照他在共同犯罪中所起的作用处罚”的基础上，予以从轻或者减轻处罚，这便为未遂的教唆犯的处罚提供了统一的未遂标准与处罚标准。（3）作出上述解释，意味着刑法第 29 条第 1 款与第 2 款都是对于共同犯罪中的教唆犯的规定，也使刑法第 29 条与第 25 条至第 28 条相协调。进一步而言，刑法第 29 条第 1 款成为教唆犯成立与处罚的一般规定，第 2 款是教唆犯罪的减轻形态，但也应当在第 1 款原则的指导下适用。（4）作出上述解释，有利于妥当解决无身份人构成真正身份犯的共犯问题。无身份人构成真正身份犯的共犯，是以共犯从属性为前提的。按照传统观点，刑法第 29 条规定的是非共同犯罪中的教唆犯，于是，在无身份人教唆国家工作人员贪污、受贿，而国家工作人员没有实施贪污、受贿犯罪行为时，无身份人单独成立贪污罪、受贿罪。这种结论导致构成要件丧失应有的机能，也有悖罪刑法定原则。按照本书的观点，无身份人教唆国家工作人员贪污、受贿，而国家工作人员没有实施贪污、受贿行为的，无身份的教唆者不成立犯罪；如果国家工作人员着手实行贪污、受贿而未遂，则对无身份的教唆者适用刑法第 29 条第 1 款与第 2 款，使无身份者从属于正犯而构成贪污、受贿罪。（5）作出上述解释，有利于教唆犯性质与帮助犯性质的统一性。我国刑法第27条第1款规定:"在共同犯罪中起次要或者辅助作用的,是从犯。"这意味着帮助犯只能存在于共同犯罪之中,即如果帮助者帮助他人实行犯罪,但他人并没有着手实行犯罪的,帮助者并不成立犯罪。质言之,刑法对帮助犯采取了从属性说。既然如此,对教唆犯采取从属性说,也能与帮助犯的性质相一致。(6)作出上述解释,有利于使教唆犯的处罚与间接正犯的着手相协调。[①]

(二)黎宏教授的观点

黎宏教授也主张从属性说。他认为,首先,刑法第29条第1款规定,教唆犯的处罚,按照其在共同犯罪中的作用决定,但这并不表明教唆犯具有处罚的独立性。因为,我国刑法将共犯人按照其作用区分为主犯、从犯、胁从犯三大类,并依次规定了三种不同的刑罚。教唆犯依其在共同犯罪中的作用处罚,最终也不过是依照上述三种不同的犯罪的刑罚处理而已。这种情况与德日刑法中规定教唆犯比照正犯之刑处罚,实际上是一回事,二者都是规定教唆犯的处罚原则。因此,无法从这种规定当中推导出德日的教唆犯处罚具有从属性,而我国的教唆犯处罚具有独立性。[②]其次,对于"被教唆的人没有犯被教唆的罪",可以从另外一个角度加以理解,即被教唆的人已经着手实行犯罪,但由于其意志以外的原因而没有得逞的所谓教唆未遂的情况,它包括两种情形:一是被教唆人构成犯罪未遂的情形,二是被教唆人着手实行犯罪后又中止的情形,而将被教唆人完全拒绝教唆犯的教唆,或者当时接受了教唆,但根本没有任何行动的情况排除在教

① 参见张明楷:《刑法学》(第三版),法律出版社2007年版,第343页。

② 参见黎宏:《刑法总论问题思考》,中国人民大学出版社2007年版,第513页。

唆犯的处罚范围之外。[①] 再次，如果主张教唆犯具有独立性，就会得出诸多不妥当的结论。例如，如果说按照第 29 条第 2 款的规定，被教唆的人没有犯被教唆的罪，对于教唆行为也一律要予以处罚的话，那么，就会和第 29 条第 1 款发生冲突。因为，第 1 款规定，教唆犯的处罚是按照其在共同犯罪中的作用进行的，但在被教唆人根本没有接受教唆，没有着手实行特定犯罪的情况下，就不会有作为对教唆者处罚的参照标准的共同犯罪。又如，教唆他人杀人，他人在准备工具阶段就被抓获的时候，教唆者应当成立故意杀人（预备）罪的教唆犯。按照刑法第 29 条第 1 款的规定，对教唆犯应当按照其在故意杀人预备罪的范围内，根据其作用加以处罚。但是，不考虑这种情况，认为教唆犯具有独立性，直接适用第 29 条第 2 款规定的话，就会得出对上述情况要按照刑法第 232 条所规定的故意杀人罪的未遂犯处理，而泯灭了故意杀人罪的规定当中包含有故意杀人（预备）罪的事实。[②] 此外，在无身份的人教唆或者帮助有身份的人实施真正身份犯的时候，由于无身份的人不可能符合真正身份犯的犯罪构成，所以，只能依附于有身份的人的实行行为，构成真正身份犯的共犯。如非国家工作人员的妻子可以教唆或者帮助身为国家工作人员的丈夫收受贿赂，成为受贿罪的共犯，而不可能单独成为受贿罪的实行犯。但是，如果说教唆犯具有从属性，那么，在上述情况下，即便身为国家工作人员的丈夫没有听从教唆收受贿赂，非国家工作人员的妻子也要因为自己的教唆行为而构成受贿罪，即没有国

① 参见黎宏：《刑法总论问题思考》，中国人民大学出版社 2007 年版，第 514 页。

② 参见黎宏：《刑法总论问题思考》，中国人民大学出版社 2007 年版，第 514 页。

家工作人员身份的人单独成立受贿罪，显然是不可思议的。[1]

四、本书的观点

对于上述我国刑法上关于共犯从属性与共犯独立性的争论，笔者想作出如下评论：

第一，如果要运用二元参与体系之下的共犯从属性与共犯独立性的理论来说明我国刑法上教唆犯与正犯之间的关系，就必须以坚持共犯从属性与共犯独立性的本来含义为前提，否则就没有讨论的平台。在德日刑法学上，“共犯的从属性，是指共犯成立犯罪至少要求正犯者着手实行了犯罪的原理。主张共犯的从属性的学说称为共犯从属性说，与共犯独立性说相对立。共犯独立性说主张共犯的独立性，认为共犯的可罚性在于共犯的行为本身，共犯成立犯罪不一定要求正犯者着手实行犯罪。”[2] 换言之，共犯从属性说或共犯独立性说，所争论的基本问题是：在被教唆者、被帮助者没有着手实行犯罪的情况下，能否处罚教唆者与帮助者？共犯从属性说认为，如果被教唆的人没有实行被教唆的罪，教唆者不成立犯罪；如果被帮助的人没有实行被帮助的罪，帮助者的行为不成立犯罪。相反，共犯独立性说则认为，无论被教唆的人或被帮助的人是否着手实行了犯罪，只要教唆者或帮助者实施了教唆行为或者帮助行为就成立犯罪。但是，我国刑法的可罚性起点并不是“着手”，而是“为犯罪准备工具，制造条件”。换言之，我国刑法不是以处罚未遂为例外，而是不仅以处罚未遂为原则，而且以处罚预备为原则。因此，严格地说，无论

---

① 参见黎宏：《刑法总论问题思考》，中国人民大学出版社 2007 年版，第 515 页。

② ［日］西原春夫：《刑法总论》（下卷）（改订准备版），成文堂 1993 年版，第 377 页。

是共犯从属性说或共犯独立性说均不适用于对我国刑法共犯的解释。有些学者在运用共犯从属性说与共犯独立性说的原理对我国刑法加以说明之时，有意或者无意地回避了这个适用前提的问题，而是直接照搬照抄德日的刑法理论。在笔者看来，这种做法的背后隐藏着一种观点，即认为德日刑法以处罚未遂为例外是“正确的”，而我国刑法不仅以处罚未遂为原则，而且以处罚预备为原则，这就容易扩大刑法的处罚范围，因此是“错误的”。在这种立法论的思考之下，某些学者不惜抛开我国刑法规定本身，直接从德日刑法出发来解释我国刑法，这种以立法论代替解释论的做法完全是一种不顾我国刑法的“鸵鸟政策”，说句不客气的话，这是一种崇洋媚外的学术立场！更为重要的是，以处罚未遂为例外的德日刑法，是否真的是一种“正确的”立法论，是非常值得怀疑的。在现代风险社会之下，由于人们对安全的价值更为重视，因此在刑法上出现了法益保护的提前化或者早期化现象，这种现象的一个表现就是德日等国家在刑法典之外设置了广泛处罚犯罪共谋或者犯罪预备的单行法规。因此，事实上，即使在德日也不再坚持处罚未遂例外的原则。从这个角度看，我国刑法不仅原则上处罚未遂，而且原则上处罚预备，这不正是适应了现代社会的预防性法益保护要求的立法方式吗？有什么理由以德日刑法典上没有这样的规定（虽然其刑法典上没有这样的规定，但其单行法规上的规定与我国没有什么分别），而我国有这样的规定，就认为我国刑法规定是落后的，且置我国刑法规定于不顾呢？在批判以往我国刑法的意识形态色彩过于严重的情况下，我们必须时刻警醒不要让另外一种意识形态主导了我们，这种意识形态就是认为德日刑法都是正确的。[①]

第二，即使我们不考虑德日刑法与我国刑法在可罚性起点上的差异，将共犯从属性说理解为正犯不具有犯罪性则共犯不具有犯罪性，而将共犯独立性说理解为正犯是否具有犯罪性对共犯不产生影响，那么二者只能是一种非此即彼的择一关系，是不可能折中的。所谓的两重性说，实际上偷换了概念，将共犯的成立条件与共犯的处罚根据混为一谈，因此是错误的。[②]

第三，在否定两重性说的前提下，是否可以认为我国刑法对于教唆犯采用了共犯独立性说呢？我国刑法第 29 条第 2 款规定，“如果被教唆的人没有犯被教唆的罪，对于教唆犯，可以从轻或者减轻处罚”，根据通说，这里的“被教唆的人没有犯被教唆的罪”包括以下情形：(1)被教唆者拒绝了教唆者的教唆；（2）被教唆者虽然当时接受了教唆者的教唆，但事后又放弃了犯意，或者尚未来得及进行任何犯罪活动；（3）被教唆者虽然当时接受了教唆，但实际实施的并不是被教唆的罪，而是其他犯罪，并且这种其他犯罪与教唆者的教唆之罪没有重合关系。[③] 通说认为，“在被教唆者没有实施被教唆的罪的情况下，由于教唆者主观上

---

① 某些学者在提到德日刑法理论的时候，往往笼统地提“外国刑法理论”或者“大陆法系刑法理论”，笔者认为，这些提法都是错误的。首先，德日刑法理论当然不能代表所有的“外国刑法理论”，世界上至少还有与德日刑法迥异的英美刑法；其次，德日刑法理论当然也不能代表所有的“大陆法系刑法理论”，因为虽然大陆法系国家刑法理论普遍采取了受德国影响较深的犯罪论体系，但并不代表在所有问题上（如在犯罪参与或者共犯问题上），德国的刑法理论都是代表性的。

② 参见黎宏：《刑法总论问题思考》，中国人民大学出版社 2007 年版，第 513 页。

③ 参见高铭暄、马克昌：《刑法学》（上编），中国法制出版社 1999 年版，第 314 页。

具有教唆故意，且客观上实施了教唆行为，所以仍然成立独立教唆犯。但是，考虑教唆犯罪行为没有造成实际危害结果，所以法律规定，对于教唆犯可以从轻或者减轻处罚。”① 应当承认的是，通说对于刑法第 29 条第 2 款的解释完全符合该条款的文义，因此这种解释是完全符合罪刑法定原则的，并没有超过该条款的解释范围。甚至可以说，通说对该条款的解释与立法原意是吻合的。但是，首先，不违反罪刑法定原则的解释并不一定是正确的解释，刑法解释必须是体系性解释，必须兼顾刑法的其他条款。刑法第 29 条第 2 款的规定位于刑法的“共同犯罪”部分，根据通说，教唆犯的存在就必须以构成共同犯罪为前提。但通说所指的刑法第 29 条第 2 款的三种情形，除了被教唆者实施犯罪预备行为之后又放弃的情形以外，其他情况下教唆者与被教唆者根本不构成共同犯罪，何来教唆犯呢？其次，与立法原意相符合的解释也并不一定是正确的解释。在进行刑法解释之时，立法原意当然是值得参考的，但是，“刑法解释是一种创造性的活动，而不是消极地、被动地去发现立法者的原意，因此，刑法解释的目标应是存在于刑法规范中的客观意思，而不是立法者制定刑法规范时的主观意思或立法原意。”② 所谓的立法原意代表的是我国 1979 年刑法时代的主观主义刑法理论，过分强调行为人的主观恶性，而忽视行为的法益侵害性。我国 1997 年刑法倾向客观主义和法益侵害说，主观主义刑法理论已经被完全否定，因此，依然对刑法第 29 条第 2 款进行上述宽泛解释的通说，是不合时宜的。由此可见，如果说在 1979 年刑法时代对刑法第 29 条第 2 款的解释还具有某种正当性的话，那么在 1997 年刑法时代，这种

---

① 参见高铭暄、马克昌：《刑法学》（上编），中国法制出版社 1999 年版，第 314 页。

② 张明楷：《刑法学》（第三版），法律出版社 2007 年版，第 33 页。

解释已经难以为继。[①]

通说之所以认为刑法第29条第2款是关于教唆犯独立性甚至教唆犯独立犯的规定，其根本原因在于错误地理解了教唆犯的行为构造。教唆犯是利用（通过）他人来实现自己犯罪的行为人，因此教唆犯的行为构造是教唆行为+利用行为，这就意味着，仅仅有教唆行为还不足以构成犯罪，因为除非刑法将教唆行为规定为独立的犯罪，否则虽然实施了教唆行为，但其并不具有法益侵害的现实危险性，因而不具有可罚性，必须等到被利用者的行为到达了具有法益侵害的现实危险性的阶段，教唆犯才具有可罚性。质言之，教唆行为是否成立与教唆行为是否可罚即是否可以被评价为具有法益侵害的现实危险性的行为，是两个不同的问题。所谓的共犯独立性，正是没有认识到教唆犯的这种行为构造，将教唆行为直接等同于可罚的教唆行为，因此是不正确的。

第四，在否定了两重性说和独立性说之后，是否可以认为我国刑法采取了共犯从属性说呢？如前所述，无论是张明楷教授还是黎宏教授，均将刑法第29条第2款解释为“被教唆的人没有犯被教唆的既遂罪”[②]或者“被教唆的人已经着手实行犯罪，但由于其意志以外的原因而没有得逞”。[③]从结论上看，笔者同意

---

① 张明楷教授指出：“我国刑法理论之所以采取二重性说与独立性说，实际上是因为就教唆犯的处罚根据，基本上采取了责任共犯论的立场。”［张明楷：《刑法学》（第三版），法律出版社2007年版，第340页］这显然是一种误解，因为如果我国刑法真的采取了责任共犯论的话，那么应当坚持极端从属性说，根本不可能采取二重性说与独立性说。

② 张明楷：《刑法学》（第三版），法律出版社2007年版，第342页。

③ 黎宏：《刑法总论问题思考》，中国人民大学出版社2007年版，第514页。

这种解释。[1] 但是，虽然在结论上相同，笔者认为张明楷教授与黎宏教授的解释过程存在以下根本的缺陷：首先，教唆未遂与所谓的共犯从属性说并不具有必然的关联性，相反，从未遂的处罚根据出发完全可以对教唆未遂的问题进行说明。换言之，教唆未遂的问题并不必然属于共犯论，而是完全可以从未遂犯论来加以说明的问题。共犯从属性说认为教唆行为本身不是实行行为，而是要等到正犯着手才能处罚，因此误以为共犯从属性与教唆未遂之间存在逻辑上的关联。[2] 但是，从未遂犯论的角度看，完全可以对教唆行为的处罚起点之所以在于正犯着手的原因作如下解释：从规范上看，虽然教唆行为已经成立，但是在可罚的评价层面上看却不可罚。这里的问题是是否可以将教唆行为评价为实行行为的问题。关于正犯行为与实行行为，日本学者平野龙一指出："本来实行的着手这一概念就是划定到了这一阶段就要处罚的概念，因此，在逻辑上并没有与正犯行为一致的必然性。即使实施了正犯行为，但只要没有产生值得作为未遂来处罚的危险性就不处罚，采取这种态度当然是非常可能的。相反，不是正犯者的行为人的行为也并非不可能是实行行为。因为所谓实行行为是指伴随着值得处罚之危险的发生的行为。"[3] 这样一来，教唆行为之所以要等到正犯着手才处罚其未遂，并不是因为教唆犯从属

① 参见江溯：《共犯与身份：大陆法系与我国之比较研究》，载陈兴良主编：《刑事法评论》第 15 卷，中国政法大学出版社 2004 年版，第 217 页。

② 例如，张明楷教授指出："只有当被教唆犯着手实行犯罪，使法益受到具体的、紧迫的危险时，才处罚教唆犯。这正是教唆犯从属性说的结论。"［张明楷：《刑法学》（第三版），法律出版社 2007 年版，第 341 页］这就是说，以正犯着手为教唆未遂的处罚起点必然采取教唆犯从属性说。

③ ［日］平野龙一：《犯罪论的诸问题》（上），有斐阁 1981 年版，第 130～131 页。

于正犯，而是从教唆的行为构造来看，仅仅有教唆行为还不具备作为未遂犯处罚的法益侵害的现实危险性。更为明确地说，采用共犯从属性说必然以正犯的着手为教唆未遂的处罚起点，但是，认为教唆未遂的处罚以正犯的着手为起点，却并不必然以采取共犯从属性说为前提。其次，我国刑法采用的是单一正犯体系，各参与者均是根据自己行为的不法和罪责承担责任，根本就不存在所谓的共犯从属性或者共犯独立性。所谓的共犯从属性或共犯独立性，是在二元参与体系的语境下才有研究意义的问题，既然我国刑法采取的是一元参与体系，采用共犯从属性对教唆犯的规定加以说明，就不具有任何的正当性。

第五，对于我国刑法第 29 条第 2 款，应当如何理解呢？如前所述，教唆犯是利用（通过）他人来实现自己犯罪的行为人，因此教唆犯的行为构造是教唆行为 + 利用行为，这就意味着，仅仅有教唆行为还不足以构成犯罪，因为除非刑法将教唆行为规定为独立的犯罪，否则虽然实施了教唆行为，但其并不具有法益侵害的现实危险性，因而不具有可罚性，必须等到被利用者的行为到达了具有法益侵害的现实危险性的阶段，教唆犯才具有可罚性。由于我国刑法是以处罚预备为原则的，因此刑法第 29 条第 2 款所谓的“犯罪”应当解释为被教唆人已经开始为犯罪准备工具、制造条件的情形。但是，这样一来，就会出现教唆预备与一般犯罪预备处罚原则不同的不协调状况：对于教唆预备，刑法规定“可以从轻或者减轻处罚”；而对于一般的犯罪预备，刑法规定“可以比照既遂犯从轻、减轻处罚或者免除处罚”。因此，最终应当将刑法第 29 条第 2 款缩小解释为“被教唆人已经着手实行犯罪但由于意志以外的因素而没有得逞”，才能协调由上述文义解释所产生的矛盾。这样看来，刑法第 29 条第 2 款的规定只是一个注意规定，即在没有这一规定的情况下，事实上也可以直接适用刑法关于犯罪的预备和未遂的规定对教唆预备和教唆未遂进行处罚。

那么，从单一正犯体系的角度上看，间接行为人（正犯）与直接行为人（正犯）之间到底是怎样一种关系呢？在单一正犯体系看来，一方面，任何行为人之所以构成犯罪，都是因为其自身的行为具备不法和罪责。另一方面，任何人都可以利用（通过）他人的客观不法构成要件来实现犯罪，但这并不意味着间接行为人（正犯）从属于直接行为人（正犯），因为对于每个行为人的不法和罪责，都必须予以独立的判断，根本不可能存在什么从属性，而只是存在一种事实上的依存性。质言之，间接行为人（正犯）只不过是利用了直接行为人（正犯）这一行为事实实现了自己的犯罪而已。就间接行为人（正犯）而言，直接行为人（正犯）的存在不过是其实现自己犯罪的因果过程中的一个环节而已，除此以外，直接行为人（正犯）的存在并没有任何其他的意义。

第三节　共犯的处罚根据论

在我国刑法学上，张明楷教授的《外国刑法纲要》一书最先对德日刑法学上的共犯的处罚根据论作了较为详细的阐述。在此之后的《刑法学》一书中，张明楷教授主张修正引起说。他指出："与单个人犯罪的本质一样，共同犯罪的本质也是侵害法益。单独正犯是直接引起法益侵害的犯罪类型，共同正犯是共同引起法益侵害的犯罪类型。间接正犯是通过支配他人的行为引起法益侵害的犯罪类型，教唆犯与帮助犯则是间接引起法益侵害的犯罪类型。换言之，共犯的处罚根据，在于共犯通过正犯者间接地侵害了法益，即处罚共犯者，是因为其诱使、促成了正犯实施符合客观构成要件的法益侵害行为。共犯的违法性由来于共犯行为自身的违法性和正犯行为的违法性。所以，一方面，‘正犯’的行为必须符合客观构成要件、侵犯了法益，否则，不能处罚教唆者与帮助犯。另一方面，正犯行为所侵犯的法益，也是教唆者、帮助者必须保护的法益。如果正犯侵犯的法益，不是教唆者、帮助者必须保护的法益，则只有正犯的行为成立犯罪，教唆者、帮助者的行为不成立犯罪。”①

黎宏教授也主张修正引起说，他认为，从我国现行刑事立法和刑法学的立场来看，在共犯处罚根据的问题上应当采用修正引起说。②“教唆犯、帮助犯之类的共犯之所以受到刑罚处罚，是因为其通过被教唆、被帮助的他人即正犯，侵害或者威胁到了法益，换言之，教唆犯之类的共犯之所以受到处罚，是因为其间接地侵害或者威胁到了法益，本质上与正犯没有任何差别，只是由于其是通过正犯间接地侵害到了法益，因此与正犯之间只具有量上的差别，而没有质上的不同。”③

在对共犯处罚根据论进行全面深入地研究之后，杨金彪博士表达了与张明楷教授和黎宏教授相同的见解。他指出：“修正引起说在共犯加担正犯的法益侵害上寻求共犯的处罚根据，主张共犯不法是从正犯不法导致的。这种见解原则上否定违法相对性，把违法连带性坚持到底。修正引起说否定‘没有正犯的共犯’，即如果不存在正犯不法就不存在共犯不法，而且否定‘没有共犯的正犯’，即如果存在正犯不法就存在共犯不法。违法连带性

---

① 张明楷：《刑法学》（第三版），法律出版社 2007 年版，第 336 页以下。

② 黎宏：《刑法总论问题思考》，中国人民大学出版社 2007 年版，第 511 页。

③ 黎宏：《刑法总论问题思考》，中国人民大学出版社 2007 年版，第 515 页。

是从否定人的不法论的客观违法论得出的结论，因此修正引起说主要可以与结果无价值论的基本观点相结合。但是，如果完全按照修正引起说的逻辑，则由于过于强调违法的从属性，也有可能导致共犯处罚范围的扩大。”① 为了弥补这个缺陷，杨金彪博士认为在修正引起说违法从属性方向上，应当适度承认因人不同的违法相对性。“在结论上，一方面，应当在没有正犯行为违法就没有共犯行为违法的消极意义上理解‘没有正犯的共犯’，即持否定态度，在这一点上与折中引起说的结论相同；另一方面，肯定‘没有共犯的正犯’，在结论上虽然与折中引起说几乎没有什么不同，但是在不承认正犯行为是违法的、共犯行为是适法的这种质的不同的违法相对性上与折中引起说不同，只能承认正犯行为是违法的、共犯行为是不可罚的违法行为这种量的不同的违法相对性。”②

由此可见，从我国目前共犯处罚论的研究状况来看，主要学者一般主张修正引起说。但是，首先，一方面修正引起说认为共犯与正犯的处罚根据均在于引起法益侵害，即承认共犯具有独立的违法性，另一方面则认为共犯的法益侵害从属于正犯，即认为共犯不具有独立的违法性，这是自相矛盾的。其次，一方面修正引起说主张违法的连带性，另一方面却承认违法的相对性，这也是自相矛盾的。如前所述，所谓的共犯处罚根据论是在二元参与体系之下，为了说明共犯的实质处罚根据而发展出来的理论，其根本上是共犯从属性的一个附庸，而共犯从属性本身就是一个瘫痪刑法功能的意识形态，其本身已经陷入无法说明的逻辑困境。

① 杨金彪：《共犯的处罚根据》，中国人民公安大学出版社 2008 年版，第 82 页。

② 杨金彪：《共犯的处罚根据》，中国人民公安大学出版社 2008 年版，第 82 页。

由于我国犯罪参与体系是一元参与体系，因此根本不需要通过繁杂而又充满矛盾的修正引起说或任何其他类似学说来说明各参与者的处罚根据。因为任何行为人都是由于自己的行为具备不法和罪责而承担刑事责任，在犯罪构成的意义上，不仅罪责是独立的，而且不法也是独立的。从单一正犯体系的原理出发，如下问题均可以得到很好的处理：

第一，甲教唆乙杀害甲自己的情况下，认定甲和乙是否构成犯罪，当然要独立地判断甲和乙的不法和罪责。其中，乙构成故意杀人罪是毫无疑问的，而甲由于根本不具备故意杀人罪的不法和罪责，因此不构成犯罪。

第二，甲教唆乙自杀的情况下，乙的行为根本不具备故意杀人罪的不法和罪责，因此不构成犯罪，而甲利用（通过）乙的行为实现了自己的犯罪，因此完全具备故意杀人罪的不法和罪责，因此毫无疑问构成故意杀人罪。同理，在甲教唆乙自伤的情况下，甲构成故意伤害罪而乙不构成犯罪。

第三，甲一方面教唆乙杀害丙，另一方面又告诉丙乙要杀他，试图借助丙的正当防卫把乙杀掉，结果正如甲所计划的那样，实现了杀害乙的结果。对于这个案例，二元参与理论上存在诸多争议，我国有的学者从共犯处罚根据论出发认为，行为人甲不构成犯罪。① 笔者认为，这种观点是错误的，因为任何人的行为是否构成犯罪，完全取决于其行为是否具备不法和罪责。在上述案例中，甲在主观上具备杀人的故意，客观上利用（通过）丙将乙杀害，如果认为其不构成故意杀人罪，恐怕违背了刑法最基本的犯罪判断标准了。

第四，乙教唆甲湮灭甲犯罪的证据，二元参与理论一般认

① 杨金彪：《共犯的处罚根据》，中国人民公安大学出版社 2008 年版，第 176～177 页。

为，既然甲的行为不具有违法性，那么乙也不构成犯罪。在单一正犯理论看来，这简直是不可思议的结论。乙在主观上具有湮灭证据的故意，在客观上利用（通过）甲湮灭了证据，完全具备湮灭证据罪的不法和罪责，为什么说他不构成犯罪呢？行为人乙的不法和罪责有什么理由从属于另外一个行为人呢？反之，在甲教唆乙湮灭甲犯罪的证据的情况下，乙当然构成湮灭证据罪，而甲当然不构成犯罪。

第五，在所谓“未遂教唆”的情况下，即明知不会引起犯罪结果而教唆他人犯罪的场合，行为人是否承担刑事责任，也应当判断其行为是否具备不法和罪责。“未遂教唆”包括两种情形：一种是虚伪教唆，即行为人明知被教唆人的行动根本不可能造成法益侵害的结果而对之实施教唆的情形；另一种是陷阱教唆，如行为人一方面假装有意向他人购买毒品，另一方面通知警察埋伏，等他人听从行为人的意思出售毒品之时就将其逮捕。二元参与理论上对于“未遂教唆”的可罚性存在诸多争议，我国学者甚至从共犯处罚根据论的角度来进行论证。[①] 在笔者看来，这些争议和论证都是没有必要的。根据单一正犯体系的原理，行为人是否构成犯罪，完全取决于其行为是否具备不法和罪责，在“未遂教唆”的情况下，由于行为人根本就缺乏主观的不法要件，因此不可能构成犯罪。

共犯处罚根据论还试图对承继的共犯、片面的共犯、帮助犯的因果关系等问题进行“新”的解释，在笔者看来，不仅完全不必要，而且会使“绝望之章”更加绝望。从单一正犯体系的原理出发，完全可以简洁明了地处理这些问题。

---

① 参见，例如，黎宏：《刑法总论问题思考》，中国人民大学出版社2007年版，第515～518页；杨金彪：《共犯的处罚根据》，中国人民公安大学出版社2008年版，第179页以下。

第四节 过失的共犯

我国现行《刑法》第25条第2款规定："二人以上共同过失犯罪，不以共同犯罪论处；应当负刑事责任的，按照他们所犯的罪分别处罚。"因此，我国刑法非常明确地否定了共同过失犯罪构成共同犯罪的可能性。但是，应当注意的是，刑法规定对于共同过失犯罪"应当负刑事责任的，按照他们所犯的罪分别处罚"，含义到底如何，却很不明确。与刑法规定不同的是，在司法解释中出现了一些将共同过失犯罪规定为"疑似共同犯罪"的情形。例如，最高人民法院、最高人民检察院1987年8月12日《关于严格依法处理道路交通肇事案件的通知》指出："单位主管负责人或者车主强令本单位人员或所雇佣人员违章驾车造成重大道路交通事故的，应按刑法第一百一十三条（即新刑法第133条——引者注）的规定，追究其刑事责任。"1997年《刑法》颁布后，最高人民法院2000年11月10日《关于审理交通肇事刑事案件具体应用法律若干问题的解释》第7条也规定："单位主管人员、机动车辆所有人或者机动车辆承包人指使、强令他人违章驾驶造成重大交通事故，具有本解释第二条规定情形之一的，以交通肇事罪定罪处罚。"又如，1997年《刑法》第133条规定了交通肇事罪，并规定："因逃逸致人死亡的，处七年以上有期徒刑。"最高人民法院2000年的上述解释第5条第1款第2款分别指出："'因逃逸致人死亡'，是指行为人在交通肇事后为逃避法律追究而逃跑，致使被害人因得不到救助而死亡的情形。""交通肇事后，单位主管人员、机动车辆所有人、承包人或者乘车人指使肇事人逃逸，致使被害人因得不到救助而死亡的，以交通肇事罪的共犯论处。"对这些司法解释究竟如何理解，在司法实践和刑法理论上均产生了诸多争议。[1] 从表面上看，这些司法解释违反了刑法规定或者至少有违反刑法规定之嫌，因此，这些司法解释与刑法规定本身之间的关系如何，是值得探讨的问题。

更值得注意的是，在我国司法实践中，对于一些共同过失犯罪的案件采取了"疑似共同犯罪"的处理方式。例如，雷某与孔某两人相约在一阳台上，选中距阳台 8.5 米左右处一个树干上的废瓷瓶为目标比赛枪法（共用一支 JW－20 型半自动步枪）。两人轮流各射击子弹 3 发，均未打中，但其中一发子弹穿过树林，飞向距阳台 100 米外附近，将行人龙某打死。虽然不能查明击中被害人的子弹由谁所发，但重庆市九龙区人民法院以及重庆市中级人民法院均认定两被告人构成过失犯罪，分别判处 4 年有期徒刑。[2] 对于这样的判决，学界一般认为采取的是共同犯罪的处理方式。[3] 而且，在司法实务中，这样处理共同过失犯罪的案

① 关于司法实务和刑法理论上对这两个解释的争论，参见张明楷：《共同过失与共同犯罪》，载《吉林大学社会科学学报》2003 年第 2 期。本文不打算在这里分析这些争议，因为在我看来，这些争议本身并不具有实质性的意义。

② 最高人民法院中国应用法学研究所编：《人民法院案例选·刑事卷（1992－1996）合订本》，人民法院出版社 1997 版。

③ 参见张明楷：《共同过失与共同犯罪》，载《吉林大学社会科学学报》2003 年第 2 期。当然，也有学者认为这样的判决严格贯彻了刑法对共同过失犯罪分别处罚的规定（参见冯英菊：《共同犯罪的定罪与量刑》，人民法院出版社 2002 年版，第 279～281 页；阴建峰、周加海：《共同犯罪适用中疑难问题研究》，吉林人民出版社 2001 年版，第 379～380 页），但问题是，这样的学者没有分析这种对共同过失犯罪的处理方式到底与对共同故意犯罪的处理有什么区别。如果想当然地认为两个事物之间存在根本区别，而又根本说不出这两个事物之间的根本差异在哪里，只能说这并不是一种学术论证。

件可以说并不少见。从表面上看，这样的判决违反了罪刑法定原则，因此，如何理解司法实务中对共同过失犯罪的这种处理方式，以及其与刑法规定之间的关系，也是值得探讨的问题。

在我国刑法理论上，通说不仅在解释论上而且在立法论上否定过失共同犯罪。通说认为，二人以上共同过失犯罪，之所以不构成共同犯罪，其原因在于：第一，共同犯罪故意是成立共同犯罪的要件。正是由于二人以上具有共同犯罪故意，通过犯意联络，才使各共犯者的行为成为一个彼此配合、互相支持的有机犯罪整体，并实施单独犯罪情况下难以完成的严重犯罪；而共同过失犯罪，彼此之间没有犯意联系，不可能形成一个互相支持和配合的统一整体，因此只能分别构成过失犯。第二，刑法总则中之所以规定共同犯罪，是因为各共犯者分工不同，或者所起的作用、所处的地位不同，需要分清刑事责任，而在共同过失犯罪的场合，没有组织犯、实行犯、教唆犯、帮助犯的分工，也没有主犯、从犯、胁从犯的差异，只要根据各自的过失犯罪情况分别论罪科刑就可以了，不需要按照共同犯罪处理。[①] 由此可见，通说之所以认为共同过失犯罪不构成共同犯罪，是因为共同过失犯罪不具有我国刑法规定的共同犯罪的故意以及作为共同犯罪故意的犯意联络，而且无法适用我国刑法关于共同犯罪的处罚规定。但是，通说根本就没有回答共同过失犯罪不构成共同犯罪的真正原因，只是在绕圈子而已，因为共同犯罪的定义是人定出来的，如果把共同犯罪定义为只有故意犯罪并且要求犯意联络才能成立，那么答案当然是过失犯罪不构成共同犯罪。问题是，刑法难道就

① 参见高铭暄、马克昌：《刑法学》（上编），中国法制出版社 1999 年版，第 293 页。

不能将共同犯罪定义为包含共同过失犯罪吗？① 而且，通说没有回答到底对共同过失犯罪如何定罪处罚，而这种处罚方式又与共同故意犯罪的处罚方式有何差异？

陈兴良教授对通说表示赞同。他指出，根据我国刑法理论，共同实行犯的成立不以客观上具有共同实行行为为已足，而且主观上还必须具有共同实行犯罪的意思联系，即对于共同实行犯罪具有互相的认识，而过失的共同犯罪则缺乏这种意思联系。法律之所以规定共同犯罪，是因为各共同犯罪人在共同犯罪故意的范围内互相利用各人的行为而共同实行犯罪，但在共同过失犯罪的情况下，虽然各过失犯罪人对于同一的事实具有共同认识，但对于犯罪结果根本谈不上共同犯罪的意思联络，因此否定共同过失犯罪构成共同犯罪是正确的。② 与通说有所不同的是，陈兴良教授对共同过失犯罪的定罪和量刑进行了详细的论述。首先，共同过失犯罪的定罪原则在根本上不同于共同犯罪，因为在共同犯罪的情况下，各共同犯罪人在共同犯罪故意的支配下，使各犯罪主体之间的主观意志融为一体，并将各主体的行为引向共同目标、合力通谋、相互作用，共同造成危害社会的结果发生，因而在法律上发生连带的刑事责任，应对共同犯罪人共同定罪。而在共同过失犯罪的情况下，各主体之间没有犯意联络，虽然共同造成了某一犯罪结果的发生，仍应对行为人分别定罪，这就是共同过失犯罪的分别定罪原则。根据共同过失犯罪的分别定罪原则，行为人只对本人的过失行为承担刑事责任，对他人的过失行为不承担

---

① 参见黄荣坚：《基础刑法学》（下）（第三版），中国人民大学出版社 2009 年版，第 536 页。

② 参见陈兴良：《共同犯罪论》（第二版），中国人民大学出版社 2006 年版，第 399 ~ 400 页。

刑事责任。[1] 换言之，对于共同故意犯罪，刑法实行连带责任，这就是“部分实行全部责任”；对于共同过失犯罪，则贯彻刑事责任的独立性。[2] 其次，共同过失犯罪的量刑原则在根本上也不同于共同犯罪。根据共同过失犯罪的分别处罚原则，行为人分别对本人的过失行为人承担刑事责任，刑罚的轻重完全以本人的过失行为为根据。[3] 陈兴良教授的观点存在以下问题：第一，与通说一样，他首先预设了共同犯罪是共同故意犯罪而且要求犯意联络这一前提，既然如此，那无论如何也是不可能承认共同过失犯罪构成共同犯罪的。第二，在他看来，由于在共同故意犯罪的情况下各行为人之间存在意思联络，因此刑法对各行为人实行共同定罪和连带责任，这从根本上违背了刑法个人责任的原理。在笔者看来，陈兴良教授之所以产生这种误解，其原因在于他以为“部分实行全部责任”是共同犯罪的处罚原则，但事实上，这个所谓的原则不仅存在与刑法个人原则严重抵牾的问题，而且我国刑法根本没有对这一原则作出任何规定。“部分实行全部责任”充其量只是德日刑法上对共同正犯的处罚规定而已。从根本上说，即使在共同故意犯罪的情况下，各行为人是否构成犯罪以及刑罚的轻重，仍然必须根据其自身行为的不法和罪责来加以判断。在刑法上，根本没有什么部分行为全部责任，而只有全部行为全部责任；根本没有什么连带责任，而只有个人责任。这样一来，共同故意犯罪与共同过失犯罪有什么差别呢？第三，陈兴良

---

① 参见陈兴良：《共同犯罪论》（第二版），中国人民大学出版社2006年版，第403页。

② 参见陈兴良：《共同犯罪论》（第二版），中国人民大学出版社2006年版，第404页。

③ 参见陈兴良：《共同犯罪论》（第二版），中国人民大学出版社2006年版，第410页。

教授虽然极力强调共同过失犯罪与共同故意犯罪之间的差异，但实际上他对于共同过失犯罪的处理与共同故意犯罪的处理没有任何差异。这一点从他关于共同过失犯罪的分别定罪和分别量刑的详细论述中可以看得非常清楚：[①] 对于共同过失犯罪的分别定罪和分别量刑，与共同故意犯罪的共同定罪和共同量刑根本没有任何的区别。如果说有差别，那么这种差异仅仅在于在共同故意犯罪的情况下我们称之为共同定罪和共同量刑，而在共同过失犯罪的情况下我们称之为分别定罪和分别量刑。然而，根据刑法的个人责任原则，真的存在所谓的共同定罪与共同量刑吗？所谓的共同定罪与共同量刑，难道不也是分别定罪与分别量刑吗？

与通说和陈兴良教授一样，不仅在解释论上而且在立法论上否定共同过失犯罪构成共同犯罪的是黎宏教授。黎宏教授指出，首先，过失教唆行为不成立教唆犯。所谓教唆，从语义学上讲，就是“故意使他人产生犯罪意图的行为”，因此，过失使他人产生犯罪意图的行为，无论如何，不可能包括在教唆犯的犯罪类型之内；同时，从处罚的角度来看，教唆犯是按照其在共同犯罪中所起的作用处罚的，具体来说，其处罚从属于实行犯。在过失教唆行为导致他人故意杀人的场合，说教唆者最终成为故意杀人罪的教唆犯，要按照故意杀人罪来对其定罪处罚，无论怎么说也是不公平的，因此，过失教唆不能成立教唆犯。[②] 其次，过失帮助行为也不成立帮助犯。所谓过失帮助，正如不注意而将毒药卖给了杀人犯一样，是因不注意而为他人犯罪提供了方便的行为。既然帮助犯以为他人即实行犯提供方便为内容，那么，必须以具有

---

① 关于共同过失犯罪的定罪和量刑，参见陈兴良：《共同犯罪论》(第二版)，中国人民大学出版社 2006 年版，第 403 页以下。

② 参见黎宏：《刑法总论问题思考》，中国人民大学出版社 2007 年版，第 483 页。

帮助故意为前提，但过失帮助显然不具备这一条件；同时，（故意）帮助行为本身社会危害性较小，属于共犯的一种例外处罚情形，相比之下，过失帮助，就更是例外的例外了，其所具有的危害，很难说达到了应当受到刑罚处罚的程度，因此，应当排除在处罚范围之外。① 最后，过失的共同犯罪不成立共同正犯。第一，将过失共同犯罪作为共同正犯，在理论上难以自圆其说。共同正犯是处于正犯和共犯之间的一种特殊形态，其特殊之处在于：与单独正犯不同，行为人只要实施了部分实行行为，即可成立；在成立共同正犯的场合，所有的参与人都要承担正犯的刑事责任，即要受到和单独正犯同样的处理，在这一点上，其与教唆犯、帮助犯之类的共犯迥然不同。因此，如承认过失共同正犯的话，就意味着共同过失行为的每个参与人，即便只是实施了某过失犯罪的实行行为的一部分，也要对所涉及的过失犯罪的结果，承担单独犯的全部责任。共同过失行为之所以不能成立过失共同正犯，就是因为，在共同过失行为的场合，不具备实施“部分行为、全部责任”的处罚原则的条件。② 这里所谓的条件，最重要的是意思联络，而在共同过失犯罪的情况下，不存在这种意思联络。③ 第二，肯定过失共同正犯，会引起一些不利后果。这些不利后果包括：仅仅根据行为共同这种客观因素来认定共同正犯，会导致轻视意思联络要件的结果；会不当扩大共同正犯的处

---

① 参见黎宏：《刑法总论问题思考》，中国人民大学出版社 2007 年版，第 483 页。

② 参见黎宏：《刑法总论问题思考》，中国人民大学出版社 2007 年版，第 483 页。

③ 参见黎宏：《刑法总论问题思考》，中国人民大学出版社 2007 年版，第 483～484 页。

罚范围。[①] 由此可见，与通说和陈兴良教授一样，黎宏教授完全否定共同过失犯罪构成共同犯罪的正当性。应当说，黎宏教授对于过失教唆与过失帮助不构成共同犯罪的论述是有一定道理的，但其对于过失共同犯罪不成立共同正犯的论述，却存在与通说相同的问题，即首先设定了共同犯罪是故意犯罪并且要求犯意联络，而共同过失犯罪没有这种犯意联络，因此不构成共同犯罪。这种循环论证根本没有解决共同过失犯罪不构成共同犯罪的真实原因。另一方面，黎宏教授似乎也隐约地意识到了全面否定过失的共同正犯似乎存在问题，因此他同时指出："平心而论，根据因果共犯论，在理论上是可以认定过失共同正犯的，如我国刑法分则当中所规定的众多责任事故方面的犯罪，就是其体现。"[②] 但他马上又指出，肯定过失共同正犯会造成刑法处罚范围过宽，因此并不可取。[③] 与通说一样（但与陈兴良教授不同），黎宏教授没有对涉及共同过失犯罪的情形如何处理进行论述，或许在他的心目中，这根本不是一个问题，因为刑法也已经作出了明文规定，即对于共同过失犯罪的行为人分别处罚。但是，这里的分别处罚与共同犯罪中对各行为人的处罚是否有本质上的差异，却是黎宏教授没有考虑过的问题。事实上，如果贯彻黎宏教授的看法，那么在上述我国司法实务的案件中，既然无法确定是谁射出的子弹导致被害人死亡，那么根据疑罪从无原则，由于过失犯只能是结果犯，因此最终只能认定雷某和孔某无罪。这样一来，恐

① 参见黎宏：《刑法总论问题思考》，中国人民大学出版社 2007 年版，第 487 页。

② 参见黎宏：《刑法总论问题思考》，中国人民大学出版社 2007 年版，第 487 页。

③ 参见黎宏：《刑法总论问题思考》，中国人民大学出版社 2007 年版，第 487 页。

怕就不是刑法处罚范围过宽的问题，而是刑法法益保护不周延的问题了。

在笔者看来，无论是通说、陈兴良教授的观点还是黎宏教授的观点，都是一种形式主义的、法条主义的：既然刑法规定了只有共同故意犯罪才是共同犯罪，而且共同故意犯罪的特征是犯意联络，而共同过失犯罪不具备这样的特征，因此不构成共同犯罪。这样的论证实际上等于什么也没有说，因为刑法完全可以将共同过失犯罪规定共同犯罪！更为严重的是，虽然他们的观点一再强调共同过失犯罪与共同故意犯罪之间的根本区别，但其对于共同过失犯罪的处罚却看不出与对于共同故意犯罪的处罚有什么差异。既然如此，那么是否承认共同过失犯罪是共同犯罪，又有什么意义呢？

从解释论上对共同过失犯罪构成共同犯罪表示肯定的是冯军教授。冯军教授认为，将过失共同犯罪作为共同犯罪处理不仅是完全必要的，而且是明智之举，并且指出，过失共同犯罪是二人以上的行为人负有防止危害结果发生的共同注意义务，由于全体行为人共同的不注意，以致危害结果发生的一种共同犯罪形态。他将过失共同犯罪限定于过失共同正犯，即只有在直接参与实施造成危害结果的过失行为的行为人之间才能成立过失共同犯罪，过失的教唆行为或过失的帮助行为不应被纳入过失共同犯罪的内容之中。这是因为在教唆行为、帮助行为与危害结果的发生之间本来就只有间接性，如果这种带有间接性的教唆行为、帮助行为是源于行为人的过失，那么，就不具有可罚性。同时还认为，过失共同犯罪与共同过失犯罪是两个不同的概念，后者是指二人以上的过失行为共同造成了一个危害结果，但是在各行为人之间不存在共同注意义务和违反共同注意义务的共同情形。由于现行刑法明文规定“共同过失犯罪”的不按共同犯罪处理，冯军教授特意区分“共同过失犯罪”与“过失共同犯罪”两个概念。但是，正如张明楷教授所指出的那样，在汉语中，“共同过失犯罪”与“过失共同犯罪”两个概念实际上没有区别，就像人们常说的故意共同犯罪与共同故意犯罪一样。因此，冯军教授主张过失的共同正犯的观点，并不是对现行刑法的解释，只是一种立法建议。①

与冯军教授同样在解释论上肯定共同过失犯罪构成共同犯罪的是侯国云教授。与冯军教授有所不同的是，侯国云教授不仅承认过失的共同实行犯，而且承认过失教唆犯与过失帮助犯。侯国云教授认为，共同过失犯罪，是指二人以上的过失行为共同造成一个或数个危害结果所构成的犯罪；以行为人在共同过失行为中的分工为标准，可以将共同过失犯罪人分为过失实行犯、过失教唆犯与过失帮助犯。过失教唆犯是过失引起他人过失犯罪的人，即以要求、命令、劝说、鼓动、怂恿或者其他方法，使本来没有实施过失行为意图的人产生实施过失行为的意图，或者使本来有实施过失行为的意图但意志尚不坚定的人，决意实施行为。过失帮助犯，是指没有直接参与过失行为的实施，但过失地为他人实施过失行为提供方便、创造条件、给予帮助的过失犯罪人。侯国云教授虽然承认过失的共同犯罪，但同时认为，对共同过失犯罪的各行为人依然只分别处罚。② 由此可见，侯国云教授一方面论证了共同过失犯罪是共同犯罪；另一方面，为了不脱离刑法条文本身，他又认为对共同过失犯罪的各行为人分别处罚。这就意味着，侯国云教授认为对于故意的共同犯罪，刑法予以共同处罚；而对于过失的共同犯罪，刑法予以分别处罚。问题是，既然同样

① 张明楷：《共同过失与共同犯罪》，载《吉林大学社会科学学报》2003 年第 2 期。

② 参见侯国云、苗杰：《共同过失犯罪》，载《刑法问题与争鸣》，中国方正出版社 1999 年版，第 308 ~ 315 页。

是共同犯罪，为什么刑法采取不同的处罚方式呢？其次，过失的教唆犯和过失的帮助犯在共同犯罪的语意上是否可能存在，是非常值得怀疑的。此外，侯国云教授所指的“实施过失行为意图”到底是什么含义，并不明确。

在解释论上持否定说，而在立法论上持肯定说的是张明楷教授。张明楷教授认为，既然刑法明文规定共同过失犯罪不以共同犯罪论，那么在解释论上，无论如何都无法承认共同过失犯罪是共同犯罪。但是，从立法论上来说，主张过失的共同正犯的观点具有合理性。首先，认定是否成立共同正犯的重要结局，在于是否适用部分实行全部责任的原则。故意犯与过失犯都有各自的实行行为，从现实上看二人以上既可能共同实施故意犯罪，也可能共同实施过失犯罪，既然对故意犯的共同实行行为能够适用该原则，就没有理由否认对过失犯的共同实行行为适用该原则。其次，之所以对共同正犯适用该原则，从客观上而言，是因为二人以上的行为共同引起法益侵害，是否“共同”引起了法益侵害时应当根据客观的因果法则进行判断；从主观上而言，是因为二人以上都具备有责性，而且具有意思联络。但意思的联络不应当限定为犯罪故意的联络，只要就共同实施构成要件的行为具有一般意义的意思联络即可。因为一般意义的意思联络也完全能够起到相互促进、强化对方不履行注意义务的作用，从而使任何一方的行为与他方行为造成的结果具有因果性，因而任何一方对他方造成的结果只要具有预见可能性，就必须承担责任。最后，从司法实践上看，也需要承认过失的共同正犯。而且，如果能够在理论上肯定过失的共同正犯，那么，随之便可以肯定结果加重犯的共同正犯。既然二人以上共同实施了基本行为，并且由基本行为导致了加重结果，即二人以上的共同行为造成了加重结果，而且二人以上均对加重结果具有预见可能性，故二人以上都应对加重结果承担责任；即使加重结果在表面上由其中一人的行为所致，但该行为依然是共同基本行为的一部分，从整体上仍然能够肯定是二人以上的共同行为造成，故应适用部分实行全部责任的原则。[①] 由此可见，在张明楷教授看来，只有在立法论上肯定共同过失犯罪为共同犯罪，才能适用部分实行全部责任的原则。对于司法实务中将共同过失犯罪认定为共同犯罪的做法，张明楷教授认为是“悄悄地按共同犯罪的原则处理共同过失犯罪的情况”，[②] 其言下之意是，在解释论上，司法实务的做法是违反刑法规定的，但在立法论上却是值得肯定的。这样一来，岂不是说司法实务在处理共同过失犯罪的情形时违反了罪刑法定原则？

由上可知，我国现行刑法明文规定共同过失犯罪不构成共同犯罪，但无论是司法解释还是司法实务，似乎都肯定共同过失犯罪构成共同犯罪。针对这种状况，在刑法理论上提出了各种学说，通说不仅在解释论上而且在立法论上否定上共同过失犯罪构成共同犯罪。有的学者试图通过区别“共同过失犯罪”与“过失共同犯罪”而在解释论上肯定过失共同犯罪为共同犯罪。有些学者虽然在解释论上否定共同过失犯罪构成共同犯罪，但在立法论上肯定共同过失犯罪构成共同犯罪。然而，很显然的是，这些学说均无法对司法解释和司法实务承认共同过失犯罪为“疑似共同犯罪”的做法作出合理的解释。刑法与司法解释以及司法实务之间的根本分歧（如果存在这种分歧的话）在哪里？刑法学说的根本症结又在何处？笔者认为，这些混乱的根本原因在于我们没有认识到我国犯罪参与体系是一元参与体系（或单一正犯体系）。从单一正犯体系出发，就很容易理解现行刑法与司

① 参见张明楷：《刑法学》（第三版），法律出版社 2007 年版，第 324 ~ 325 页。

② 张明楷：《共同过失与共同犯罪》，载《吉林大学社会科学学报》2003 年第 2 期。

法解释和司法实务之间在表面上存在的矛盾。从单一正犯体系角度上看，一个人是否构成犯罪，与其是否与他人构成共同犯罪没有任何关系，只要其行为具备不法和罪责即可。因此，在共同过失犯罪的情况下，各行为人是否对共同的法益侵害结果负责，与各行为人是否构成共同犯罪是没有任何关系的。以为共同过失犯罪只有在刑法上被规定为“共同犯罪”，各行为人才需为共同的法益侵害结果承担责任的观点，完全是错误的。共同犯罪只是一种实现犯罪的方法类型，而绝不是一种归责原理。现行刑法将共同犯罪规定为二人以上共同故意犯罪，但并没有对之规定任何法律效果，所谓的“部分实行全部责任”只不过是学者们自己的臆想而已。笔者认为，如果说刑法规定共同犯罪为二人以上共同故意犯罪有什么意义的话，那么这种意义仅在于表明二人以上共同故意犯罪的情形在刑法被称为“共同犯罪”，而二人以上共同过失犯罪的情形在刑法不被称为“共同犯罪”而已。除了这个名称上的差异以外，二人以上共同故意犯罪与二人以上共同过失犯罪根本没有任何区别，因为无论是前者还是后者，判断其中每个行为人是否构成犯罪，均须判断其行为是否具备不法和罪责，而这种判断与这些行为人是否与其他行为人构成共同犯罪没有任何关系。在这个意义上，无论是从立法论还是从解释论上讨论共同过失犯罪是否构成“共同犯罪”，实际上没有任何意义，这些讨论从根本上偏离了问题的主题。刑法是否将共同过失犯罪的情形规定为“共同犯罪”，都不可能改变刑法基本的归责原理。在我国刑法明文规定二人以上共同过失犯罪不构成共同犯罪的情况下，司法实务上之所以对于共同过失犯罪的情形仍然与对于“共同犯罪”的处理方式相同，其根本原因在于司法实务并不是按照所谓“共同犯罪”的“部分实行全部责任”，而是根据刑法的基本归责原理，即行为具备不法和罪责来进行判断的。因此，与其说“在审判实践中也存在悄悄地按共同犯罪的原则处理共同过失犯罪的情况”,[①] 倒不如说司法实务是从单一正犯体系角度出发作出了正确的判决。笔者认为，我国关于共同过失犯罪问题的所有困惑（包括立法与司法之间的“矛盾”，以及立法、司法和理论之间的“冲突”），均源于刑法画蛇添足地规定了共同犯罪的概念，而学者们被这一概念所蒙蔽，误以为共同犯罪是一种归责原理，从而错误地理解了司法实务的合理性。

第五节 承继的共犯

所谓承继的共犯，是指先行为者已经完成实行行为一部分之后，后行为者参与其中的共犯形态。承继的共犯分为以共同实行意思参加实行的承继的共同正犯和以加功的意思参与的承继的从犯（帮助犯）。由于教唆是使人产生犯意的行为，所以既然先行为者已经具有犯意并开始了实行行为，那么就不可能存在承继的教唆。

承继的共同正犯的实质的问题点在于，后行为者是否应当以及在多大程度上就其参与之前先行为者的行为（以及基于该行为而产生的结果）承担责任。例如，甲（先行为者）以抢劫的故意对乙施加暴力和威胁之后，丙参与夺取财物的情况下，丙是否构成抢劫罪的共同正犯？在学说上一般认为，如果承认承继的共同正犯，那么丙构成抢劫罪的共同正犯；如果不承认承继的共同正犯，那么丙只构成盗窃罪的共同正犯。而且，如果甲在丙参与之前已经对乙造成伤害或者甚至已经导致乙死亡的话，那么丙是否应当承当抢劫致人伤害罪或者抢劫致人死亡罪的责任？如果

① 张明楷：《共同过失与共同犯罪》，载《吉林大学社会科学学报》2003 年第 2 期。

承认丙对该伤害或者死亡结果的承继，那么丙构成抢劫致人伤害罪或者抢劫致人死亡罪的共同正犯；如果不承认丙对该伤害和死亡结果的承继，那么丙只构成抢劫罪的共同正犯。承继的共同正犯理论所需要解决的正是这两个问题。

对于承继的共同正犯问题，在我国刑法理论上最早进行比较集中论述的是马克昌教授。在介绍了日本的相关学说之后，马克昌教授认为："当后行为者认识到先行为者之行为的性质和状况，并以共同实行的意思，中途介入先行为者的行为，利用先行为者所致效果持续存在的情况，单独实行或者与后行为者共同实行犯罪的，后行为者应就整个犯罪成立共同正犯。"[①] 在对日本的判例进行评述的过程中，马克昌教授还就各种犯罪类型与相应承继的共同正犯成立的范围进行了论述。首先，就构成要件上预定了复数行为的犯罪类型（如日本刑法中的欺诈罪）、继续犯和包括一罪来说，应当承认后行为者就包括先行为者的行为在内的实行行为全体承担共同正犯的责任。其次，就结合犯（如抢劫罪）而言，一般也认为后行为者成立承继的共同正犯的，但是对于抢劫杀人罪[②]这种结合犯则否定后行为者对先行为者之杀人行为的承继，仅承认在抢劫罪的范围内成立共同正犯。再次，就结果加重犯（如抢劫致人死伤罪、强奸致人死伤罪等）而言，马克昌教授认为后行为者不应当对先行为者所造成的死伤结果承担责任，而仅在基本犯罪的范围内成立共同正犯。最后，就牵连犯而言，由于是科刑上的一罪，本身即存在数个独立的构成要

① 马克昌：《比较刑法原理——外国刑法学总论》，武汉大学出版社2002年版，第693～694页。

② 在日本刑法中，抢劫杀人罪是结合了抢劫罪和杀人罪的独立犯罪。

件，所以不承认后行为者成立承继的共同正犯。[①] 可见，马克昌教授对承继的共同正犯基本上持限定说。

关于后行为者是否对其参与前先行为者的行为承担共同正犯的责任，陈兴良教授也表达了一些看法，他说："我认为，对此应区分为单一犯和复合犯分别考察。在单一犯中，后行为者虽然是在实施犯罪过程中介入的，仍应对全部犯罪承担共同正犯的刑事责任。在结合犯、牵连犯等复合犯的情况下，后行为者如果是在所结合之罪或者所牵连之罪实施完毕以后介入的，则只对其所介入之罪承担共同正犯的刑事责任。"[②] 可见，对于承继的共同正犯问题，陈兴良教授采取了比马克昌教授更为限定的态度，因为他认为在结合犯的情况下，后行为者只对其介入之后的行为承担共同正犯的责任。至于为什么在单一犯的情况下，后行为者应该对全部犯罪承担共同正犯的责任，而在结合犯或者牵连犯的情况下后行为者则只对其介入后的行为承担共同正犯的责任，陈兴良教授没有给出具体的解释。因此，可以说在承继的共同正犯问题上，他的观点仍然是不太明确的。

对于承继的共犯，张明楷教授的基本观点是：承继的共犯人，只能对与自己的行为具有因果性的结果承担责任。[③] 具体而言：第一，除了持续犯以外，承继的共犯只能存在于犯罪既遂之前。换言之，犯罪既遂之后不可能有承继的共犯。在犯罪行为实质性完结之后，绝对不可能成立承继的共同正犯与帮助犯。第二，当先行为人实施了 A 犯罪的一部分实行行为之后，后行为

① 关于马克昌教授的具体论述，请参见马克昌《比较刑法原理——外国刑法学总论》，武汉大学出版社 2002 年版，第 696～698 页。

② 陈兴良《本体刑法学》，商务印书馆 2001 年版，第 536 页。

③ 参见张明楷：《刑法学》（第三版），法律出版社 2007 年版，第 329 页。

人故意参与A犯罪时，可以就A成立共同犯罪。第三，后行为人对参与之前的先行为人的行为产生的结果不应当承担责任，因为利用先行为人已经造成的结果不等于后行为人的行为与该结果之间具有因果关系；后行为人不应对与自己行为没有任何因果关系的结果承担责任。①

黎宏教授认为，承认承继的共同正犯的这种现象，并不意味着后行者介入之前的先行者的行为及其结果要承担作为共同正犯的刑事责任。从因果共犯论的角度看，行为人只能对与自己行为具有因果关系的结果承担刑事责任，而在承继共犯的场合，后行者的行为无论如何不可能对先行者的行为和结果产生影响，因此，对于先行者先前引起的行为和结果，不能追究后行者的刑事责任，换言之，先行者的行为和结果作为一种客观事实，一旦发生，就是一种已经实施完毕的客观存在，不能延续，不能被继承。但是，先行者的行为所引起的被害人不敢反抗、不能反抗或者不知反抗的状态，则能够被继承。如果这种状态在后行者介入之后仍然延续，且被后行者作为自己犯罪的手段积极利用，作为实现自己犯罪的手段或者自己的犯罪行为的一部分的时候，则后行者对于利用这种状态所造成的结果，要承担刑事责任。②

从我国刑法理论上关于承继的共犯的探讨来看，早期的讨论主要还显得比较零散，没有一个确定的理论基础。最近，以张明楷教授和黎宏教授为代表的一些学者由于受日本学界的影响，开始引入因果共犯论对承继的共犯问题进行说明。应当承认，这种探讨是非常有益的，对于司法实践中处理相关问题具有借鉴意

---

① 参见张明楷：《刑法学》（第三版），法律出版社2007年版，第328～329页。

② 参见黎宏：《刑法总论问题思考》，中国人民大学出版社2007年版，第530页。

义。但是，由于我国刑法采取的是单一正犯体系，因此没有必要从共犯处罚根据论角度对承继的共犯问题进行解释。

笔者认为，所谓承继的共同犯罪，至多只能粗糙地表达某种事实情况而已。事实上，承继的共同犯罪的问题，并不是简单地承认不承认或者成立不成立的问题，而是一个人在中途加入其他人的犯罪行为，他应该承担的责任范围有多大的问题。对于这个问题，单一正犯体系的回答是行为人就其支配力所造成的利益侵害的部分承担责任。但是，所谓行为人就他的支配力所造成的利益侵害的部分承担责任，并不是行为人要亲自实施或者参与实施构成要件所规定的每一个行为，而是可以利用他人先前符合构成要件的行为来实现符合构成要件的利益侵害。① 事实上，后行为人并未直接实现先前由其他犯罪人所实现的构成要件，但是，所谓行为人完全实现全部不法构成要件，其意义本来就不是行为人必须亲自实现每一个构成要件，而是行为人本来就是在利用既存的现实条件，加上任何的可能方式，使不法构成要件完全实现。② 因此，只要某个不法构成要件还没有完全实现，或者某个法益侵害结果还没有发生，那么后行为人就可以利用（通过）前行为人来实现整个不法构成要件。所谓不法行为的意义，是行为人主观上制造利益侵害的那一刹那的身体行为。因此就所谓承继的共同犯罪而言，其原则是对于其他人已经制造出来的利益侵害的部分，行为人当然没有办法再参与其犯罪行为。③ 由此可以

① 参见黄荣坚：《基础刑法学》（第3版）（下），中国人民大学出版社2009年版，第536页。

② 参见黄荣坚：《基础刑法学》（第3版）（下），中国人民大学出版社2009年版，第534~535页。

③ 参见黄荣坚：《基础刑法学》（第3版）（下），中国人民大学出版社2009年版，第534页。

得出以下结论：

第一，持续犯以外的即成犯，行为在法律上已经既遂，但还没有实质性完结时，能否成立承继的共同犯罪？例如，A窃取他人财物既遂后被被害人追击，B帮助A摆脱被害人的追击，使其最终获得财物。根据单一正犯体系原理，除了持续犯以外，承继的共犯只能存在于犯罪既遂之前。换言之，犯罪既遂之后不可能有承继的共犯。在犯罪行为实质性完结之后，绝对不可能成立承继的共同正犯与帮助犯。上例中的B不成立盗窃罪的共同正犯与帮助犯，只能成立窝藏罪。

第二，当先行为人实施了A犯罪的一部分实行行为之后，后行为人故意参与A犯罪时，能否就A犯罪成立共同犯罪？例如，甲以抢劫故意对丙实施暴力行为之后，乙故意参与犯罪，夺取了丙的财物。乙与甲是否就抢劫罪成立共同犯罪？根据单一正犯体系原理，乙要实现自己的抢劫罪，根本没有必要亲自完全实现该罪的不法构成要件，而是完全利用甲来实现抢劫罪的不法构成要件。

第三，后行为人对参与之前的先行为人的行为产生的结果是否承担责任？例如，当甲以抢劫的故意对被害人丙实施暴力且导致丙死亡后，乙参与夺取财物的，乙是否负抢劫致死的责任？根据单一正犯体系原理，由于在乙参与犯罪以前，丙的死亡结果已经发生，因此乙根本就不可能利用甲已经完成的这个不法构成要件，因此乙不承担丙死亡的结果。

从结论上看，本书的观点与张明楷教授的观点基本相同，但理论的出发点完全不同：本书是从我国犯罪参与体系角度出发得出的结论，而张明楷教授则主要是从因果共犯论角度得出的结论。

第六节　片面的共犯

片面的共犯是指在参与同一犯罪的人中，一方认识到自己是在和他人共同犯罪，而另一方没有认识到有他人和自己共同犯罪。例如，甲明知乙（二人无通谋）将要入室抢劫丙的财物，为了“帮助”乙，甲提前将丙殴打致昏；乙进入丙家后发现丙昏迷，便窃取了财物。那么，甲是否为片面的共犯？如果肯定为片面的共犯，那么甲构成何种形式的片面共犯？以下从片面共犯是否成立与片面共犯的形式两个方面进行论述。

一、片面共犯是否成立

我国刑法规定，共同犯罪必须是二人以上共同故意犯罪。片面共犯是否成立，涉及对共同故意的理解。通常认为，共同犯罪故意是指各共犯者通过犯意联系，明知自己与他人配合共同实施犯罪会造成某种危害结果，并且希望或放任这种危害结果发生的心理态度。① 这里的共同犯罪故意，首先是指各共犯者之间主观上具有犯意联系；其次是各共犯者明知自己与他人配合共同实施犯罪会造成危害社会的结果；最后是指各共犯者希望或放任某种危害结果的发生。② 如果这样来理解共同犯罪故意，那么毫无疑问的是应当否定片面共犯，因为在片面共犯的情况下，不可能存在相互的犯意联络，而且只是一部分参与犯罪的人认识到与他人

① 参见高铭暄、马克昌：《刑法学》（上编），中国法制出版社 1999 年版，第 292 页。

② 参见高铭暄、马克昌：《刑法学》（上编），中国法制出版社 1999 年版，第 292 页。

共同实施犯罪，并希望或放任危害结果的发生，而其他的参与者对此一无所知。对此，陈兴良教授认为，根据我国刑法关于共同犯罪的有关规定和司法实践的客观要求，不能否认的是我国存在片面共犯。[①] 片面共犯能否成立，关键是如何理解共同犯罪故意的主观联系。相互认识固然存在主观联系，单方认识也存在主观联系。因此，可以根据行为人主观联系的不同，将共同犯罪故意分为以下两种形式：一是行为人之间具有互相认识的全面共同故意；二是行为人之间具有单方认识的片面共同故意。全面共同故意与片面共同故意之间并不是主观联系有无的区别，而只是主观联系方式的区别。或者说，全面共犯和片面共犯在共同犯罪故意的内容上只有量的差别，而没有质的差别。[②] 不可否认的是，这一论述非常深刻，但问题是，即使承认单方认识存在主观联系，也并不意味着这种联系就是共同犯罪故意意义上的主观联系，而可以是单独犯罪意义上的主观联系。此外，陈兴良教授认为只有在共同实行犯之间才需要相互的犯意联络，但在实行犯与教唆犯或帮助犯之间却不要求相互的犯意联络，既然同样是共犯，为什么可以对犯意联络设定不同的要求？

张明楷教授认为，是否承认片面共犯，关键在于如何认识共同犯罪的因果性。[③] 在发生了结果的共同犯罪中，正犯行为（实行行为）直接引起结果；教唆行为与帮助行为通过正犯行为而引起结果。共同犯罪的因果关系包括物理的因果关系与心理的因

① 参见陈兴良：《共同犯罪论》（第二版），中国人民大学出版社2006年版，第101页。

② 参见陈兴良：《共同犯罪论》（第二版），中国人民大学出版社2006年版，第102页。

③ 参见张明楷：《刑法学》（第三版），法律出版社2007年版，第323页。

果关系，前者是指物理地或客观上促进了犯罪的实行与结果的发生；后者是指引起犯意、强化犯意、激励犯行等从精神上、心理上促进犯罪的实行与结果的发生。如果只是强调共同犯罪的物理的因果性，那么，片面共犯也可谓共同引起法益侵害，因而成立共同犯罪。而且，暗中教唆、帮助他人犯罪乃至片面共同实行的现象确实可能存在，如果承认片面帮助，就没有理由否认片面教唆与片面实行。如果强调共同犯罪的心理的因果性，即强调相互沟通、彼此联络所产生的心理上的影响，那么，片面共犯似乎并不符合共同犯罪的特征。可是，既然是片面共犯，当然仅对知情的一方适用共犯的处罚原则，对不知情的一方不适用共犯的处罚原则。[①] 但问题是，抛开共同犯罪的心理的因果性，仅仅根据所谓的物理的因果关系是根本无法肯定共犯的成立的，因为如果是这样的话，那么许多同时犯都可以成立共犯了。此外，作为张明楷教授观点之基础的因果共犯论是否妥当、是否必要，也是非常值得怀疑的。

二、片面共犯的形式

即使同样是肯定片面共犯的学者，在肯定片面共犯的形式上也存在分歧。片面的共犯可能存在三种形式：一是片面的共同实行，即实行的一方没有认识到另一方的实行行为。例如，乙正欲对丙实施强奸行为时，甲在乙不知情的情况下，使用暴力将丙打伤，乙得以顺利实施奸淫行为。二是片面的教唆，即被教唆者没有意识到自己被教唆的情况。例如，甲将乙的妻子丙与他人通奸的照片和一支枪放在乙的桌子上，乙发现后立即产生杀人故意，将丙杀死。三是片面的帮助，即实行的一方没有认识到另一方的

① 参见张明楷：《刑法学》（第三版），法律出版社 2007 年版，第 323 ~ 324 页。

帮助行为。例如，甲明知乙正在追杀丙，由于甲与丙有仇，便暗中设置障碍物将丙绊倒，从而使乙顺利地杀害丙。对于片面共犯的三种形式，张明楷教授持全面肯定的态度，但他同时指出，在能够将行为人评价为间接正犯，因而其必须对被利用者的行为与结果承担责任时，则没有必要作为片面的共犯处理。① 通说的观点认为，片面的共犯，在教唆犯与实行犯之间、共同实行犯之间不可能发生，因此片面的教唆犯、片面的实行犯都是不存在的，但是片面的帮助犯却是可能存在的。②

陈兴良教授认为不存在片面的共同正犯，但肯定片面的教唆犯和片面的帮助犯。在陈兴良教授看来，在共同实行犯罪的情况下，各共同犯罪人必须具有全面与互相的主观联系，才能成立共同实行犯。如果主观上没有犯意的互相联系，虽然此实行犯对彼实行犯具有片面的共同犯罪故意，也没有必要承认其为片面的实行犯，只要径直依照刑法分则的有关条文定罪量刑就可以了。③ 但是，应当承认片面的教唆犯，因为教唆犯唆使他人犯罪，是一种客观事实，并不以被教唆的人是否觉察为转移；也应当承认片面的帮助犯，因为在实行犯不了解他人的帮助的情况下，对片面的帮助犯以共同犯罪论处是必要的。④

黎宏教授也认为不存在片面的共同正犯，但肯定片面的教唆犯和片面的帮助犯。之所以不存在片面的共同正犯，首先，所谓

---

① 参见张明楷：《刑法学》（第三版），法律出版社2007年版，第319～320页。

② 参见高铭暄、马克昌：《刑法学》（上编），中国法制出版社1999年版，第295页。

③ 参见陈兴良：《共同犯罪论》（第二版），中国人民大学出版社2006年版，第103～104页。

④ 参见陈兴良：《共同犯罪论》（第二版），中国人民大学出版社2006年版，第104～107页。

片面共同正犯，在刑法理论上，根本不可能存在。由于受“部分行为、全部责任”处罚原则的制约，成立共同正犯，除了在客观上，各共同人必须分担实行行为，与所发生的结果之间具有物理上的因果关系之外，在主观上，还必须通过相互之间的教唆和帮助，强化其犯罪的心理，鼓动其犯罪的勇气，在共同犯罪人之间形成一种气氛和心理纽带，激发出在单个人的情况下所不可能或者不敢具有的犯罪心理，从而客观上加大发生法益侵害结果的可能性。这种共同人之间的意思联络，在共同正犯适用“部分行为、全部责任”原则的过程当中，可以说起到了关键性的作用。[①] 其次，迄今为止被作为片面共同正犯所列举的情况，或者是同时犯，或者是片面帮助犯。[②] 但是，应当肯定片面的教唆犯，因为在教唆犯的场合，不一定要求教唆人和被教唆人之间具有意思联络，其理由是：从教唆犯的本质来看，其是使没有犯罪意思的人产生犯罪意图，就被教唆人而言，只要使原本没有犯罪意思的人主观上产生犯罪意思就够了，并不要求其意识到对方即教唆者是在教唆自己犯罪。换言之，虽没有意识到被教唆和被教唆者实际上在心理上已受到了影响的情形，二者可以同时存在。片面教唆的场合，被教唆人虽然没有意识到对方即教唆人的行为是教唆行为，但只要受到对方的影响而产生了犯罪的意思，就可以说对方的教唆行为成立；[③] 也应当肯定片面的帮助犯，因为既然帮助就是单纯地协助，帮助犯就是为已经具有犯罪意思的人即

---

① 参见黎宏：《刑法总论问题思考》，中国人民大学出版社 2007 年版，第 494～495 页。

② 参见黎宏：《刑法总论问题思考》，中国人民大学出版社 2007 年版，第 495 页。

③ 参见黎宏：《刑法总论问题思考》，中国人民大学出版社 2007 年版，第 490 页。

正犯的犯罪提供方便或者强化其犯罪意念，那么，只要正犯的犯罪行为在客观上确实得到了方便，或者其犯罪意念被加强，即使其并不知道有人在暗中帮助他，就帮助者而言，其还是实现了帮助的效果，具备帮助犯的本质，而不要求帮助犯和被帮助者之间具有意思联络。换言之，客观上得到了帮助和主观上并不知道得到了帮助的情形，是完全可以存在的，因此，片面帮助行为，应当作为共犯处理。[①]

三、本书的观点

在笔者看来，所有试图将片面的犯罪参与解释为片面共犯的学说，其出发点均在于：只有将这种现象解释为共犯，才能对之加以处罚，否则就没有处罚的基础。正如陈兴良教授所指出的那样，如果否认我国刑法中存在片面共犯，就失去了追求片面参与者的刑事责任的基础，因为片面参与者的参与行为与实行者的实行行为是导致法益侵害结果的共同原因。如果把片面参与者的参与行为与实行者的实行行为割裂开来，而片面参与者的行为并不是我国刑法分则所规定的犯罪构成要件的行为，因此就不能根据刑法分则追究片面参与者的责任，这样就会放纵犯罪分子。因此，只有将片面参与者的行为与实行者的实行行为结合起来，根据我国刑法总则关于共同犯罪的规定和我国刑法分则的关于故意杀人罪的规定，才能使片面参与者受到刑罚处罚。[②] 应当承认，陈兴良教授所指出的应当将片面参与者的行为与实行者的实行行为结合起来考虑的观点是完全正确的。但是，这里的问题是是否

① 参见黎宏：《刑法总论问题思考》，中国人民大学出版社 2007 年版，第 467 页。

② 参见陈兴良：《共同犯罪论》（第二版），中国人民大学出版社 2006 年版，第 106 ~ 107 页。

一个人要构成犯罪必须以与其他人构成共同犯罪为前提呢？换言之，对于片面的参与者而言，其是否构成犯罪，是否必须以与实行者构成共同犯罪为前提呢？答案当然是否定的。从单一正犯体系来看，任何行为人是否构成犯罪，必须以其自身的行为具备不法和罪责为前提，而与其是否与他人构成共同犯罪没有任何关系。但是，任何行为人均可以利用（通过）他人来实现自己的犯罪，而不需要自己亲自实现全部不法构成要件。以本节开头的案件为例，甲在主观上具有抢劫的故意，在客观上不仅将被害人殴打致昏，而且利用（通过）乙取得财物，完全符合抢劫罪的构成要件。至于乙构成什么犯罪，只能根据乙的行为的不法和罪责来加以判断，与甲没有关系。在这个意义上，关于片面共犯是否成立的问题，肯定说与否定说都是没有意义的，因为在刑法归责的意义上，是否肯定片面共犯与行为人是否对法益侵害结果负责没有任何关联。

其次，由于我国刑法采取的是单一正犯体系，因此区分片面的共同正犯、片面的教唆犯与片面的帮助犯，除了对量刑有参考价值以外，本身意义不大。因为在单一正犯体系之下，无论是共同正犯、教唆犯还是帮助犯，都是价值相同的正犯，只是名称不同而已。我国学者之所以将精力花在如何区分这些犯罪参与形态之上，其根本原因在于以为我国刑法采取的是二元参与体系。

第七节　共谋的共犯

在共同犯罪中，可能出现一部分人已着手实行，另一部分人并未参与实行的现象。例如，甲、乙二人共谋杀丙，相约次日晚到丙家共同下手，但届时乙未去，甲一人将丙杀死。甲、乙二人是否共犯？在我国刑法学界，对此存在两种观点：一种观点认为，甲与乙的行为不是共同犯罪行为，“甲单独构成杀人既遂罪，而乙参与了密谋杀人，只应对杀人的预备行为负责”。[①] 另一种观点认为，甲与乙的行为构成共同犯罪。[②] 在承认上述情况构成共同犯罪的前提下，对乙是按照正犯来处罚还是按照共犯来处罚，也是值得研究的问题。以下从共谋是否构成犯罪与共谋构成何种共犯这两个方面来进行说明。

一、共谋是否构成犯罪

在共谋的情况下，行为人没有亲自实行犯罪，而是由其共谋者完成不法构成要件。从表面上看，行为人并没有实施不法构成要件行为，因此常常被误以为不构成犯罪，或者即使被认为构成犯罪，也被认为是犯罪预备而不是犯罪未遂。但是，从单一正犯体系角度上，不法构成要件的实现，本来就不需要行为人自己亲自实施，而是可以利用（通过）他人来实现。在共谋的情况下，虽然行为人只是参与了共谋，最终实现犯罪的是其共谋者，但毫无疑问的是，可以认为行为人是利用（通过）共谋者实现了不法构成要件。由于行为人具有主观的不法构成要件和罪责，因此行为人的行为完全构成犯罪；而且，由于其共谋者实现了犯罪结果，因此行为人的犯罪形态就不是犯罪预备，而是犯罪既遂。正如我国台湾地区学者黄荣坚所言，所谓不法构成要件的实现，本来就包含了任何方式的支配不法构成要件实现的行为。行为人与其他行为人之间的协议行为，只要行为人在现实关系上有足够的

① 参见高格：《关于共同犯罪的几个理论问题的探讨》，载《吉林大学社会科学学报》1982 年第 1 期。

② 参见高铭暄、马克昌主编：《刑法学》（第 3 版），北京大学出版社、高等教育出版社 2007 年版，第 179 页；张明楷：《刑法学》（第三版），法律出版社 2007 年版，第 329 页。

支配因素作基础，如权威地位、亲密的感情、利诱或胁迫等，本来就可能促使不法构成要件实现，本来就可能是一个地地道道的不法行为。[①] 那种认为仅仅参与了共谋的行为人不构成犯罪或者仅构成犯罪预备的看法，完全是在脱离行为人与其共谋者之间的关联的基础上得出的结论，因此是错误的。

二、共谋构成何种共犯

以上说明了共谋的行为构成犯罪，其基础在于行为具备不法和罪责。但是，虽然肯定了共谋的可罚性，但是，共谋应当构成何种共犯呢？在日本刑法学上，这个问题是围绕共谋共同正犯展开的。共谋共同正犯所指的现象是，二人以上共谋实行某犯罪行为，但只有一部分人基于共同的意思实行了犯罪，没有直接实行犯罪的共谋人与实行了犯罪的人，一起构成所共谋之犯罪的共同正犯。例如，甲与乙共谋杀丙，事后，只有甲一人实施杀人行为导致丙死亡，在这种情况下，甲与乙构成杀人罪的共谋共同正犯，乙也对杀人行为及其结果承担责任。但究竟应否承认共谋共同正犯的概念则存在诸多争议，即只有共谋，而客观上没有共同实行行为时，能否成立共同正犯？日本以前的通说是否认共谋共同正犯。因为既然是共同正犯，就至少要求各行为人实施了一部分实行行为；承认共谋共同正犯，就是承认没有分担实行行为的人也是共同正犯。否定说是基于三个前提：（1）共同正犯是正犯；（2）正犯是分担了实行行为的人；（3）单纯的共谋（者）不是实行行为（者）。[②] 但是，现在日本有较多的学者肯定共谋

---

① 参见黄荣坚：《基础刑法学》（第3版）（下），中国人民大学出版社2009年版，第533～534页。

② 参见张明楷：《刑法学》（第三版），法律出版社2007年版，第330页。

共同正犯，只是肯定的理由不完全相同。间接正犯类似说认为，一方面，在共谋共同正犯的场合，直接实行犯罪的人就是作为全体共谋者的手足而实行犯罪，没有分担实行行为的人实际上是将其他人作为犯罪的工具进行利用；另一方面，直接实行犯罪的人，由于认识到自己背后有共谋者存在，就得到了精神上的支援。因此，共谋者之间由于存在相互利用、相互补充的关系，因而应视为有共同实行的事实。实质的正犯论从实质上理解实行行为，进而肯定共谋共同正犯。①

在我国，最近有一些学者对共谋共同正犯进行了研究，并主张借鉴日本这一理论。② 在笔者看来，这是完全没有必要的。首先，共谋共同正犯是采用二元参与体系的日本刑法为了将没有实施实行行为的重要参与者作为正犯来处罚而发展出来的理论，这种理论本身不仅不符合二元参与体系的理论前提即限制行为人概念，而且将没有实行的参与者作为正犯来处罚，有违日本刑法的罪刑法定原则。其次，我国刑法采取的是单一正犯体系，因此无论是共谋还是实行，只要具备不法和罪责，就是正犯。至于各正犯对于实现不法构成要件的实际重要性，则可以在量刑阶段根据各参与者的性质与作用来加以确定。盲目地将本来不属于我国犯罪体系的共谋共同正犯引入我国刑法，不但无助于问题的解决，而且会造成学说的过剩和体系的混乱。

---

① 参见张明楷：《刑法学》（第三版），法律出版社 2007 年版，第 330 页。

② 参见，例如，李邦友：《日本刑法共谋共同正犯的理论及其发展》，载《法学评论》2001 年第 1 期；林亚刚：《共谋共同正犯问题研究》，载《法学评论》2001 年第 4 期。

结　论

在现代社会，犯罪参与现象有不断增加的趋势，而且，由于集团犯罪、有组织犯罪、恐怖主义犯罪等大量出现，犯罪参与的危害性越来越大，如何对之作出回应，乃是世界各国刑法上共同的问题。犯罪参与立法正是为了处理这些现象而设立的法律规范。因此，只有正确地理解了犯罪参与的现象特征，才能适当地、有效地处理犯罪参与问题。笔者认为，从犯罪参与本身来看，乃是一种集体现象；而从现代刑法的基本原理来看，则要求贯彻个人责任。犯罪参与体系的根本问题就在于如何理解集体现象中个人责任问题，即如何将集体现象所产生的结果归责给个人。犯罪参与体系的选择，必须以这个根本问题为出发点。

第一，为了处理集体现象中的个人责任这一犯罪参与体系的根本问题，在刑事立法上发展出了两种迥然不同的立法体系，即二元参与体系与一元参与体系。那么，哪一种立法体系更为合理、更值得采用呢？笔者认为，这一问题应当从犯罪参与体系与行为概念、犯罪参与体系与行为人概念、犯罪参与体系与犯罪论以及犯罪参与体系与刑罚论四个方面加以理解。首先，从犯罪参与体系与行为概念的关系来看，二元参与体系对于行为的理解是自然主义的，而这种自然主义的行为观念等于否认了间接行为人（共犯）的实行行为，因此与个人责任的原则是存在冲突的；相反，一元参与体系对于行为的理解则是规范主义的，这种行为观念与“犯罪是行为”的刑法基本原理是非常吻合的，因此符合个人责任的原则。其次，从犯罪参与体系与行为人概念的关系来看，在二元参与体系和一元参与体系背后还潜藏着两种不同的行为人概念，即限制的行为人概念和单一的行为人概念。对于这两种行为人概念的评价，必须回到对刑法目的的思考上去。既然刑法的目的在于通过规范的预防性法益保护，那么只有单一行为人概念才是符合这一目的的。因此，以单一行为人概念为基础的一元参与体系（单一行为人体系）才是更加值得采用的犯罪参与体系。再次，从犯罪参与体系与犯罪论的关系来看，二元参与体系无法说明为什么对直接行为人（正犯）和间接行为人（共犯）采用不同的犯罪构成，其所谓的“修正的构成要件”理论存在诸多难以克服的问题。相反，一元参与体系则主张任何行为人（无论是直接行为人还是间接行为人）是否构成犯罪，均必须根据同一规格和标准，即行为符合某种犯罪的不法和罪责来加以认定，这就在理论上保证了“犯罪是具有不法和罪责的行为”这一犯罪构成标准在适用上的一致性和连贯性。最后，在二元参与体系之下，相对于刑罚论而言，犯罪论处于优位，几乎所有的争议都与犯罪论体系的各个阶层息息相关。至于如何具体确定各参与者的刑罚轻重，二元参与体系几乎没有太多关注。有鉴于此，一元参与体系提出了二元参与体系没有意识到的“共同合作的二重性”问题，即犯罪参与的所有问题在于首先确认某个行为人是否为可罚的犯罪参与者，即区别参与者与非参与者，其次考虑如何对可罚的参与者进行适当的处罚。前者是犯罪参与的外部界限问题即构成要件层面的问题，后者是犯罪参与的内部界限问题，即量刑层面的问题。由于一元参与体系对于直接行为人和间接行为人均采用相同的犯罪构成标准，因此其重点放在如何对各参与者进行适当的量刑，以便实现刑罚的个别化，更好地贯彻个人责任的原则。而二元参与体系的一个根本缺陷在于过分纠缠于犯罪论而忽视刑罚论，因此无法真正贯彻个人责任的原则。

第二，所谓二元参与体系，是指在法律条文之中，不仅就犯罪之成立在概念上区分为“正犯”和“共犯”（教唆犯和帮助犯），而且在刑罚评价上对两者也加以区分的体系。采用这一体系的主要有《法国刑法典》（第59条以下）、《德国刑法典》（第25条以下）、《日本刑法典》（第60条以下）等。在这种体系之下，正犯被认为是实施符合基本构成要件行为（实行行为）的人；而共犯则是实施了基本构成要件行为以外的行为、符合所谓修正的构成要件的人。由此可见，二元参与体系是以限制行为人概念作为出发点的，在这个基础上建构了整个正犯与共犯的二元参与体系。既然采取了限制行为人概念，那么接下来就必须回答：（1）如何区分正犯与共犯；（2）正犯与共犯之间的关系如何（共犯从属性还是共犯独立性）；（3）处罚共犯的理由何在这三个问题。首先，针对第一个问题，即应如何区分正犯与共犯，刑法学界先后提出了许多不同的理论，包括客观说（包括形式客观说与实质客观说）、主观说、综合说以及目前在德国犯罪参与理论上处于通说地位的犯罪支配理论。其次，德日共犯理论通说认为共犯的成立是依附于正犯行为之上的，这就是学说上所称的“共犯之从属本质”（akzessorische Natur der Teilnahme）。根据这种观点，就必须说明，正犯究竟应该具备怎样的性质，教唆者与帮助者才能成立共犯。对此，在德国的犯罪参与理论上曾经提出过四种学说：最低度从属性说、限制从属性说、严格从属性说与极端从属性说。最后，如果贯彻限制的行为人概念，那么共犯就会像早期德国学界所主张的那样，“在本质上即相异于正犯”，并且要将刑法上对于共犯所设立的规定理解成“扩张刑罚事由”。这样一来，自然就必须说明，为什么立法者可以将刑罚“扩张地”施加到共犯身上，即刑法处罚共犯的正当性基础何在这一问题。关于共犯的处罚根据，德国犯罪参与理论上先后提出过三种学说：责任共犯论、违法共犯论与因果共犯论（引起说），目前的通说是因果共犯论（引起说）。笔者认为，对二元参与体系应当作出如下评价：

首先，在二元参与体系之下，所谓正犯是自己亲自实施构成要件行为的人。只有正犯才是刑法处罚的对象，在罪刑法定主义的要求之下，如果要处罚共犯，就必须有特别的法律规定，这就是刑法总则中关于共犯的规定。换言之，刑法上的共犯制度是为了解决正犯以外的参与者的可罚性而设立的。在二元参与体系之下，正犯是犯罪的核心，相对于共犯而言，正犯具有优位性，而共犯仅处于犯罪的边缘位置。整个二元参与体系正是以这种限制行为人概念为基础的，即整个二元参与体系的逻辑起点就是以原则上仅承认正犯的可罚性而否定共犯的可罚性为内容的限制行为人概念。但是，限制行为人概念在间接正犯和共同正犯的出现和发展中已经完全被抛弃了，而且全面转向了单一行为人概念。

其次，在二元参与体系之下，由于正犯乃是犯罪参与的核心，而共犯只不过是犯罪参与的边缘角色。与此相应，二元参与体系的刑法对正犯与共犯规定了不同的刑罚：一般而言，较之正犯而言，对共犯要从轻或减轻处罚。因此，从罪刑法定主义的角度上看，如何区分正犯与共犯就成为至关重要的问题。为此，二元参与体系下的学者们付出了巨大的努力，先后提出了各种各样的学说，但是，正犯与共犯的区分难题至今仍没有得到令人满意的根本解决。更为严重的是，这些理论上的区分学说对司法实务中犯罪参与问题的处理的意义非常有限。因此，将大量的学术努力花费在这些区分学说上是否必要，是非常值得怀疑的。无论是理论上区分正犯与共犯的困难重重，还是理论与实务的严重脱离，均折射出二元参与体系内部更深层次的问题。

再次，共犯处罚根据论的出现给以往的“绝望之章”带来了一丝希望，似乎可以在某种程度上统一地解决共犯论中的问题。共犯的处罚根据论已经成为德日共犯理论中最为重要的理论，对于共犯论的所有问题，共犯的处罚根据论都试图作出回答。但是，共犯处罚根据论是二元参与体系在否定除了正犯以外的其他参与者的可罚性（对于不法构成要件的侵害）之后，转头承认这些参与者的可罚性的理论。不客气地说，共犯处罚根据论是一种本末倒置的理论。应当说，共犯处罚根据论，即从实质上探讨正犯以外的参与者的刑罚根据是存在必然性的，这是因为，尽管二元参与体系放弃了刑法目的的思考，但形式化的理解毕竟无法支撑整个体系。只是，二元参与体系为这种回归所付出的努力太大，而且最终否定了作为其体系性基础的限制行为人概念。

最后，二元参与体系本身只能解决故意犯的犯罪参与问题，过失犯则往往被排除在犯罪参与体系之外。一般认为，对于过失犯，刑法采取的是单一正犯体系。这样，在二元参与体系之下，就必须解释刑法为什么对故意犯和过失犯的犯罪参与采取两种不同的处理方法，即"体系的二元论"的原因。迄今为止，二元参与体系之下的学者还没有给出任何令人信服的回答。因此，笔者认为一个支离破碎、矛盾重重的二元参与体系并不符合作为犯罪参与之"体系"的要求，因此，在立法论上，二元参与体系并不值得采用。

第三，与二元参与体系相对的是一元参与体系即单一正犯体系，又称为包括的正犯概念（umfassender Täterbegriff）或排他的正犯概念（exklusiver Täterbegriff），是指将所有共同参与犯罪实行的人均视为正犯，对于各个参与者，根据其参与的程度和性质来量刑，或者形式上虽承认犯罪参与形态的区别，但其区别作用仅限于量刑的体系。在单一正犯体系内部，存在形式的单一正犯体系和功能的单一正犯体系两种类型。一般认为，单一正犯体系具有如下特征：（1）为犯罪成立赋予条件者，皆为正犯；（2）不重视行为形态的区别；（3）对于犯罪的成立，根据各个正犯的行为，个别地探讨不法和罪责；（4）对于各个正犯适用同一法定刑；（5）根据各个正犯的参与程度和性质来量刑。采用单一正犯体系的代表性立法例是1930年《意大利刑法典》（第110条以下）、1974年《奥地利刑法典》（第12-13条）、1960年《苏俄刑法典》（第17条），以及延续其关于犯罪参与规定的1996年《俄罗斯联邦刑法典》（第32条以下）等。对于单一正犯体系，主张二元参与体系的学者提出了诸多批评。例如，认为单一正犯体系违背了法治国思想、放弃从属性原则从而导致处罚范围不当扩大、量刑规定的粗糙化、责任判断的后置等，甚至指责单一正犯体系是主观主义的行为人刑法，背离了现代客观主义的行为刑法。这些批判是否合理？单一正犯体系真的如此不堪一击吗？单一正犯体系的理论基础何在？

通过对单一正犯体系的历史、单一正犯体系的类型、单一正犯的理论基础进行了梳理，对主张二元参与体系的学者们对单一正犯体系所提出的批判进行了全面回应。从立法论上看，以《意大利刑法典》为代表的形式的单一正犯体系和以《奥地利刑法典》为代表的功能的单一正犯体系（或归责的单一正犯体系）是非常值得借鉴的立法例。特别是《奥地利刑法典》的功能的单一正犯体系（或归责的单一正犯体系）通过参与形态的设定，避免了形式的单一正犯体系仅以条件说为基础所导致的处罚界限不明确的问题，可以在相当程度上确保法治国的明确性和安定性。笔者认为，相对于二元参与体系而言，单一正犯体系具有如下难以比拟的优点：首先，面对现代复杂的犯罪参与现象，最为彻底和简便的处理方式是单一的正犯体系。应当指出的是，在传统的二元参与体系内部，对许多问题的探讨充满了思辨和哲学的色彩，并没有从现代社会如何有效地处理犯罪现象这个角度来看待问题。这是单一正犯体系相对于二元参与体系最大的优势。其次，单一正犯体系明确了传统二元参与体系上没有充分意识到的共同合作的二重性问题，即犯罪参与的问题分为两个层次：

(1) 构成要件的范围问题即在构成要件的层面谁是可罚的；(2) 根据具体的情况考虑如何对可罚者进行适当处罚的量刑问题。前者即构成要件的范围问题是单一正犯体系与二元参与体系共通的问题，即如何区分参与者与非参与者的可罚性的外部界限问题；后者是如何处罚参与者的内部界限问题。无论采用哪一种立法体例，如何确定参与者都是共通的问题。但是，单一正犯体系优于二元参与体系之处在于理顺了外部界限和内部界限之间的关系，并且将体系的重点放在如何实现刑罚的个别化之上。再次，单一正犯体系认为，凡是对于不法构成要件在事实上有贡献者，在参与形态上均应当视为正犯，无需再对于因贡献程度的不同而区分参与形态，不但统一参与形态，也避免了区分参与类型的困难。事实上，要严格地对参与形态进行区分，特别是临界的形式，如教唆犯与间接正犯、共同正犯与帮助犯、教唆教唆犯、教唆帮助犯等一连串的参与问题，几乎是不可能的。特别是为了解决区分问题而提出的诸多理论可谓汗牛充栋，而且体系相当混乱，对于司法实务来说不仅困难重重，而且没有必要。单一正犯体系不区分正犯与共犯，不仅可以避免因区分不当所产生的错误（毕竟各种不同的参与形态是与不同的法定刑罚联系在一起的），而且可以避免引用理论失当的弊端。总之，无论是从体系的清晰程度还是刑罚适用经济性的角度看，单一正犯体系（尤其是功能的单一正犯体系）均不失为一种极为值得采用的立法体系。

第四，我国现行刑法的共同犯罪规定是革命根据地时代的共同犯罪立法的延续。一方面，对于共犯人一般按照分工划分为实行犯、教唆犯、帮助犯和组织犯；另一方面根据共犯人在共同犯罪中的作用，将其划分为主犯、从犯和胁从犯。这就是所谓的分工分类法和作用分类法的结合。在这两种分类法中，将共犯人划分为主犯和从犯的作用分类法始终处于中心的地位。通过对我国共同犯罪立法史的考察可以看出，我国现行共同犯罪规定主要受以《唐律》为代表的传统社会共同犯罪立法模式（共犯罪分首从）和革命根据地时期以来的刑事政策（惩办与宽大相结合）的影响。这些影响体现在新中国成立以后的各刑法草案之中，并最终演变成我国现行刑法的共同犯罪规定。就外国共同犯罪立法的影响而言，清末法律改革以来所引入的以德日刑法为代表的二元参与体系立法，除了某些历史沿革的意义以外，对我国现行刑法共同犯罪规定几乎没有太大的影响；而前苏联的共同犯罪立法与我国传统的共同犯罪立法模式并不存在根本的差异。无论是《唐律》还是前苏联的共同犯罪立法，都是单一正犯体系的立法。因此，在某种程度至少可以说我国现行刑法共同犯罪规定受到单一正犯体系的强烈影响。从刑法理论上关于犯罪参与体系的讨论来看，以往我国关于犯罪参与体系的争论是围绕分工分类法和作用分类法的二分法展开的，但是，这种二分法本身即存在问题，其过分简化了各种犯罪参与体系之间的差异。为此，最近有些学者开始从二元参与体系与一元参与体系的角度来探讨我国的犯罪参与体系。但是，由于绝大多数学者对一元参与体系缺乏了解，因此简单地认为我国的犯罪参与体系不是一元参与体系而是二元参与体系。只有少数学者意识到我国现行共同犯罪规定是一元参与体系，但他们的论述还比较粗疏。笔者认为，我国现行共同犯罪规定显然不是以德日为代表的二元参与体系，而是可以从一元参与体系角度加以论证。在此基础上，笔者将对于共同犯罪立法体系的认知扩展为对于我国整个犯罪参与体系的认知，并初步阐述了我国犯罪参与体系的基本原理。

第五，晚近以来，我国的犯罪参与理论可以说被笼罩在二元参与理论的阴霾之下。一方面，二元参与体系之下的各种概念（如共谋的共同正犯、间接正犯）、原理（如共犯从属性与共犯独立性、共犯的处罚根据论）和学说（如部分实行全部责任）被不假思索地大量引入我国参与理论之中；另一方面，我国犯罪参与体系中的问题并没有因为二元参与理论的引入而有更好的解决，相反，由于二元参与理论的引入，我国的犯罪参与体系更加混乱，形成了比德日的“绝望之章”更加绝望的局面。在笔者看来，造成这种状况的原因在于，很多学者想当然地认为在大陆法系以德日为代表的二元参与体系是唯一的，而且，在他们看来，只有这种二元参与体系才是文明的、先进的。基于这种认识，有些学者虽然隐隐约约地意识到我国犯罪参与体系与二元参与体系之间的巨大差异，但他们并没有认真对待这种差异，而是直接采用了二元参与理论。但是，在大陆法系，二元参与体系并非唯一的立法体例，而是存在足以与之分庭抗礼的一元参与体系。而且，这种一元参与体系更能适应处理现代社会纷繁复杂的犯罪参与现象的要求。正是在这个意义上，即使在二元参与体系之中，一些学者也开始意识到二元参与体系的根本缺陷，而主张将一元参与体系的基本原理引入二元参与体系之中，以便建立更符合逻辑和更为有效的犯罪参与体系。既然如此，本来就属于一元参与体系的我国刑法，就更应该采用一元参与理论来处理犯罪参与问题。在本书的最后一章，笔者从一元参与理论（单一正犯理论）出发，对我国犯罪参与体系中争议较多的一些问题（如犯罪共同说与行为共同说、共犯从属性与共犯独立性、共犯处罚根据论、过失的共犯、承继的共犯、片面的共犯、共谋的共犯等）进行了初步探讨。

参考文献

一、中文著作

1. 蔡墩铭:《唐律与近世刑事立法之比较研究》, 台北汉苑出版社 1976 年版。

2. 蔡墩铭:《刑法总论》, 三民书局 1988 年版。

3. 蔡圣伟:《刑法问题研究》(一), 元照出版公司 2008 年版。

4. 陈家林:《共同犯罪研究》, 武汉大学出版社 2004 年版。

5. 陈世伟:《论共犯的二重性》, 中国检察出版社 2008 年。

6. 陈兴良:《本体刑法学》, 商务印书馆 2001 年版。

7. 陈兴良:《共同犯罪论》(第二版), 中国人民大学出版社 2006 年版。

8. 陈忠林:《意大利刑法纲要》, 中国人民大学出版社 1999 年版。

9. 陈子平:《刑法总论》(上), 元照出版公司 2005 年版。

10. 陈子平:《刑法总论》, 元照出版公司 2008 年版。

11. 冯英菊:《共同犯罪的定罪与量刑》, 人民法院出版社 2002 年版。

12. 高铭暄:《中华人民共和国刑法的孕育和诞生》, 法律出版社 1981 年版。

13. 高铭暄:《刑法学》, 法律出版社 1982 年版。

14. 高铭暄、马克昌:《刑法学》(上编), 中国法制出版社

1999 年版。

15. 高铭暄、马克昌：《刑法学》（第三版），北京大学出版社、高等教育出版社 2007 年版。

16. 韩延龙、常兆儒：《中国新民主主义革命时期根据地法制文献选编》（第三卷），中国社会科学出版社 1981 年版。

17. 黄村力：《刑法总则比较研究》，台北三民书局 1997 年版。

18. 黄荣坚：《刑罚的极限》，元照出版公司 1998 年版。

19. 黄荣坚：《基础刑法学》（下），元照出版公司 2004 年版。

20. 黄荣坚：《基础刑法学》（第三版）（下），中国人民大学出版社 2009 年版。

21. 柯耀程：《变动中的刑法思想》，中国政法大学出版社 2003 年版。

22. 柯耀程：《刑法总论释义》（修正法篇）（上），元照出版公司 2006 年版。

23. 柯耀程：《刑法概论》，元照出版公司 2007 年版。

24. 黎宏：《刑法总论问题思考》，中国人民大学出版社 2007 年版。

25. 林山田：《刑法通论》（下册），增订七版，2001 年版。

26. 林钰雄：《新刑法总则》，元照出版公司 2006 年版。

27. 马克昌：《比较刑法原理——外国刑法学总论》，武汉大学出版社 2002 年版。

28. 苏俊雄：《刑法总论Ⅱ》，台北大地印刷厂股份有限公司 1998 年版。

29. 王元明：《马克思主义哲学原理》，南开大学出版社 1991 年版。

30. 许玉秀：《刑法的问题与对策》，台湾成阳印刷股份有限公司2000年版。

31. 许玉秀：《当代刑法思潮》，中国民主法制出版社2005年版。

32. 杨金彪：《共犯的处罚根据》，中国人民公安大学出版社2008年版。

33. 叶良芳：《实行犯研究》，浙江大学出版社2008年版。

34. 阴建峰、周加海：《共同犯罪适用中疑难问题研究》，吉林人民出版社2001年版。

35. 张明楷：《外国刑法纲要》，清华大学出版社1999年版。

36. 张明楷：《刑法的基本立场》，中国法制出版社2002年版。

37. 张明楷：《刑法学》（第三版），法律出版社2007年版。

38. 张希坡：《中华人民共和国刑法史》，中国人民公安大学出版社1998年版。

二、中文论文

1. 陈兴良：《共同正犯：承继性与重合性——高海明绑架、郭永杭非法拘禁案的法理分析》，载陈兴良主编：《刑事法评论》（第21卷），北京大学出版社2007年版。

2. 陈璇：《修正的犯罪构成理论之否定》，载《法商研究》2007年第4期。

3. 陈友锋：《刑法上行为概念与行为之探索》，台湾辅仁大学法律系博士论文，2002年。

4. 高格：《关于共同犯罪的几个理论问题的探讨》，载《吉林大学社会科学学报》1982年第1期。

5. 韩忠谟：《西德1969年刑法总则编重要立法原则之分析》，载《社会科学论丛》第21辑。

6. 何荣功：《共犯的分类与解释论纲》，载《法学评论》2005 年第 3 期。

7. 侯国云、苗杰：《共同过失犯罪》，载《刑法问题与争鸣》，中国方正出版社 1999 年版。

8. 黄荣坚：《共犯与身份》，载《刑法思潮之奔腾：韩忠谟教授纪念论文集》，财团法人韩忠谟教授法学基金会 2000 年。

9. 黄荣坚：《论共犯》，载《刑事法学之理想与探索》(一)，学林文化事业有限公司 2002 年。

10. 江溯：《共犯与身份：大陆法系与我国之比较研究》，载陈兴良主编：《刑事法评论》（第 15 卷），中国政法大学出版社 2004 年版。

11. 江溯：《论美国刑法上的共犯：以〈模范刑法典〉为中心的考察》，载陈兴良主编：《刑事法评论》（第 21 卷），北京大学出版社 2007 年版。

12. 李邦友：《日本刑法共谋共同正犯的理论及其发展》，载《法学评论》2001 年第 1 期。

13. 李琪：《有关草拟中华人民共和国刑法草案（初稿）的若干问题》，载《我国刑法立法资料汇编》，北京政法学院刑法研究室 1980 年。

14. 林亚刚：《共谋共同正犯问题研究》，载《法学评论》2001 年第 4 期。

15. 刘洪：《两类犯罪参与理论体系比较研究》，载《福建公安高等专科学校学报》2007 年第 5 期。

16. 马克昌：《论教唆犯》，载《法律学习与研究》1987 年第 5 期。

17. 马克昌：《共同犯罪理论中若干争议问题》，载《华中科技大学学报》（哲学社会科学版）2004 年第 1 期。

18. 秦越存：《价值评价的本质》，载《学术交流》2002 年第 2 期。

19. 秦越存：《价值评价是一种特殊的认识活动》，载《唯实》2002 年第 2 期。

20. 王昭武：《论共犯的最小从属性说：日本共犯从属性理论的发展与借鉴》，载《法学》2007 年第 11 期。

21. 吴君霞、朱凤翔：《解读修正的犯罪构成》，载《四川警官高等专科学校学报》2005 年第 4 期。

22. 伍柳村：《试论教唆犯的二重性》，载《法学研究》1982 年第 1 期。

23. 许利飞：《论〈唐律〉中的共同犯罪》，载《法学评论》1999 年第 4 期。

24. 许玉秀：《实质的正犯概念》，载《刑事法杂志》1997 年第 6 期。

25. 许泽天：《共犯之处罚基础与从属性》，载《罪与罚：林山田教授六十岁生日祝贺论文集》，五南图书出版有限公司 1998 年版。

26. 余淦才：《试论教唆犯的刑事责任》，载《安徽大学学报》（哲学社会科学版）1983 年第 2 期。

27. 张明楷：《教唆犯不是共犯人中的独立种类》，载《法学研究》1986 年第 3 期。

28. 张明楷：《部分犯罪共同说之提倡》，载《清华大学学报》（哲学社会科学版）2001 年第 6 期。

29. 张明楷：《共同过失与共同犯罪》，载《吉林大学社会科学学报》2003 年第 2 期。

30. 赵秉志、魏东：《论教唆犯的未遂》，载《法学家》1999 年第 3 期。

31. 郑善印：《正犯与共犯概念之修正对实务运作之冲击》，载《刑法总则修正重点之理论与实务》，台湾刑事法学会主编，

2005 年版。

32. 朱道华：《共犯本质：一个反思性检讨》，载《西北大学学报》（哲学社会科学版）2008 年第 2 期。

三、中文译著

1. 《德国刑法典》，冯军译，中国政法大学出版社 2000 年版。

2. ［德］弗朗兹·冯·李斯特：《德国刑法教科书》，［德］埃贝哈德·施密特修订，徐久生译，中国法制出版社 2000 年版。

3. ［德］汉斯·海因里希·耶赛克、托马斯·魏根特：《德国刑法教科书》（总论），徐久生译，中国法制出版社 2001 年版。

4. ［德］克劳斯·罗克辛：《德国刑法学总论》（第 1 卷），王世洲译，法律出版社 2005 年版。

5. ［俄］库兹涅佐娃、佳日科娃：《俄罗斯刑法教程》（总论）（上卷·犯罪论），黄道秀译，中国法制出版社 2002 年版。

6. ［韩］李在祥：《韩国刑法总论》，［韩］韩相敦译，中国人民大学出版社 2005 年版。

7. ［日］西原春夫：《犯罪实行行为论》，戴波、江溯译，北京大学出版社 2006 年版。

8. ［日］大塚仁：《犯罪论的基本问题》，冯军译，中国政法大学出版社 1993 年版。

9. ［日］大塚仁：《刑法概说》（总论）（第三版），冯军译，中国人民大学出版社 2003 年版。

10. ［日］木村龟二主编：《刑法学词典》，顾肖荣、郑树周译校，上海翻译出版公司 1991 年版。

11. ［日］小野清一郎：《犯罪构成要件理论》，王泰译，中国人民公安大学出版社 2004 年版。

12. [日]大谷实：《刑法总论》，黎宏译，法律出版社 2003 年版。

13. [日]大谷实：《日本刑法中正犯与共犯的区别》，载《法学评论》2002 年第 6 期。

14. [日]西村克彦：《东西方的共犯论》，载《国外法学资料》1982 年第 1 期。

15. [意]杜里奥·帕多瓦尼：《意大利刑法学原理》（注评版），陈忠林译评，中国人民大学出版社 2004 年版。

四、外文著作

1. [法]G. Stefani, G. Levasseur, B. Bouloc 著，泽登俊雄、泽登佳人、新仓修译：《法国刑事法》（刑法总论），成文堂 1981 年版。

2. Andrew Ashworth, Principles of Criminal Law, fifth edition, Oxford University Press, 2006.

3. Donnelly, Goldstein and Schwartz, Criminal Law, 1961.

4. George P. Fletcher, Rethinking Criminal Law, Little, Brown and Company 1978.

5. George P. Fletcher, The Grammar of Criminal Law: American, Comparative and International, Volume One: Foundation, Oxford University Press.

6. H. L. A. Hart, Punishment and Responsibility, Oxford University Press, 1966.

7. Joseph Raz, The Morality of Freedom, Oxford University Press, 1986.

8. Neil MacCormick, Legal Rights and Social Democracy: Essay in Legal and Political Philosophy, Oxford University Press, 1984.

9. Ronald Dworkin, Taking Rights Seriously, Harvard Universi-

ty Press, 1977.

10. [日]井田良：《刑法总论的理论构造》，成文堂 2005 年版。

11. [日]井田良：《变革时代的理论刑法学》，庆应义塾大学出版会 2007 年版。

12. [日]板仓宏：《新订刑法总论》（补订版），劲草书房 2001 年版。

13. [日]植松正：《再订刑法概论 I 总论》，劲草书房 1974 年版。

14. [日]大越义久：《刑法总论》，有斐阁 2001 年版。

15. [日]大越义久：《共犯的处罚根据》，青林书院新社 1981 年版。

16. [日]大谷实：《新版刑法总论讲义》，成文堂 2000 年版。

17. [日]大谷实：《刑法讲义总论》（新版第二版），成文堂 2007 年版。

18. [日]小野清一郎：《犯罪构成要件的理论》，有斐阁 1953 年版。

19. [日]香川达夫：《刑法解释学的现代课题》，学校法人学习院 1979 年版。

20. [日]香川达夫：《共犯处罚的根据》，成文堂 1988 年版。

21. [日]龟井源太郎：《如何区分正犯与共犯》，弘文堂 2005 年版。

22. [日]木村龟二：《犯罪论的新构造》（下），有斐阁 1978 年版。

23. [日]木村龟二：《刑法总论》（增补版）（阿部纯二增补）（法律学全集 40），有斐阁 1978 年版。

24. [日]木村龟二：《刑法总论》（增补版），有斐阁1984年版。

25. [日]堀内捷三：《刑法总论》（第二版），有斐阁2004年版。

26. [日]佐伯千仞：《三订刑法讲义总论》，有斐阁1978年版。

27. [日]曾根威彦：《刑法的重要问题》（总论）（补订版），成文堂1996年版。

28. [日]曾根威彦：《刑法总论》（第三版），弘文堂2003年版。

29. [日]高桥则夫：《共犯体系与共犯理论》，成文堂1988年版。

30. [日]高桥则夫：《规范论与刑法解释论》，成文堂2007年版。

31. [日]照昭亮介：《体系的共犯论与刑事不法论》，弘文堂2005年版。

32. [日]团藤重光：《刑法纲要总论》（第三版），创文社1990年版。

33. [日]内藤谦：《刑法讲义总论Ⅱ》（下），有斐阁2000年版。

34. [日]西田典之：《新版共犯与身份》，成文堂2003年版。

35. [日]西原春夫：《刑法总论》，成文堂1977年版。

36. [日]西原春夫：《刑法总论》（下卷）（改订准备版），成文堂1993年版。

37. [日]西原春夫：《犯罪实行行为论》，成文堂1998年版。

38. [日]桥本正博：《行为支配说与正犯理论》，有斐阁

2000年版。

39. [日]林干人：《刑法的基础理论》，东京大学出版会1995年版。

40. [日]林干人：《刑法总论》，东京大学出版会2000年版。

41. [日]平野龙一：《刑法总论Ⅰ》，有斐阁1975年版。

42. [日]平野龙一：《刑法总论Ⅱ》，有斐阁1975年版。

43. [日]平野龙一：《犯罪论的诸问题》（上），有斐阁1981年版。

44. [日]福田平：《全订刑法总论》（第三版），有斐阁1996年版。

45. [日]前田雅英：《现代社会与实质的犯罪论》，东京大学出版会1992年版。

46. [日]前田雅英：《刑法入门讲义》，成文堂2000年版。

47. [日]前田雅英：《刑法总论讲义》（第三版），东京大学出版会2003年版。

48. [日]前田雅英：《刑法总论讲义》（第四版），东京大学出版会2006年版。

49. [日]牧野英一：《重订日本刑法》（上卷），有斐阁1937年版。

50. [日]牧野英一：《日本刑法》（上卷），有斐阁1939年版。

51. [日]牧野英一：《刑法总论》（下卷），有斐阁1959年版。

52. [日]松宫孝明：《刑事立法与犯罪体系》，成文堂2003年版。

53. [日]山口厚：《刑法总论》，有斐阁2001年版。

54. [日]山口厚、井田良、佐伯仁志：《理论刑法学的最前线》，岩波书店2001年版。

55. ［日］山中敬一：《刑法上的因果关系与归责》，成文堂1984年版。

56. ［日］山中敬一：《刑法总论Ⅰ》，成文堂1999年版。

57. ［日］山中敬一：《刑法总论Ⅱ》，成文堂2000年版。

五、外文论文

1. René Bloy：《德国和奥地利近来统一的正犯论的展开倾向》，佐川友佳子译，载《立命馆法学》2005年5号。

2. Sanford H. Kadish, "Fifty Years of Criminal Law: An Opinionated Review", 87 Calif. L. Rev. 343 (1999).

3. ［日］宫泽浩一：《意大利的共犯论》，载齐藤金作博士花甲纪念《现代的共犯理论》，有斐阁1964年版。

4. ［日］齐藤金作：《西德的共犯立法》，载《早稻田法学》第34卷第3、第4册。

5. ［日］泷川幸辰：《犯罪论序说》（改订版）（昭和22年，有斐阁），载［日］团藤重光编辑代表《泷川幸辰刑法著作集》（第二卷），世界思想社1991年版。

6. ［日］成濑幸典：《正犯与共犯》，载《法学教室》2004年第280号。

7. ［日］夏目文雄：《"共谋共同正犯理论"的批判性检讨》，载《爱知大学法经论集法律篇》，第63号，1971年。

8. ［日］金子正昭：《数人参与犯罪行为的基本构造：以舒莫勒（Schmoller）的学说为中心》，载《第一经大论集》第16卷第3号。

9. ［日］金子正昭：《刑法上多数参与犯的理论》，载《第一经大论集》第23卷别册，1993年版。

10. ［日］真锅毅：《行为无价值与结果无价值》，载［日］

中山研一、西原春夫、藤木英雄、宫泽浩一编：《现代刑法讲座》（第二卷）（违法与责任），成文堂1979年版。

11. ［日］山口厚：《共同正犯的基本问题》，载［日］山口厚、井田良、佐伯仁志《理论刑法学的最前线》，岩波书店2001年版。

12. ［日］山口厚：《共犯论的现状与课题》，载《法学教室》2002年第11期。

13. ［日］内田一郎：《德国的共犯论》，载齐藤金作博士花甲纪念《现代的共犯理论》，有斐阁1964年版。

后　记

犯罪参与立法体系是犯罪参与理论的前提。因此，为了解决我国的犯罪参与问题，建构我国的犯罪参与理论，就必须首先明确我国刑法犯罪参与立法的体系性归属，即是一元犯罪参与体系还是二元犯罪参与体系。非常遗憾的是，迄今为止，在我国刑法学界，对这一前提性问题的深入探讨仍然阙如。绝大多数学者不假思索地认为我国的犯罪参与立法属于以德日为代表的二元犯罪参与体系，并且习惯于运用德日共犯理论论述我国的犯罪参与问题。应当说，这种前提不明的研究状况是有其必然性的，绝大多数学者根本不知道世界上还存在一种与二元犯罪参与体系相对立的一元犯罪参与体系，因此不免犯“路径依赖”的毛病。另一方面，即使是运用德日共犯理论研究我国的犯罪参与问题的学者们，也总是会有一种“隔靴搔痒”的感觉：德日共犯理论与我国刑法规定本身之间总是存在一些说不清、道不明的隔膜。虽然我国刑法学界在借鉴德日共犯理论方面取得了长足的进展，但笔者认为，在犯罪参与立法体系不明的情况下，犯罪参与理论（共犯理论）也有可能是距离我国刑法规定本身最远的一个领域（南辕北辙）？

本书的目的就在于探讨我国刑法犯罪参与立法的体系性归属这一犯罪参与论的前提性问题。早在写作硕士论文《共犯与身份——大陆法系与我国刑法之比较研究》之时，我就意识到犯罪参与立法体系的问题，只是由于当时思路尚不清晰，因此未能进行深入研究。当我向恩师陈兴良教授提出以单一正犯体系为博士论文选题之时，还是颇费了一番周折。不过好事多磨，这一选题最终得到了恩师的首肯。博士论文答辩的顺利通过，得益于恩师多年来一如既往的言传身教。古人云：“一日为师，终身为父。”对于恩师，我总是怀着对于父亲的敬意，这不仅是因为他引领我进入刑法学研究的大门，更重要的是因为他总是以其独特的人格魅力感染着我。从他身上，我看到一个真正的中国学者的人品、学识、胸怀和气节。恩师的道德文章，将是我一生孜孜以求的目标。

在北大法学院长达七年的学习期间，我有幸聆听了储槐植教授、刘守芬教授、王世洲教授、郭自力教授、赵国玲教授、梁根林教授和苏力教授的教诲，受益终身。特别是苏力教授和梁根林教授，多年来一直关心我的学习和生活，而且启发我从刑事政策的角度思考刑法，特别是犯罪参与的问题。多年来，我还得到了陈泽宪教授、高维俭教授、曾粤兴教授、贾凌教授夫妇、鲁兰研究员、刘明祥教授、刘银良教授、林维教授、谢望原教授、周长军教授和张绍彦教授的指导。此外，戴波博士及其家人、吴旭博士及其家人，一直待我如同他们自己的家人一般，总是尽可能给予我各种各样的帮助，在此一并表示感谢。

在论文的资料收集过程中，师兄付立庆博士在日本东京大学法学部担任客座研究员期间，为我复印和购买了许多日文资料；师姐于改之教授在日本东京大学法学部担任客座研究员期间，先后多次为我购买日文资料；师兄周长军教授为我免费复印了山东大学法学院图书馆的日文资料；师妹肖姗在日本新潟大学访学期间，为我复印了最近的日文资料；金华博士为我复印了人大图书馆的一些日文文献；周微和何庆仁博士为我复印了一些我国台湾地区的文献；师兄戴波博士馈赠我最新的日文资料；日本国际基督教大学的秋业丈志博士馈赠我日本学者高桥则夫教授的专著；师弟蔡桂生则不厌其烦地为我提供各种资料和帮助。没有他们的帮助，我的论文就是无源之水、无本之木，在此对他们深表谢意。

在论文的写作过程中，我还有幸得到了日本著名刑法学家、东京大学名誉教授、现任日本学习院大学法学部教授西田典之先生的指导。西田先生是日本共犯论研究最权威的学者之一，在通过恩师陈兴良教授引荐与之相识之后，他不仅为我邮寄来大量的相关资料，而且每次来信总是谆谆告诫，引导我研究奥地利和意大利的立法例。自从相识以来，西田先生的这种关心和指导从来没有间断过，这令我不能不为之动容。在论文写作期间，受国家留学基金资助，我有幸在美国加州大学伯克利分校法学院访问一年，在美国著名犯罪学家 Franklin E. Zimring 教授指导下从事研究，其间得到了他及其夫人 Michal Zimring 女士，以及美国夏威夷大学社会学系 David T. Johnson 教授无微不至的关怀。在伯克利的一年是令人难忘的，因为那时仿佛总是阳光明媚。通过 Zimring 教授，我有幸结识美国刑法理论奠基人、美国加州大学伯克利分校法学院名誉教授 Sanford H. Kadish 先生和美国法律社会学协会前主席 Malcolm Feeley 教授，从他们那里我也得到了许多启发。在回国以后，正值我国台湾地区著名刑法学家、台湾东吴大学法律系陈子平教授来北大法学院与恩师陈兴良教授共同开设“两岸刑法案例比较研究”课程，课间课后多有请教，获益良多。此外，日本神户大学名誉教授、现任上海交通大学法学院院长季卫东先生、日本一桥大学法学部王云海教授、日本成蹊大学法学部金光旭教授，好友陈光华、樊文、方鹏、葛向伟、郭泽强、刘孝敏、李斯特、李瑞生、李之圣（台湾大学法律学院）、米传勇、宋健强、童伟华、谢萍、叶衍艳、杨剑虹、张海鸥一直关心我的论文写作，在此一并表示感谢。

在论文的定稿阶段，承蒙好友陈毅坚、陈家林、何庆仁、林健聪、刘斯凡、刘仁文教授、任海涛、王志远、王太宁、阎二鹏和周微抽出宝贵时间，与我就文中的诸多问题进行讨论。特别是阎二鹏博士和王太宁博士，在论文的最后阶段忍受了我不断的“骚扰”，与我就论文中的观点进行辩驳。没有他们的宝贵意见，我的论文只能是一个支离破碎的集合体。

在论文的答辩过程中，感谢曲新久教授（答辩委员会主席）、冯军教授、刘守芬教授、梁根林教授、郭自力教授和赵国玲教授的“严刑拷问”，让我感受到真正意义上的学术交锋。他们的宝贵意见，最终转化成为本书不可或缺的部分。论文的最终顺利通过，标志着我学生时代的结束。无论如何，这是一件值得纪念的事情。

最后，应当感谢的是中国人民公安大学出版社的葛余敏社长和杨玉生副总编。在目前这种学术出版市场日益萧条的情况下，他们不计成本，大力支持本书的出版，这种精神让人感到无比温暖。

江　溯

2009 年 10 月 20 日凌晨

于德国弗莱堡